Un enfant pour Sophie

Une relation sous tension

SHERI WHITEFEATHER

Un enfant pour Sophie

Traduction française de
EDOUARD DIAZ

PASSIONS

HARLEQUIN

Collection : PASSIONS

Ce roman a déjà été publié en 2019

Titre original :
NASHVILLE REBEL

HARPERCOLLINS FRANCE
83-85, boulevard Vincent-Auriol, 75646 PARIS CEDEX 13
Service Clients — www.harlequin.fr
ISBN 978-2-2805-0134-7 — ISSN 1950-2761

Édité par HarperCollins France.
Composition et mise en pages Nord Compo.
Imprimé en mars 2024 par CPI Black Print (Barcelone)
en utilisant 100% d'électricité renouvelable.
Dépôt légal : avril 2024.

FSC www.fsc.org
MIXTE
Papier issu de sources responsables
FSC® C159065

Pour limiter l'empreinte environnementale de ses livres, HarperCollins France s'engage à n'utiliser que du papier fabriqué à partir de bois provenant de forêts gérées durablement et de manière responsable.

1

Sophie Cardinale ne pouvait plus continuer ainsi.

Elle ne pouvait plus continuer son travail d'organisatrice de tournées de Tommy Talbot, vivre sa vie sur les routes, avec, pour seul repère, le son de la musique de Tommy rugissant dans ses oreilles. Elle avait besoin de jeter des racines, de trouver un emploi de bureau, de mettre au monde un bébé. Elle avait trente-trois ans et son horloge biologique tournait si vite qu'elle était sur le point d'exploser. Elle y réfléchissait déjà depuis un an. Pas constamment, bien sûr, mais cette idée ne l'avait jamais, jamais quittée. Cependant, elle n'en avait encore jamais parlé avec Tommy. Car il n'était pas seulement son patron, incroyablement séduisant et encore plus insupportable. Il était aussi son ami d'enfance le plus proche et le plus cher.

Jusqu'à son décès, deux ans plus tôt, le père de Sophie avait été l'ingénieur du son de Kirby Talbot, le père de Tommy, une légende de la musique country. Sophie n'avait jamais connu sa mère, décédée suite à des complications survenues au moment de sa naissance. Son père avait idolâtré son épouse et il lui parlait constamment d'elle, de sa douceur, de sa beauté. Ses parents s'étaient rencontrés durant un voyage au milieu des années 1970, au temps des grands festivals, des bijoux de turquoise et des gilets de cuir. Sa mère faisait aussi partie de la tournée de Kirby, en tant que chef habilleuse. Son père et sa mère s'étaient mariés et Sophie était née une dizaine d'années plus tard. Kirby avait adoré les parents de Sophie. Pour lui, ils étaient comme sa propre famille.

D'ailleurs, après le décès de sa mère, Sophie, son père et son grand-père — qui avait aussi contribué à l'élever — avaient habité l'un des pavillons d'invités sur la propriété de la famille Talbot. C'était dans ce contexte qu'elle était devenue très proche de Tommy. La mère de ce dernier aimait à répéter que le lien entre eux remontait à l'époque où ils étaient bébés, et qu'elle « empruntait » Sophie pour tenir compagnie à Tommy dans son parc. Toutefois, Sophie soupçonnait que cette brave femme l'avait surtout prise en pitié parce qu'elle n'avait pas de maman à elle.

Pendant leur adolescence, Sophie et Tommy avaient été inséparables et ils avaient passé leur temps à monter des chevaux à peine domptés et à faire la course sur leurs motos tout-terrain. À cette époque, elle était un garçon manqué aux cheveux coupés court et aux yeux de biche, secrètement amoureuse de Tommy et prête à relever quasiment tous ses défis. Mais, depuis, elle s'était beaucoup calmée. Au contraire de Tommy. Celui-ci était toujours aussi casse-cou, surtout dans ses prestations sur scène.

Il s'entraînait avec quelques-uns des meilleurs cascadeurs professionnels du pays. Dans son spectacle le plus récent, il chevauchait un taureau mécanique sur un plateau entouré de flammes, qui s'élevait dans les airs aux premiers accords de *Rebel*, l'un de ses plus grands succès.

Ses cascades n'étaient pas toujours très planifiées. S'il lui prenait fantaisie de grimper aux faisceaux de câbles électriques, d'exécuter un salto arrière au milieu de la foule ou de mettre le feu à sa guitare, il le faisait sans consulter qui que ce soit. Les pyrotechniciens de l'équipe menaçaient de démissionner si Tommy continuait à ne pas suivre les règles, mais ce n'était pas lui qui avait à subir la colère de l'équipe. C'était à Sophie qu'on adressait toutes les récriminations, dans l'espoir qu'elle contiendrait les débordements de Tommy.

Au début, il avait été très excitant de travailler pour lui. Ce sentiment de danger permanent s'était avéré très grisant. Mais les années avaient passé et, aujourd'hui, elle avait seulement besoin de paix. De tranquillité.

Mais, plus que tout, elle désirait devenir maman. Elle avait déjà fait le tour des banques de sperme et elle serait bientôt prête à choisir un donneur. Ses expériences passées avec les hommes avaient été plutôt décevantes. Elle avait renoncé à trouver le partenaire idéal et, à ce stade, elle avait seulement besoin d'un peu de sécurité émotionnelle. Élever un enfant seule était la réponse, même si, pour cela, elle allait devoir quitter son emploi actuel et chercher du travail ailleurs.

C'était pour cette raison qu'elle roulait en direction du ranch de Tommy au volant de son pick-up. Elle s'apprêtait à lui remettre sa démission. Elle habitait un modeste petit ranch à la sortie de Nashville, tout près de chez Tommy, avec deux chevaux et deux chiens qu'elle mettait en pension chez lui lorsqu'ils partaient en tournée. Le ranch de Tommy était une immense propriété avec une grande maison somptueuse et un personnel pléthorique. Aujourd'hui, la fortune et la célébrité de Tommy égalaient celles de son père légendaire et les avaient peut-être même dépassées. Tommy était le *bad boy* de la musique country, une réputation qu'il devait principalement à ses cascades spectaculaires sur scène. Mais pas seulement. Il était aussi un coureur de jupons notoire, une facette de sa personnalité que Sophie n'avait jamais totalement acceptée.

En approchant de l'entrée de la propriété, elle laissa échapper un soupir de soulagement. Fait rare en cet après-midi de septembre, elle ne vit aucune trace de la foule habituelle des fans attroupés devant la grille dans l'espoir d'apercevoir leur idole.

Elle sonna à l'Interphone pour s'annoncer, et le chef de la sécurité la laissa entrer. Elle avait envoyé un texto à Tommy pour l'informer qu'elle arrivait, mais sans lui révéler le motif de sa visite. Ce ne serait pas une partie de plaisir, elle le savait. Tommy n'accepterait pas facilement sa démission. Et moins encore la raison qui l'y avait poussée. Le sujet des bébés était devenu une source d'anxiété pour lui. Un peu plus tôt dans l'année, une femme du nom de Kara Smith, avec qui il avait eu une aventure d'une nuit, avait prétendu être enceinte de son enfant. Les tests avaient prouvé que ce n'était pas le cas, mais cet épisode l'avait effrayé et incité à reconsidérer sa vie de célibataire sans souci.

Sophie gara son pick-up dans l'allée circulaire devant la grande maison, et, mettant pied à terre, elle lissa le tissu de son petit haut sur son ventre plat. D'ici quelques mois, elle l'espérait, il se serait joliment arrondi.

Elle sonna à la porte et Dottie, la gouvernante de Tommy, vint lui ouvrir. C'était une charmante vieille dame qui veillait sur Tommy comme l'aurait fait une grand-mère. Mais elle ne se laissait pas non plus marcher sur les pieds. Lorsque la superstar capricieuse avait besoin d'être rabrouée, Dottie ne se gênait pas pour le faire, même si ses réprimandes restaient souvent sans effet.

— Bonjour, Dottie, la salua Sophie en entrant dans le hall au sol dallé de marbre. Pouvez-vous m'annoncer à Tommy ?

— Il vous attend déjà au bord de la piscine, l'informa la vieille dame avec un sourire qui fit pétiller ses yeux bleus derrière ses lunettes.

Sophie était dotée d'une masse de longs cheveux bruns bouclés pratiquement incoiffables, qu'elle songeait à faire couper. Pas tout de suite, bien sûr, mais peut-être après la naissance du bébé. Un bébé qui n'était même pas encore conçu, se rappela-t-elle. Il était urgent de planter cette graine.

— Voulez-vous que je vous apporte une boisson fraîche ? proposa Dottie. Ou souhaitez-vous déjeuner ? Le chef a préparé du poulet aux canneberges et aux noix qui est prêt à servir.

— Rien, merci, répondit Sophie. Je voudrais seulement parler avec Tommy. Je vais aller le rejoindre tout de suite.

Elle se dirigea vers le jardin à l'arrière de la maison, avec sa gigantesque piscine bordée de rochers naturels. Derrière la cascade centrale, une grotte étanche au sol dallé de pierre avait été aménagée, luxueusement équipée pour les fêtes, avec une sono spectaculaire, un grand écran plat et un bar au décor hawaiien. Tommy l'avait fait construire pour ses invités. À son usage personnel, il avait créé un appartement privé, accessible derrière une seconde chute d'eau, pour les moments où il avait besoin d'être totalement seul et de se détendre sous sa piscine. Personne à part lui n'y était jamais entré. Il n'y emmenait personne, pas même ses conquêtes.

Elle l'aperçut au bord de la piscine, un casque stéréo sur les oreilles, les yeux fermés. Ses cheveux châtain clair étaient encore humides, comme s'il venait de nager.

Par bonheur, il portait un short de bain. Tommy se baignait volontiers nu. Lorsqu'il se déshabillait devant elle, même s'il était l'image de la tentation, elle faisait de son mieux pour détourner le regard. Et elle avait toujours veillé à ce qu'il ne la voie jamais nue. Même lorsqu'ils étaient enfants, barbotant dans le ruisseau qui traversait la propriété de son père, elle n'avait jamais ôté son maillot devant lui — bien qu'il l'ait si souvent défiée de le faire.

Quelquefois, il lui suggérait encore de se déshabiller. Et pas seulement pour nager. À vrai dire, Tommy s'efforçait de la convaincre d'avoir une relation avec lui depuis l'époque du lycée. Mais, durant leurs années d'adolescence, il y avait toujours eu trop d'autres filles autour de lui. Après la remise des diplômes, Sophie était allée à l'université tandis que Tommy se concentrait sur sa musique et accédait à la notoriété. Elle avait décroché son diplôme en gestion d'entreprises et commencé à travailler pour lui. Le problème de la relation patron-employée ne s'était jamais posé pour elle. Elle adorait qu'il flirte un peu avec elle, mais, comme elle était censée être la voix de la raison, elle avait veillé à ce qu'il respecte les limites qu'elle lui avait imposées. Cela ne l'empêchait pas de rêver en secret d'avoir une relation brûlante et passionnée avec lui.

Naturellement, elle ne le ferait jamais. Elle le jugeait incapable de se plaire dans une vie rangée.

Tommy utilisait le sexe comme une arme dont les principales victimes étaient ses groupies. À l'occasion, il avait aussi des petites amies attitrées, mais il n'avait jamais fait de promesses à aucune d'elles. Brunes, blondes ou rousses, elles n'étaient pour lui que des jouets.

Mais pas la brune que je suis, songea-t-elle. Il n'était pas question qu'elle partage le lit de Tommy, même si elle se doutait que ce serait certainement une expérience inouïe.

Tout à coup, il ouvrit les yeux et riva son regard sur elle. N'était-il pas étrange qu'il ait senti sa présence au moment même où elle caressait des pensées érotiques ?

Elle soutint son regard et il esquissa un sourire. Un sourire en coin qui le désignait comme le provocateur qu'il était. Mais elle savait que ce côté sauvage n'était qu'une manifestation de sa nature passionnée. Même s'il organisait des fêtes extravagantes, Tommy ne buvait jamais d'alcool et ne prenait aucune drogue. Son père sortait à peine de cette double dépendance et Tommy s'était juré qu'il ne deviendrait jamais comme lui, du moins pas dans ce domaine.

— Salut, Sophie, lança-t-il en ôtant son casque.

— Salut, répondit-elle en s'asseyant sur la chaise longue voisine de la sienne.

Comme une idiote, elle reluqua ses abdominaux parfaitement dessinés et la fine ligne pileuse qui disparaissait sous la ceinture de son short. S'il avait été nu, elle n'aurait jamais osé porter son regard aussi bas, mais pour une fois, elle décida que c'était permis.

Heureusement, avec son short et ses sandales, elle ne se sentait pas trop déplacée au bord de la piscine. Mais cela ne suffisait pas à calmer complètement sa nervosité.

— J'espère que tu es venue me suggérer de prolonger la tournée, observa-t-il avant qu'elle n'ait eu le temps d'orienter la conversation vers le véritable motif de sa visite. Je sais qu'elle est censée être terminée, mais je pensais que nous pourrions y ajouter quelques dates.

Il plissa les yeux face au soleil, avant d'ajouter :

— Nous ne sommes rentrés que depuis quelques jours et je deviens déjà fou à rester assis au soleil à ne rien faire.

— Je sais combien la vie sur la route te manque, mais ce n'était pas du tout à cela que je pensais en l'occurrence.

— Qu'y a-t-il, alors ? s'enquit-il en sirotant une gorgée d'eau. Pourquoi désirais-tu me voir ? Un problème ? La compagnie d'assurances menace à nouveau d'augmenter mes primes ?

— Non, répondit-elle, ce n'est pas du tout cela.

Elle marqua une pause, et prit une profonde inspiration, avant d'ajouter d'un trait :

— Je suis venue te présenter ma démission. Je vais chercher un job avec des horaires réguliers et moins de déplacements, afin de mettre au monde un bébé.

— Quoi ! s'exclama-t-il d'un ton stupéfait. Tu es enceinte ? Et de qui ?

Il avait l'air offensé, ou bien agacé. Peut-être même frustré. Mais il réagissait toujours ainsi lorsqu'elle sortait avec un homme. Il était si dépendant d'elle qu'il devenait jaloux dès qu'elle accordait son attention à un autre que lui. À tel point qu'il avait tendance à se montrer agressif avec ses amants. Non qu'elle en ait eu beaucoup, bien sûr. À vrai dire, elle n'avait jamais eu de relation qui vaille la peine d'être notée. Son dernier petit ami, cadre dans une société de productions, l'avait trompée avec son assistante, une petite dinde à peine sortie de l'adolescence.

— Je ne suis pas encore enceinte, précisa-t-elle. Mais j'ai bien l'intention de l'être bientôt.

— Cliff et toi êtes-vous à nouveau ensemble ? s'enquit-il d'un ton soupçonneux. Tu comptes épouser ce crétin ?

— Bien sûr que non ! se récria-t-elle. Pas après la façon dont il m'a trahie. J'ai l'intention d'avoir un bébé toute seule.

— Et comment ? s'enquit-il, visiblement perplexe. Il me semble qu'il faut être deux pour concevoir un enfant.

— Je vais faire appel à une banque de sperme, répondit-elle d'un ton excédé.

— Tu vas choisir le père de ton bébé sur une liste de donneurs ? gronda-t-il. C'est de la folie, Sophie ! Et d'ailleurs, à quand remonte cet élan maternel ? Je ne savais pas que tu avais envie d'élever des enfants.

— J'y songe depuis quelque temps déjà. Et, vu mon âge, je ne peux pas me permettre d'attendre éternellement. Plus une femme vieillit, plus ses grossesses peuvent être compliquées.

— En as-tu discuté avec ton médecin ? s'enquit Tommy en se redressant. La maladie de ta mère ne constitue-t-elle pas un risque, pour toi aussi ?

— La transmission peut être héréditaire, mais il est impossible de prévoir si je serai touchée ou non. Quoi qu'il en soit, mon médecin m'a assuré qu'elle surveillerait de très près ma grossesse pour détecter le moindre problème. Ma mère n'avait pas signalé l'apparition des premiers symptômes de sa maladie. Elle ignorait la gravité de son état.

— Oui, peut-être. En attendant, tu ferais quand même mieux d'oublier toute l'affaire.

— Je ne peux pas.

Elle avait un désir fondamental de connaître l'émerveillement de la maternité. C'était d'autant plus important qu'elle-même n'avait jamais connu sa mère. Son père était décédé trois ans auparavant déjà et, depuis que son grand-père était décédé à son tour, elle était seule au monde. Elle avait douloureusement besoin d'une famille.

— Je ne me sentirai jamais entière autrement, conclut-elle.

— Dois-je comprendre que tu es déterminée ?

— Totalement, affirma-t-elle. Mais je n'ai pas encore cherché un job ailleurs. Je tenais à t'annoncer ma démission en personne. Mais je connais suffisamment de gens dans cette industrie pour trouver un emploi qui me convienne.

— Tu n'es pas obligée de cesser de travailler pour moi. Je te trouverai un poste dans l'équipe de direction. Tu travailleras avec Barbara. Je suis certain qu'elle sera ravie de t'avoir à bord. Elle ne cesse de chanter tes louanges. Elle répète à qui veut l'entendre que tu es la seule à savoir me gérer.

— En tout cas, je m'y efforce.

Barbara était la directrice de la société de production dont Tommy était l'unique client et la pauvre femme avait bien du mal à le convaincre de suivre ses conseils.

— Alors ? insista-t-il. Serais-tu intéressée ?

— À vrai dire, oui.

Elle préférait de loin rester dans l'organisation que de devoir tout recommencer ailleurs. Mais, si elle acceptait, ce serait sous certaines conditions.

— Je vais appeler Barbara pour organiser une réunion avec elle. Mais je veux le même salaire et les mêmes avantages qu'aujourd'hui. Horaires de bureau, pas d'heures supplémentaires, pas de travail le week-end et plus de concerts, même locaux.

— C'est cela, oui, répliqua-t-il d'un ton sarcastique. Tu affirmes cela maintenant, mais ton travail te manquerait trop.

— Je suis sérieuse, Tommy. Je ne veux plus être ta nounou.

— Bon, ça va, je me rends ! concéda-t-il en levant les bras comme si elle le menaçait d'une arme. J'accepte toutes tes exigences. Ce que je ne veux pas, c'est que tu t'en ailles travailler pour quelqu'un d'autre. J'ai besoin de toi, Sophie.

Cette déclaration fit courir une étrange chaleur dans son sang et elle s'efforça de se ressaisir. Pourquoi fallait-il qu'il ait cet effet sur elle ?

— Tu es ma meilleure amie, ajouta-t-il, rivant ses yeux noisette dans les siens. Ma petite fille préférée.

— Je suis une *femme*, aujourd'hui, rappela-t-elle.

— Tu as raison, reconnut-il en riant. Tu es grande, maintenant. Et très, très sexy.

— Attends seulement de me voir avec mon ventre rond,

répliqua-t-elle, tentant de dissimuler son embarras derrière une plaisanterie.

Il continuait à la dévisager, mais maintenant, il l'observait comme si elle avait été un spécimen sous le microscope — un joli petit organisme qu'il ne comprenait pas tout à fait.

— Je n'ai jamais touché le ventre d'une femme enceinte, reconnut-il. Lorsque le bébé te décochera des coups de pied, me laisseras-tu le sentir ?

L'incendie dans son sang gagna en température, mais elle trouva la force de répliquer :

— Après que tu as été récemment accusé à tort d'être le papa d'un bébé, j'aurais pensé que tu te montrerais plus circonspect avec les femmes enceintes.

— J'ai seulement eu de la chance que la science ait permis de faire un test de paternité avant la naissance.

— Beaucoup de chance, en effet. Ces nouveaux tests prénataux non invasifs sont une merveille.

C'était Brandon, le frère de Tommy, qui avait suggéré cette procédure. De simples tests sanguins sur les deux partenaires avaient permis de déterminer un profil ADN du fœtus dès la neuvième semaine de la grossesse. Brandon était l'avocat de Tommy et l'affaire n'avait pas été ébruitée. Comme Kara n'avait pas porté l'histoire devant la presse, Tommy avait échappé à cette épreuve.

— Je me réjouis seulement que ce gosse n'ait pas été condamné à m'avoir pour père, observa-t-il en soupirant. Pas seulement sur le plan émotionnel, mais aussi parce que je suis constamment en tournée. Je me sentirais très mal s'il passait son temps à attendre mon retour, comme Brandon et moi le faisions avec notre père. Je ne sais pas si je supporterais le stress. Certains musiciens emmènent leurs enfants en tournée, mais je n'imagine même pas cette solution-là.

— Moi non plus, convint Sophie. J'ai envie d'être une mère traditionnelle. Je veux pouvoir border ma fille ou mon fils dans son lit chaque soir.

— Oui, je suis sûr que tu seras excellente dans ton rôle de mère. Mais, tôt ou tard, cet enfant va désirer savoir où est son père.

— J'y ai déjà réfléchi, assura-t-elle. Dans certains cas, le donneur peut être autorisé à avoir des contacts avec l'enfant, à partir de l'âge de dix-huit ans et si l'enfant le demande.

— Je me demande si cela ferait une différence, remarqua-t-il. Cela dépendrait de la personne que le donneur serait devenu. À mon avis, il vaut mieux ne pas avoir de père que d'en avoir un mauvais. Ou un père constamment absent, ou bien ivre et drogué. Comme mon père l'était la plupart du temps.

— Au moins, Kirby essaie de se rattraper et d'être un meilleur père pour vous tous.

— Il a encore pas mal de chemin à parcourir pour se rattraper, observa Tommy. Surtout avec Matt.

Elle hocha la tête. Matt Clark, qui vivait au Texas, était le demi-frère que Tommy et Brandon n'avaient jamais rencontré. Kirby l'avait conçu avec l'une de ses maîtresses alors qu'il était encore marié avec la mère de Tommy et de Brandon, et cette affaire avait causé leur divorce. C'était une longue et sordide histoire qui allait bientôt être révélée dans une biographie de Kirby, dont celui-ci avait personnellement autorisé la publication. Par une bizarre ironie du sort, c'était la fiancée de Matt qui était l'auteur de l'ouvrage. Elle avait fait la connaissance de Matt et elle était tombée amoureuse de lui en effectuant ses recherches.

À présent que Tommy était rentré de sa tournée, ils avaient prévu d'organiser une réunion familiale dans la propriété des Talbot au cours des semaines à venir, pour faire la connaissance de Matt. Sa fiancée était déjà là-bas, à travailler sur l'ouvrage avec Kirby. Tommy et Brandon l'avaient tous deux rencontrée quelque temps auparavant, lorsqu'ils avaient accepté d'être interviewés à cette occasion.

Personne n'avait demandé à Sophie de contribuer à la fameuse biographie. Mais elle espérait pouvoir assister à la prochaine réunion. Elle était curieuse de rencontrer ce fils que

Kirby avait si longtemps dissimulé au monde. À une certaine époque, il avait même abandonné Matt.

— Alors, comment fait-on ? s'enquit Tommy.

— Pardon ?

— Comment choisit-on un donneur ?

— Les banques de sperme ont des sites Internet d'information concernant les donneurs. Il suffit de chercher dans leur catalogue ceux qui correspondent à vos critères. Dans certains cas, ils publient des photos d'enfance et d'adolescence des donneurs. Certains sites permettent même de voir les donneurs à l'âge adulte. Si l'on désire que le donneur ait un aspect physique particulier, on peut envoyer à la banque du sperme des photos montrant ces préférences. La banque se charge de les comparer aux donneurs de leur catalogue et de les classer par ordre de ressemblance.

— Vraiment ? fit-il, esquissant à nouveau ce sourire en coin. Alors, tu devrais leur envoyer quelques photos de moi.

— Ce n'est pas drôle, marmonna-t-elle, regrettant qu'il ait introduit cette idée dans son esprit.

Car elle n'aurait pas désapprouvé l'idée que son enfant lui ressemble. Tommy était un régal pour les yeux, avec ses cheveux courts faciles à coiffer, ses yeux noisette et ce sourire espiègle. Elle le connaissait depuis si longtemps que tout chez lui paraissait familier.

Il se pencha vers elle, reposant les mains sur ses genoux. Il avait des mains d'artiste, aux longs doigts souples. Il jouait de la guitare comme un forcené, mais la musique de lui qu'elle préférait, c'étaient des ballades qu'il avait enregistrées au piano sur des textes délicieusement romantiques. Il chantait la douleur d'aimer, alors même qu'il n'en avait aucune expérience personnelle. Sophie n'avait jamais été amoureuse, elle non plus. Pas au point d'en être tourmentée jusque dans son âme ou d'en avoir le cœur déchiré.

— Je pourrais peut-être t'aider à choisir un donneur, suggéra-t-il.

Elle réprima un sursaut, prise de court par sa proposition, se demandant ce qu'il complotait.

— Toi, tu souhaites m'aider à choisir le père de mon bébé ?

— Oui, bien sûr, confirma-t-il. Pourquoi pas ? Autrefois, je t'aidais bien avec tes devoirs de chimie, l'as-tu oublié ?

— Je m'en souviens, convint-elle. Tu étais très fort en maths et en sciences. Mais il ne s'agit pas d'un devoir scolaire cette fois-ci.

— Je le sais, mais nous sommes comme une famille, toi et moi. Le moins que je puisse faire, c'est t'aider de mon mieux.

— Merci, murmura-t-elle, résistant difficilement à son envie de le toucher, de poser les mains là où elles n'avaient pas lieu d'être. Cela compte beaucoup pour moi.

Elle brûlait de caresser sa joue, de glisser les doigts dans ses cheveux encore humides. Et même pire, elle l'imaginait facilement dans le rôle du donneur, ce qui était tout bonnement stupide. Elle refoula cette idée, mais l'insolente resurgit aussitôt. Avait-elle perdu la tête ?

— Et si nous le faisions ce soir ? suggéra-t-il.

Elle s'efforça d'assimiler ce qu'il venait de suggérer, mais son cerveau s'y refusait. Elle était restée bloquée sur l'idée absurde qu'il puisse être le donneur dont elle avait besoin, ce qui était totalement délirant.

— Faire quoi ? s'enquit-elle enfin.

— Jeter un coup d'œil aux sites des banques de sperme. Je demanderai au chef de nous préparer une bonne provision de cookies aux pépites de chocolat et je les apporterai chez toi. Je sais que le chocolat t'aide à te concentrer.

— D'accord, consentit-elle, refoulant avec peine l'idée de porter un enfant de lui. Nous consulterons ces sites ensemble dès ce soir.

Elle avait besoin de trouver un donneur. Un parfait inconnu. Et elle allait s'assurer qu'il ne ressemblerait en rien à Tommy, qu'il n'aurait aucun point commun avec lui.

2

Tommy était assis à côté de Sophie devant l'ordinateur de son bureau, et, depuis près d'une heure, ils passaient en revue les sites qu'elle avait retenus pour ses recherches.

Il avait l'impression de vivre un mauvais rêve. Pas seulement parce qu'elle désirait un bébé, mais parce qu'elle démissionnait de son poste de directrice de tournée. Elle était censée être un élément permanent de ces périples, une constante sur laquelle il pouvait toujours compter. Bien sûr, elle serait une valeur sûre pour son équipe administrative, mais ce n'était pas la même chose que de l'avoir près de lui sur les tournées. La route était l'essence même de son existence. C'était ce qu'il adorait le plus dans sa carrière et Sophie en avait toujours fait partie.

Il étudia son profil délicat, la crinière de boucles rebelles qui encadrait son ravissant visage. Ses cheveux l'avaient toujours fasciné. Lorsqu'ils étaient enfants, elle les portait courts. En ce temps-là, elle était la petite fille la plus adorable du monde et elle le suivait partout où il allait. Il aurait tout donné pour qu'elle le suive encore, au lieu de le quitter pour mettre au monde un bébé.

Jusqu'à présent, sa quête du donneur idéal s'était avérée infructueuse. Elle rejetait les candidats les uns après les autres, et il n'y trouvait rien à redire. Il espérait qu'elle finirait par laisser tomber l'idée, tout simplement.

Elle prit l'un des cookies qu'il avait apportés, le trempa dans son verre de lait et l'avala en quelques bouchées. Lorsqu'elle passa sa langue rose sur ses lèvres pour recueillir les dernières miettes, il fut douloureusement tenté de l'embrasser. Naturellement, ce n'était pas nouveau. Il rêvait de découvrir le goût de cette bouche boudeuse depuis leur adolescence. S'il avait pensé un instant qu'elle puisse être d'accord, il l'aurait emportée jusque dans son lit à cette seconde même pour la déshabiller. Il est des gens pour penser que le sexe entre amis ne faisait que compliquer l'existence, mais lui n'était pas de cet avis. Bien sûr, il devait tenir compte des sentiments de Sophie et il savait que ce genre de relation n'était pas son style. Elle avait été très claire là-dessus depuis longtemps.

Il se pencha plus près pour respirer son troublant parfum, et elle lui lança un regard circonspect.

— Que fais-tu ?

— Tu me cachais l'écran, mentit-il, comme un petit garçon pris en faute.

— Désolée, s'excusa-t-elle en s'écartant pour lui faire de la place. C'est mieux, maintenant ?

Hochant la tête, il fit mine de se concentrer sur l'écran de l'ordinateur où s'étalait une photo de son dernier candidat malheureux, une espèce de surfeur au sourire conquérant.

— Pourquoi sont-ils tous si jeunes ? s'étonna-t-il.

— Ce site particulier n'accepte que des candidats entre vingt et vingt-neuf ans.

— Et ça ne te dérange pas du tout ? grogna-t-il. Ne sont-ils pas trop jeunes pour toi ?

— Et toi, avec ces jolies groupies qui te vénèrent ? Au moins, moi, je regarde seulement ces jeunes gens pour...

— Pour leur intelligence et leur allure virile, termina-t-il à sa place.

Même s'il répugnait à l'admettre, il était jaloux de ces donneurs. On aurait presque dit qu'elle était à la recherche d'un amant.

— Tu devrais peut-être réellement leur envoyer une photo de moi à l'âge de vingt ans, si tu peux en dénicher une. La banque te trouvera peut-être quelqu'un qui me ressemble.

— Comment peut-on être aussi vaniteux ? répliqua-t-elle en lui adressant un regard désapprobateur.

— Ose prétendre que tu ne me trouves pas attirant, parce que je sais que c'est le cas, dit-il en s'emparant de la souris pour changer les critères de recherche, ignorant son soupir de frustration. Voyons un peu qui ils te proposent.

— Fais ce qu'il te plaira, répliqua-t-elle en se détournant de l'écran. Cela ne m'intéresse pas.

— Non, bien sûr, ironisa-t-il.

Ignorant son évidente irritation, il prit tout son temps, sachant parfaitement qu'elle ne pourrait s'empêcher de jeter un coup d'œil aux nouveaux résultats. Plusieurs candidats avaient des caractéristiques physiques semblables aux siennes, mêmes cheveux, même teint, même couleur des yeux. Tous n'affichaient pas une photo, cependant. Il se concentra sur ceux qui en avaient une.

Pendant qu'il les passait en revue, Sophie dévora deux autres cookies, évitant toujours de fixer l'écran. Mais c'était sans importance. Il n'avait trouvé aucun candidat valable.

— C'est inutile, déclara-t-il. Tous des ringards.

— Vraiment ? fit-elle en lui lançant un regard en coin. Absolument tous ?

— Vérifie par toi-même, répondit-il en désignant l'écran.

— Oui, je crois que je vais le faire, dit-elle en se tournant à nouveau vers l'ordinateur. Que penses-tu de celui-ci ?

Elle cliqua sur un candidat que Tommy avait à peine remarqué — un jeune homme aux cheveux un peu longs, au sourire moqueur.

— Ce type ne me ressemble pas du tout, grogna-t-il.

— Il a le même sourire que toi, assura-t-elle. Et son profil annonce qu'il est acteur de comédies musicales.

— Il ne manquait plus que cela, ironisa-t-il. Je vois déjà ton bébé chanter des airs de Broadway à sa naissance.

— Qui se conduit maintenant comme un ringard ? remarqua-t-elle en riant.

— Je suis sérieux, Sophie. Un fils ou une fille avec ses gènes pourrait faire de toi une maman des planches. Si tu pensais que les tournées avec moi étaient épuisantes, attends seulement de voir jusqu'où t'entraîneront les ambitions théâtrales de ton enfant. Oublie vite ce chanteur d'opérette.

— On dirait que tu es jaloux, remarqua-t-elle.

— De ce type-là ? Ma descendance serait beaucoup plus cool que la sienne.

— Ta « descendance » ? répéta-t-elle d'un ton incrédule. Je n'arrive pas à croire ce que je viens d'entendre.

— Je plaisantais, assura-t-il d'un ton embarrassé. J'ai seulement dit cela pour te provoquer.

— Eh bien, arrête tout de suite, le tança-t-elle d'une voix qui tremblait un peu. Tu étais censé m'aider à trouver un donneur, mais tu ne fais que compliquer les choses.

Il ne l'avait jamais vue aussi énervée. Cette histoire de bébé avait mis ses émotions sens dessus dessous. Et les siennes aussi, il devait, hélas, le reconnaître.

— Dans ce cas, vas-y, répondit-il. Choisis M. Comédie musicale et n'en parlons plus.

— Je ne veux pas de lui, répliqua-t-elle, passant au profil suivant. Je ne veux personne qui ait ton sourire. Ou qui me fasse penser à toi. J'ai déjà...

— Tu as déjà quoi ? insista-t-il, la poussant à préciser ce qu'elle n'avait visiblement pas envie de lui confier.

— Rien, coupa-t-elle, écartant ses épaisses boucles de son visage. Je n'ai pas envie d'en parler.

Il n'était pas question de la laisser s'en tirer à si bon compte. Il était encore plus têtu qu'elle.

— Tu ferais mieux de tout me raconter, rétorqua-t-il. Sinon, je te promets que je resterai ici jour et nuit, à te harceler jusqu'à ce que tu m'aies répondu.

— Pourquoi ne peux-tu pas passer à autre chose ?

— Parce que je n'aime pas te voir ainsi. Tu as toujours été la sérénité même. Rien ne pouvait te déstabiliser.

Elle tomba dans un profond silence et il attendit qu'elle reprenne la parole. Jusqu'à ce jour, ils n'avaient jamais eu aucune difficulté à communiquer. Enfin, elle déclara, réprimant une grimace :

— Tout à l'heure, chez toi, j'ai eu l'idée folle de faire de toi mon donneur. Cela m'a bel et bien traversé l'esprit.

— Vraiment ?

Il aurait dû paniquer, mais, chose étrange, il n'en fut rien. Au contraire, il se sentait bizarrement flatté.

— Ne reste pas là avec cet air content de toi, remarqua-t-elle d'un air désapprobateur. Surtout pas après avoir claironné à quel point ta descendance serait cool.

— Désolé, lâcha-t-il, s'efforçant de revenir sur terre. Je n'aurais pas dû tant insister. Tu avais raison, je suis jaloux de ces types. Je n'aime pas te voir chercher le partenaire parfait.

Il haussa les épaules, avant d'ajouter, avec toute la modestie dont il fut capable :

— Je suis tout de même honoré que tu aies pensé à moi.

Elle se leva et traversa la pièce à grands pas, avant de se retourner pour lui lancer un regard dubitatif.

— C'est l'idée la plus folle que j'aie jamais eue, déclara-t-elle. Tu ne penses tout de même pas que ce serait possible entre nous, n'est-ce pas ?

— Je ne sais pas, bredouilla-t-il, la tête tourbillonnante. Cela va aller, Sophie.

— Que veux-tu dire ?

— Tu trouveras le bon donneur et tu mettras au monde le bébé dont tu rêves.

Il songea à la possibilité de devenir acteur de cette histoire. Pouvait-il être réellement le donneur dont elle avait besoin ? Comme il était en tournée plus souvent qu'à la maison, il ne verrait que rarement Sophie et l'enfant, ce qui serait sans doute plus simple pour eux tous. Après tout, elle seule aurait le rôle de parent. Mais il devait s'assurer que les règles ne changeraient pas plus tard et qu'elle ne lui demanderait jamais davantage que ce qu'il pouvait donner.

— Admettons, hypothétiquement, que tu fasses appel à moi pour être le donneur. S'agirait-il d'un accord définitif, sans aucun lien obligatoire ni aucun devoir parental pour moi ?

— Oui, mais il n'est pas question que tu sois le donneur. Pourquoi en parler ?

— C'est peut-être moi, ton donneur idéal, insista-t-il en s'approchant, aux prises avec un flot d'émotions qu'il ne pouvait plus contrôler. C'est peut-être mon destin.

— Tu ne sais pas ce que tu dis, protesta-t-elle, l'air abasourdi.

Bien sûr que si.

Il savait exactement dans quelle direction il s'engageait, et, tout au fond de lui-même, elle lui semblait juste.

— Tu as toujours été là pour moi quand j'ai eu besoin de toi, rappela-t-il. Tu as travaillé jour et nuit, te dévouant entièrement à ma carrière. Et même si tu vas beaucoup me manquer en tournée, j'aurai la satisfaction de savoir que j'ai contribué à réaliser ton rêve de bébé.

— C'est très gentil, Tommy, répondit-elle, retenant visiblement ses larmes, mais, à cause de toi, je me sens très vulnérable en cet instant. Or je dois absolument rester lucide.

Que lui avait-il pris ? songea-t-il, atterré. Avait-il perdu la raison ? Se porter volontaire comme donneur ? Son cœur battait à tout rompre en pensant aux conséquences.

— Es-tu seulement conscient de ce que cela signifierait, pour toi ? observa-t-elle.

— J'en sais autant que ces types du site que tu consultais.

— Mais ton cas est différent. Nous ne sommes pas des inconnus l'un pour l'autre. Il y aurait beaucoup d'autres facteurs à considérer. Nos vies sont indissolublement liées. Je comprends que l'idée de jouer un rôle actif de père ne t'intéresse pas et cela ne me gêne pas. J'ai envie d'être maman en solo, moi aussi. Mais devrions-nous révéler ton identité à cet enfant plus tard, ou préférerais-tu demeurer totalement anonyme, sans que quiconque ne sache jamais que tu es son père ? C'est une décision que je ne peux pas prendre à ta place.

— Et que moi, je ne peux pas prendre à la légère, répliqua-t-il. J'ai besoin d'un peu de temps pour y réfléchir.

— Tout cela est tellement...

— Nous en reparlerons demain matin après une bonne nuit de sommeil, d'accord ?

— Oui, d'accord, répondit-elle en soupirant.

Il brûlait de la serrer dans ses bras, mais préféra garder ses distances, s'abstenant d'envahir son espace personnel.

— En tout cas, ajouta-t-il, si je dois être ton donneur, il n'est pas question d'avoir recours à la PMA. Je tiens à ce que nous concevions ce bébé par la méthode naturelle.

Il vit qu'elle cessait de respirer et comprit qu'il venait de provoquer une bonne vieille montée de libido en elle. Au moins, cela jouait en sa faveur.

— Je ne sais pas, Tommy. C'est seulement...

— Tu n'as pas besoin de décider tout de suite, la rassura-t-il. Je ne veux pas te bousculer. Mais je ne vais pas non plus prétendre que je n'ai pas envie de toi.

— Je suis bien consciente que tu as toujours désiré que nous soyons amants. Et tu sais aussi que je t'ai toujours trouvé craquant. Mais ce serait un grand saut dans l'inconnu.

— Prends le temps d'y réfléchir. Nous en reparlerons demain. Inutile de me raccompagner. Je connais la sortie.

Sur quoi, ils se séparèrent sans rien ajouter.

Sophie avait à peine fermé l'œil de toute la nuit. Elle avait passé des heures à se demander ce qu'elle devait faire. Et maintenant, aux premières lueurs de l'aube, elle était assise dans la cuisine, à siroter sa seconde tasse de café en retournant des questions sans réponse dans son esprit. Devrait-elle décliner la proposition de Tommy et choisir un autre donneur ? Concevoir un bébé avec lui s'avérerait-il trop compliqué ? Ou, au contraire, serait-ce la solution la plus commode ? De plus, la question de la relation sexuelle restait entière. Soit elle renonçait à sa résistance et faisait l'amour avec lui, soit elle restait sur un terrain neutre et recourait à la PMA.

Mais, au fond, toutes ces cogitations ne menaient peut-être à rien. Tommy avait sans doute déjà changé d'avis et elle n'aurait d'autre choix que de faire appel à un autre donneur.

Se préparant à cette éventualité, elle emporta son ordinateur dans la salle à manger et lança une nouvelle recherche sur un site différent de celui que Tommy et elle avaient consulté ensemble.

Lorsqu'elle jeta un coup d'œil à la pendule sur le mur, deux heures s'étaient écoulées, et elle n'avait trouvé aucun candidat acceptable. À présent que ces hommes étaient en compétition avec Tommy, elle ne pouvait s'empêcher de les comparer à lui.

Elle songea à l'acteur de comédies musicales qu'elle avait remarqué sur le premier site et soupira. Il ne lui plaisait pas suffisamment. Elle avait besoin de quelqu'un qui puisse soutenir la comparaison avec Tommy. Un homme qui fasse chavirer son cœur.

C'était une idée stupide, elle le savait. Avant que Tommy lui ait proposé d'être son donneur, elle n'avait jamais jugé nécessaire d'éprouver une quelconque attirance sexuelle pour le candidat qu'elle choisirait. Mais, tout à coup, ce détail lui paraissait crucial.

Alors elle décida de se concentrer sur les candidats qui n'avaient publié que des photos d'enfance. Cette approche l'aiderait peut-être à résoudre son dilemme.

Hélas, ce ne fut pas le cas. Aucune de ces photos d'enfants ne ressemblait suffisamment à Tommy au même âge pour l'inciter à choisir sa version adulte.

Tommy avait réduit à néant ses chances de choisir un autre que lui. Mais tout n'était pas réglé. Si elle l'acceptait comme donneur, ils allaient devoir discuter en détail de toutes les implications que cette décision aurait dans leur vie. Ils avaient déjà convenu qu'il ne jouerait aucun rôle actif en tant que père.

Mais souhaiterait-il garder d'autres liens avec l'enfant ? Ou préférerait-il que son identité reste secrète ?

Quelle que soit sa décision, elle était certaine qu'ils resteraient amis. Ils se connaissaient depuis leur plus tendre enfance. C'était un avantage, surtout dans une situation aussi délicate que celle-ci. À eux deux, ils pouvaient réussir ce pari.

Elle espérait seulement qu'il n'avait pas changé d'avis. Car, à présent, elle désirait plus que tout qu'il soit son donneur.

Cela signifiait-il aussi qu'elle était prête à faire l'amour avec lui ? À son grand embarras, elle se trouva incapable de répondre à cette question.

Son téléphone tinta, annonçant qu'elle avait reçu un texto. Tommy était levé et il souhaitait passer chez elle directement. Au comble de l'anxiété, elle lui répondit aussitôt.

Elle fut tentée de se changer, puis elle se ravisa, préférant rester naturelle. L'ample chemise d'homme qu'elle portait par-dessus son legging fleuri avait appartenu à son grand-père et elle portait des mules vertes en fourrure artificielle qu'elle avait trouvées dans un bazar quelque part.

Un court moment plus tard, lorsqu'elle entendit sonner le carillon de l'entrée, elle aurait couru ouvrir si le parquet de chêne n'avait pas été aussi glissant.

Elle ouvrit la porte en grand et Tommy apparut devant elle, beau à couper le souffle avec son Stetson de paille tout simple, la dominant de sa haute taille.

— Comment vas-tu ?

— Bien, assura-t-elle, répugnant à lui avouer qu'elle était au bord de la crise de nerfs. Aussi bien que possible.

— Tu me laisses entrer ?

Elle s'aperçut tout à coup qu'elle bloquait la porte et elle recula précipitamment. Puis, s'efforçant de contrôler ses émotions, elle le conduisit jusqu'au salon.

— Je n'ai pratiquement pas fermé l'œil de la nuit, annonça-t-il en s'affalant sur les coussins de cuir du sofa.

— Moi non plus, avoua-t-elle en prenant place à côté de lui, soulagée de n'avoir pas été la seule à souffrir d'insomnie. Es-tu toujours volontaire pour devenir mon donneur ?

— Plus que jamais, confirma-t-il, rivant ses yeux noisette sur les siens. Et toi ? Désires-tu toujours que je le sois ?

— Oui, répondit Sophie d'un ton convaincu.

— Parfait, dit-il en jetant son chapeau sur la table basse. Nous avons beaucoup de détails à régler. Par où aimerais-tu commencer ?

J'ai envie de t'embrasser, songea-t-elle. *Je veux connaître le goût enivrant de ta bouche.*

— Commençons par parler du genre de donneur que tu as décidé d'être, répondit-elle, refoulant ces idées vagabondes.

— Je veux que ce soit une situation totalement transparente, déclara-t-il, comme s'il avait préparé sa réponse. Pas de secrets, aucun mensonge. Je n'ai pas l'intention d'imiter mon père, d'être le père d'un enfant dont personne ne connaît l'existence. Je préfère que notre arrangement soit connu de tous — y compris de l'enfant lorsqu'il ou elle sera en âge de comprendre.

Elle se détendit un peu. Oui, ils progressaient.

— Si tu avais tenu à rester anonyme, j'aurais respecté ton choix, assura-t-elle. Mais je préfère que tout le monde connaisse la vérité, je dois bien le reconnaître.

— Si tu le désires, le moment venu, nous lui expliquerons la situation ensemble. Nous lui dirons que, même si je ne suis pas un papa traditionnel, je serai toujours un ami de la famille. Avec mes tournées, je ne serai pas à Nashville très souvent, mais, au moins, il ou elle saura qui je suis et ne doutera jamais que je me préoccupe de son bonheur. De plus, nous lui parlerons de notre passé, pour qu'il ou elle sache que nous avons grandi ensemble. Il est important que cet enfant connaisse notre histoire. Nous pouvons réussir, Sophie, conclut-il avec un sourire lumineux. Je sais que c'est possible.

— Merci, Tommy, murmura-t-elle.

Elle était tentée de le serrer dans ses bras pour le remercier d'avoir été aussi prévenant et aussi consciencieux. Mais elle s'en garda bien, craignant de s'exposer ainsi à la tentation avant que la question de la méthode et de la date de la conception n'ait été réglée. Ayant passé des années à refouler son désir pour Tommy, elle devait rester prudente.

— Nous allons devoir sceller notre accord par un document légal, déclara-t-il. Je peux demander à mon frère de s'en charger, mais si tu préfères prendre ton propre avocat, je comprendrais.

— Je ne vois aucun inconvénient à ce que Brandon nous représente tous les deux, s'il est d'accord.

Brandon était comme un frère pour elle. Avec Tommy, c'était différent. Les sentiments qu'elle éprouvait pour lui n'étaient absolument pas ceux d'une sœur.

Elle fronça les sourcils. Pourquoi alors faisait-elle toute une histoire de l'idée de partager son lit avec lui ? Parce qu'il avait déjà des hordes de femmes à sa disposition. Et parce qu'elle s'était juré de ne jamais être l'une d'elles.

Mais au nom de cet enfant qu'elle désirait concevoir, n'était-elle pas tenue de faire l'amour avec lui ?

Tout à coup son cœur battait très fort. Combien de fois n'avait-elle pas rêvé de s'asseoir sur les genoux de Tommy, de le caresser en ronronnant dans son oreille ? Il lui était même arrivé de penser à lui alors qu'elle était dans les bras d'autres hommes. N'était-ce pas affreux ?

— Tout va bien, Sophie ?

— Oui, assura-t-elle précipitamment, s'apercevant qu'il la dévisageait. J'étais juste en train...

— De prendre des décisions à notre sujet ?

— Oui, euh... Nous devrions peut-être parler de...

— Es-tu prête à faire l'amour avec moi pour que ton vœu se réalise ? Je ne veux pas te presser davantage. Le mieux serait peut-être de...

— Je veux bien faire l'amour avec toi, mais ce ne sera pas une simple fantaisie en passant.

— Je n'ai jamais dit que cela le serait. Nous le ferons pour concevoir un bébé. Je reconnais que je t'ai toujours désirée, mais je ne perdrai jamais de vue notre but principal. Cela dit, j'aimerais que cet épisode reste un moment romantique entre nous.

Elle avait trop à faire à essayer de contrôler ses émotions pour le suivre sur ce terrain. Derrière son attitude pleine de douceur, Tommy était un play-boy notoire et elle était censée être trop lucide pour se laisser prendre à de tels artifices.

— À certaines dates, j'aurai de meilleures chances de tomber enceinte, observa-t-elle, refoulant fermement l'idée d'une relation romantique.

— Quand ?

— Dans une semaine ou deux, répondit-elle, se concentrant sur l'aspect clinique pour éteindre l'incendie qui se propageait dans son sang. La plupart des femmes ovulent vers le milieu de leur cycle et elles sont fertiles durant cinq ou six jours.

— Combien de temps penses-tu qu'il nous faudra ? s'enquit-il, visiblement perplexe.

— Pour que je tombe enceinte ? Je l'ignore. Mais, généralement, la plupart des couples fertiles conçoivent dans un délai de six mois.

— Nous devrions peut-être le faire plus souvent pour augmenter nos chances, suggéra-t-il, réprimant un sourire. Lorsque Mack et Jean essayaient d'avoir un enfant, c'était ainsi qu'ils procédaient.

— Mack t'a raconté cela ? s'étonna-t-elle. Je croyais ton batteur un peu plus discret.

— Mack ne m'a rien dit, mais à la dernière fête chez moi, j'ai entendu Jean évoquer le sujet avec un groupe d'épouses et de petites amies des musiciens.

Sophie n'avait pas été incluse à cette conversation. Mais, naturellement, elle n'était ni épouse ni petite amie des membres du groupe.

— Tu ne devrais pas écouter aux portes, remarqua-t-elle.

— Quoi ? fit-il en riant. J'adore écouter les bavardages des filles lorsqu'elles se croient seules. Alors, qu'en dis-tu ? Devrions-nous adopter la méthode de Mack et Jean ?

— Ne fais pas le malin, Tommy, répliqua-elle, le souffle coupé par cette suggestion. Pas maintenant.

— Je sais que tu t'apprêtes à franchir la ligne rouge que tu t'étais toujours tracée avec moi, dit-il en reprenant son sérieux. Et, tu as raison — je ne devrais pas plaisanter à ce sujet. Mais je crois tout de même que l'idée mérite réflexion.

— J'y penserai, promit-elle, s'efforçant de rester lucide alors que son corps réclamait Tommy à grands cris. J'en discuterai peut-être avec mon médecin pour lui demander conseil. Mais, avant tout, tu vas devoir consulter ton propre médecin pour lui demander un spermogramme. Les hommes recrutés par les banques de sperme ont tous des valeurs au-dessus de la moyenne. Personnellement, je me suis déjà soumise à un test de fertilité.

— Inutile de me mettre la pression, répondit-il. Je ferai tout ce que tu voudras. Parce que, d'une façon ou d'une autre, nous allons concevoir un bébé ensemble. Et je te promets que nous allons beaucoup nous amuser en nous y appliquant.

Cela, elle n'en doutait pas une seconde. Mais pour le moment, elle avait besoin de retrouver son souffle. Elle se leva et reprit ses distances avec lui, s'efforçant d'assimiler la gravité de l'engagement qu'ils venaient de conclure.

Après toutes ces années, ils allaient enfin être ensemble.

3

Impatient de revoir Sophie et de lui montrer les résultats de sa visite médicale, Tommy se rendit chez elle. Trois jours seulement s'étaient écoulés depuis qu'ils avaient pris leur décision au sujet du bébé, mais, si la semaine suivante était le créneau idéal pour concevoir un enfant, il tenait à être prêt.

Il arrêta son pick-up dans la cour de son petit ranch et marcha jusqu'à l'écurie. Il lui avait envoyé un texto plus tôt et elle lui avait répondu que c'était là qu'il la trouverait.

Il la découvrit en plein travail à son arrivée, s'affairant à nettoyer l'un des box. Elle ne sembla pas remarquer sa présence. Alors, le cœur battant comme un adolescent, il recula d'un pas pour l'admirer tout à loisir. Sophie était plus belle que jamais avec son jean tout taché et son chignon approximatif laissant échapper des boucles folles.

— Besoin d'un coup de main ? lança-t-il.

— Seigneur ! s'exclama-t-elle en pivotant brusquement vers lui. Tu m'as fait une peur bleue !

— Désolé, s'excusa-t-il.

— Ce n'est pas grave, assura-t-elle. J'avais terminé.

Elle tapota affectueusement la croupe de la jument qui occupait le box et alla ranger son râteau avant de revenir vers lui, s'essuyant les mains sur son jean. Elle faisait une ravissante petite cow-girl, il l'avait toujours pensé. Lorsqu'ils étaient enfants, elle avait même le culot de se mesurer à lui, alors il l'entraînait dans des escapades de casse-cou. Et, à présent, devenus adultes, ils s'apprêtaient à se lancer dans la plus risquée de toutes les aventures : concevoir un enfant.

— Quoi de neuf ? s'enquit-elle, buvant à une gourde. Quelles nouvelles importantes as-tu à me communiquer ?

— J'ai vu mon médecin et mon spermatogramme crève le plafond. Je n'ai rien à envier à ces jeunots sur Internet.

— Je me réjouis de l'entendre, répondit-elle en riant.

— Moi aussi, convint-il, observant, fasciné, une goutte de transpiration qui roulait sur son cou adorable pour aller se perdre dans l'échancrure de son corsage.

Elle indiqua la porte comme si elle avait besoin d'un changement de décor et ils sortirent ensemble. Il attendit d'avoir fait quelques pas avant de se tourner vers elle.

— As-tu appelé ton médecin pour lui demander conseil ? s'enquit-il. Je veux dire... Concernant la fréquence de...

— Oui, l'interrompit-elle. Il m'a recommandé des rapports fréquents, surtout durant la période d'ovulation.

Il s'approcha pour effleurer sa joue d'une caresse et, une nouvelle fois, s'émerveilla de sa douceur.

— Tu peux baisser ta garde, Sophie, murmura-t-il. Tu as le droit de te réjouir.

— Je sais, répondit-elle, plongeant son regard dans le sien.

Ils se dévisagèrent un instant en silence, puis il laissa retomber sa main, soudain aussi ému qu'elle. Il restait un sujet dont ils devaient encore discuter.

Ils allèrent s'asseoir à l'ombre d'un grand chêne. Elle but une nouvelle gorgée d'eau et il s'adossa à l'écorce rugueuse du tronc.

— J'ai abordé un autre sujet avec mon médecin.

— Ah ? fit-elle, visiblement inquiète. Tu as un problème de santé ?

— Non, ce n'est rien de ce genre. Mais j'ai pris une décision. Lorsque tu auras mis au monde ce bébé et que nous serons sûrs que tout va bien, j'ai l'intention de subir une vasectomie.

Il s'était efforcé de garder un ton détaché. Les détails de

la procédure lui avaient glacé le sang, mais le résultat était suffisamment crucial pour qu'il s'y soumette sans broncher.

— Pourquoi ferais-tu une chose pareille ? s'étonna-t-elle, ouvrant de grands yeux.

— Parce que je ne serai jamais plus donneur de sperme et que je ne veux pas courir le risque d'une nouvelle fausse alerte, comme avec Kara. Ou, pire encore, être responsable d'une vraie grossesse chez une autre femme. De cette façon, je serai sûr qu'un seul enfant au monde sera porteur de mes gènes et cet enfant sera le tien.

— Je ne sais pas quoi te répondre, Tommy.

— Ne dis rien. Je tenais à ce que tu connaisses mon projet. Et je t'informe aussi que je vais ouvrir un compte en fidéicommis au nom du bébé, qui sera accessible à sa majorité.

— Tu n'as pas besoin de faire cela, lâcha-t-elle après un long silence tendu.

— Avec un donneur aussi riche et aussi grincheux que moi, la moindre des choses, c'est que cet enfant en retire un petit bénéfice.

— Tu n'es pas grincheux, protesta-t-elle.

— Peut-être pas, mais je suis riche à millions. Et je désire rendre la vie de ton fils ou de ta fille la plus simple possible.

— Merci. C'est très gentil de ta part.

Il l'imagina allongée sur les draps froissés de son lit, ses boucles brunes étalées sur l'oreiller. Détachant à contrecœur son regard de la gouttelette de transpiration qui brillait dans le col ouvert de son chemisier, il fit un effort pour se ressaisir. Il savait qu'il allait devoir attendre, mais il brûlait déjà d'impatience.

— Je vais passer au cabinet de Brandon cet après-midi pour solliciter son avis d'avocat. Veux-tu m'y accompagner ?

— Je ne peux pas. J'ai une réunion avec Barbara, aujourd'hui.

— Très bien, alors. Nous en parlerons plus tard.

Il avait déjà une assez bonne idée de la substance de cette fameuse réunion. Il y serait question des détails de son nouveau job. Il avait déjà instruit Barbara de créer un poste spécialement pour Sophie et d'accepter tout ce qu'elle demanderait. Et, naturellement, Barbara en était ravie.

— Je ferais mieux de te quitter, dit-elle en tournant son regard vers la maison. Je dois prendre une douche.

Il se contenta de hocher la tête. Tandis qu'elle s'éloignait, il eut une vision fugace de son corps nu couvert de mousse et ruisselant d'eau. Il devait absolument refouler ce genre de pensées jusqu'à ce que le bon moment soit venu. Mais, bien sûr, ces fantasmes l'assaillaient déjà depuis des années. D'une manière ou d'une autre, Sophie avait toujours été au centre de ses pensées.

Le cabinet de Brandon était situé en plein centre de Nashville, face au musée de la musique country, qui venait constamment leur rappeler qui ils étaient, d'où ils venaient et l'impact que cette ville avait eu sur leur vie. Leur père avait son effigie dans l'une des galeries du musée. Tommy également, avec divers souvenirs de ses plus brillantes tournées. Brandon, lui, était avocat spécialisé dans l'industrie du spectacle, représentant les Talbot et d'autres poids lourds de la profession. Il était aussi membre du conseil d'administration du musée. Très respecté dans la haute société de Nashville, Brandon avait toujours aimé fréquenter les élites.

Tommy et Brandon avaient grandi dans la même maison immense et trépidante, dans un quartier privilégié de Nashville. Pourtant, ils étaient aussi différents qu'il est possible de l'être pour deux frères. Aujourd'hui, ils œuvraient ensemble à aider leur père, abstinent de l'alcool depuis trois ans. Ils soutenaient également les efforts de leur mère, un ancien top-modèle, dans ses efforts pour lancer une ligne de produits de beauté, en investissant dans sa société.

Lorsque Tommy avait expliqué à son frère qu'il s'était porté volontaire comme donneur afin que Sophie puisse mettre au monde un enfant, Brandon avait réagi de façon strictement professionnelle, sans émettre le moindre avis personnel, la moindre critique. Il était avocat jusqu'au bout des ongles et il en avait tout à fait l'air, avec ses cheveux lissés et ses costumes impeccables. Il avait hérité des tendances aristocratiques de leur mère. Tommy, lui, y avait totalement échappé.

— Je serai ravi de vous représenter, Sophie et toi, déclara Brandon. Je peux rédiger un contrat clarifiant les détails de votre accord. Mais, tout d'abord, je dois consulter un confrère spécialiste de ce domaine du droit. Sophie et toi avez peut-être négligé d'inclure dans le contrat d'autres événements qui pourraient advenir dans le futur.

— Fais ce que tu crois nécessaire.

Tommy se fiait au jugement de son frère. Brandon était son aîné de deux ans et, à l'évidence, beaucoup plus sage que lui. De plus, Tommy détestait les arcanes du monde des affaires.

— Je suis désolé d'avoir à aborder ce sujet, reprit son aîné, mais Sophie a-t-elle prévu de nommer un gardien pour l'enfant, au cas où elle viendrait à décéder ? Normalement, on choisit un membre de la famille, sauf que Sophie est seule au monde. Et, étant donné que tu vas renoncer à tes droits parentaux, tu n'auras plus aucun lien légal avec l'enfant. À moins, bien sûr, d'en faire la requête devant les tribunaux. Or, comme tu auras décliné de jouer un rôle actif de père auprès de l'enfant, je ne vois pas comment le droit de garde pourrait t'être accordé.

Tommy fronça les sourcils. Cet enfant n'était même pas encore conçu et ils en étaient déjà à le rendre orphelin. Puis il songea à la maladie qui avait emporté la mère de Sophie et son niveau de stress grimpa encore.

— J'ignore qui elle nommerait gardien de son enfant en cas de malheur, avoua-t-il, mais je lui poserai la question et elle réglera ce détail avec toi.

— Peut-être pourrait-elle désigner quelqu'un de notre famille, suggéra Brandon. Maman accepterait probablement.

— Oui, je le pense aussi.

Leur mère espérait encore devenir un jour grand-mère et ses

chances d'y réussir étaient presque nulles si elle ne comptait que sur ses fils. À cet égard, Brandon ne manifestait pas plus de hâte que Tommy.

— Maman et papa ne vont pas franchement apprécier mon histoire de donneur, observa Tommy.

— Je soupçonne que non, en effet, convint Brandon. Maman l'acceptera sans doute mieux que papa, car elle se montre généralement plus souple que lui. Mais, au fond, c'est ta vie, pas la leur.

— Sans oublier que, compte tenu de la vie qu'ils ont vécue eux-mêmes, ils sont mal placés pour critiquer les autres, rappela Tommy. Maman fermait les yeux sur les frasques de papa à l'unique condition d'être la seule à porter ses enfants. Et papa a trahi cet accord en concevant Matt. Crois-tu que les constantes infidélités de papa l'aient laissée indifférente ?

— Je l'ignore, reconnut Brandon. Je ne lui ai jamais posé la question. Mais elle révélera sa version de l'histoire dans la biographie à venir et le monde entier finira donc par le découvrir. Je crois savoir que la mère de Matt a été interviewée elle aussi, et nous aurons donc son point de vue.

— En tout cas, maman s'est montrée très généreuse en pardonnant à papa et en acceptant de se réconcilier avec lui. Et également en acceptant de rencontrer Matt et de le recevoir dans la famille.

— C'est vrai, reconnut Brandon. Cette réunion de toute la famille sera un événement mémorable.

— Te souviens-tu du jour où maman nous a appris que papa avait un autre fils quelque part ? s'enquit Tommy d'un ton songeur. Je n'en ai jamais voulu à Matt, mais j'ai détesté papa d'avoir fait souffrir maman.

Ils étaient adolescents, à l'époque. Tommy venait d'avoir seize ans, et Brandon, à dix-huit ans, était l'un des plus brillants élèves d'une institution privée huppée. Tommy, lui, avait choisi de rester dans l'enseignement public, avec Sophie et leurs amis communs.

— Je sais à quel point cela t'avait perturbé, convint Brandon. Mais tout ce qui se rapportait à papa t'affectait plus que moi. Tu lui ressembles davantage. Tu es un artiste comme lui. Tu as dû te battre pour sortir de son ombre, même lorsque nous étions plus jeunes.

— Heureusement pour moi, j'ai un frère qui me comprend, observa Tommy en souriant. On prétend que les avocats sont des requins sans cœur, mais tu m'as toujours soutenu, même lorsque je me fourrais dans les ennuis.

— Vu tes constantes bagarres avec papa, je savais que tu aurais besoin d'un allié, répondit Brandon avec un haussement d'épaules fataliste.

— La guerre n'est pas terminée, remarqua Tommy. Nous nous sommes violemment disputés tout récemment, au sujet de Kara. Il refusait de croire que son enfant n'était pas de moi et m'a traité de tous les noms d'oiseaux.

— Lui as-tu rappelé l'existence de Matt ou demandé ce qu'il ressentait à l'idée d'avoir un fils adulte qu'il connaissait à peine ?

— Oui, naturellement. Mais il m'a fait un grand discours, comme quoi il avait énormément changé et qu'aujourd'hui il s'efforçait d'être un bon père. Si c'est vrai, il s'y prend plutôt mal.

— Depuis quelque temps, il m'envoie des cadeaux, observa Brandon, désignant un lourd presse-papiers de verre posé sur sa table de travail. Sans doute pour compenser tous les Noëls et tous les anniversaires qu'il a oubliés. T'a-t-il envoyé des babioles, à toi aussi ?

Tommy hocha la tête. Il avait reçu, entre autres choses, le même presse-papiers que Brandon.

— Je sais qu'il essaie de bien faire, admit-il, mais je supporte de plus en plus mal ses interférences. Même lorsque j'ai décidé de ne pas me disputer avec lui, je finis par perdre mon calme.

— Veux-tu que je lui explique ce que Sophie et toi avez décidé, afin que cette affaire ne tourne pas à l'aigre ?

La proposition était tentante, pourtant Tommy la déclina.

— C'est gentil, mais tu n'as pas à te charger des sales besognes à ma place.

— Sûr ? Je suis un excellent diplomate, tu sais.

— Merci, mais je m'en chargerai moi-même.

Tommy savait qu'il faisait ce qui était juste en acceptant d'être le donneur de Sophie, et personne — pas même son père — ne parviendrait à l'en dissuader.

Sophie réprima une grimace. Tommy et son père se disputaient violemment depuis un bon moment déjà et elle regrettait de l'avoir accompagné chez Kirby. Elle était venue pour parler à Melinda, la mère de Tommy, et lui proposer de devenir la tutrice légale de son enfant.

Toutefois, la dispute entre les deux hommes ne lui en avait pas laissé l'occasion. Kirby n'avait pas du tout apprécié leur plan et il avait explosé dès que Tommy l'avait évoqué.

Melinda semblait avoir accepté l'idée. Elle avait fait de son mieux pour dissiper les tensions, mais ses efforts s'étaient avérés vains. La situation échappait désormais à tout contrôle. Sophie ne savait plus quoi faire.

Ils se trouvaient tous quatre dans le grand salon de leur immense maison de style colonial, entourés d'un décor fastueux. Les Talbot n'avaient vraiment rien de conventionnel. Mais, bien sûr, avec un patriarche comme Kirby, cela n'avait rien d'étonnant.

Une domestique avait apporté un pichet de thé glacé et la dispute avait cessé un bref instant, pour reprendre dès qu'elle s'était retirée. Kirby, toujours fidèle à lui-même avec sa barbe grisonnante et ses éternels vêtements noirs, marchait de long en large, autoritaire et exigeant. Melinda, par contraste, était toute vêtue de blanc et, à côté de son ex-mari, elle avait l'air d'un ange. À cinquante-huit ans, elle était toujours aussi belle, avec ses cheveux blonds et sa silhouette mince. Assise en face de Sophie sur une élégante causeuse ancienne, elle poussait un soupir de temps à autre.

Et Tommy...

Il était planté près de l'une des fenêtres. Un rayon de soleil caressait son beau visage pendant que, s'efforçant de garder son calme, il écoutait son père l'accabler de reproches.

— Tu n'as aucune idée de ce que tu fais ! criait Kirby. Ce n'est pas correct !

— Ah, vraiment ? répliqua Tommy. Et c'est l'homme qui a eu un fils secret avec l'une de ses maîtresses qui vient me dire cela ?

Kirby ramassa son verre de thé et but une longue gorgée, comme il le faisait autrefois avec le bourbon, avant de rétorquer :

— Moi, au moins, je n'avais pas décidé d'avoir un enfant avec la mère de Matt.

— Et cela rendrait la situation plus acceptable ? Tu nous as tous menti et plus tard, tu l'as abandonné comme s'il n'était rien pour toi. Tu es mal placé pour me donner des conseils.

— Au contraire, c'est justement à moi de te mettre en garde, mon garçon. Si tu ne comptes pas être un père convenable pour ce bébé, tu devrais te retirer de ce projet.

— Je ne suis plus un enfant, gronda Tommy. Cesse de me traiter comme si j'en étais un.

Sophie et Melinda échangèrent un regard embarrassé. Cette dispute ne résolvait rien. Kirby termina son thé d'un trait, posa brutalement sa tasse et fusilla son fils du regard.

— Après notre dernière conversation, j'avais espéré que tu deviendrais un peu plus responsable, déclara-t-il.

— Responsable ? répéta Tommy d'un ton sarcastique. Dans le cas qui nous concerne, Sophie ne tomberait pas enceinte par accident, comme la pauvre mère de Matt. Sophie et moi allons signer un document légal, car elle désire élever cet enfant seule. Il saura néanmoins que je suis le donneur et un ami de la famille. Et, si Sophie ou son enfant ont besoin de quoi que ce soit, je serai toujours là pour eux. J'ai déjà prévu de lui ouvrir un compte en fidéicommis, auquel il ou elle aura accès à sa majorité.

— Et tu crois vraiment que ce sera suffisant ? rétorqua son père. J'ai fait la même chose avec Matt et mon geste n'a fait aucune différence. Il a utilisé les fonds pour démarrer son ranch, puis il m'a remboursé jusqu'au dernier cent en me faisant clairement savoir qu'il n'avait plus besoin de mon argent. Il a fallu des années pour qu'il me pardonne. Pourquoi diable irais-tu renoncer à tes droits parentaux et risquer de te créer les mêmes problèmes que moi ?

— J'offre à Sophie le bébé qu'elle désire, précisa Tommy, s'efforçant de garder son calme. Est-ce si difficile à comprendre, pour toi ?

— Parce que la situation te touche de trop près, ce qui t'empêche de penser de façon rationnelle, répliqua son père.

— Tu n'as pas la moindre idée de ce que je pense, gronda Tommy en allant se planter face à lui.

— Je sais que tu es un accro de l'adrénaline, rétorqua son père, qui éleva la voix. Tu as constamment besoin de te mettre en danger. Et, lorsque tu te seras réveillé de cette dernière lubie, tu vas te retrouver avec un enfant qui ne t'appartient pas.

— Il n'est pas supposé m'appartenir ! hurla Tommy. C'est justement l'idée.

Sophie était tentée de leur ordonner de se taire. Elle n'avait jamais élevé la voix avec son propre père, pas même lorsqu'elle était adolescente. Leurs rapports avaient toujours été cordiaux. Il en allait tout autrement entre Tommy et Kirby qui pouvaient se disputer même au sujet du temps qu'il faisait. Certes, les critiques de Kirby ne faisaient rien pour ramener la paix, mais Tommy devait, lui aussi, apprendre à rester calme.

— Arrête donc ! intervint enfin Melinda, pointant un index menaçant vers son ex-mari. Si c'est ce que Sophie et Tommy désirent, c'est leur droit le plus strict. Ils sont adultes et responsables et tu devrais respecter leur choix.

Elle quitta son siège et alla s'asseoir à côté de Sophie, avant d'ajouter d'une voix douce :

— Je suis heureuse pour toi, mon petit. Si tu désires mettre au monde un bébé, fais-le. Et toi, Tommy, tu seras un donneur merveilleux.

— Bonté divine ! s'exclama Kirby d'un ton excédé. Êtes-vous tous devenus fous ?

Tout le monde choisit temporairement de l'ignorer. Tommy haussa les épaules, puis il adressa un sourire à Sophie et à sa mère. Comme toujours, son humeur changeait dès qu'il avait obtenu ce qu'il désirait, songea Sophie. Il demeurait que, si Melinda n'était pas intervenue, Tommy serait encore en train de se chamailler avec son père. Une nouvelle fois, c'était une femme qui avait sauvé la situation.

Elle allait tout de même devoir parler avec Melinda du problème de la nomination d'un tuteur pour son enfant. Elle espérait de tout cœur que la tragédie ne frapperait jamais à sa porte, laissant son enfant sans mère, mais un malheur était toujours possible.

— Brandon m'a recommandé de nommer un tuteur légal pour mon enfant au cas où je viendrais à disparaître, intervint-elle en se tournant vers Melinda. Et, comme je n'ai plus de famille, il a suggéré que ce soit vous.

— Moi ? fit Melinda, ouvrant de grands yeux.

— Oui, vous, confirma Sophie. Je pense que vous feriez une merveilleuse mère de substitution.

Sophie avait des amies qui étaient mamans, mais elles étaient si attachées à leur propre famille que Sophie craignait que son enfant à elle ait du mal à trouver sa place parmi eux.

— Mon père me parlait souvent de ces occasions où vous nous preniez sur vos genoux, Tommy et moi. Il disait de vous que vous étiez la femme la plus gentille du monde.

— Vous étiez si mignons, ensemble ! Vous passiez votre temps à sourire l'un à l'autre. Et toi, tu étais le plus joli bébé du monde avec tes grands yeux bruns. Même la nounou de

Tommy était folle de toi. Et Tommy avait toujours l'air plus heureux quand tu étais là. Je serais honorée que tu me nommes tutrice de ton enfant.

— Merci, répondit Sophie, refoulant ses larmes d'émotion.

Les hommes gardaient le silence. Melinda déclara alors d'une voix douce :

— J'aimais beaucoup ta maman, Sophie. Bien sûr, Kirby connaissait tes parents bien mieux que moi, étant donné qu'ils l'accompagnaient dans ses tournées. Au début, je voyageais beaucoup, moi aussi, pour mon travail de modèle, mais j'ai mis un terme à ma carrière lorsque j'ai donné naissance à mes enfants. Je refusais l'idée de devenir une mère toujours absente.

— C'est aussi ma position, répondit Sophie. C'est pourquoi je vais me consacrer à un travail administratif au lieu de reprendre les tournées avec Tommy.

Elle tourna le regard vers lui et Tommy lui sourit, visiblement heureux de constater que le courant passait bien entre elles.

— Tu vois ? lança Melinda à Kirby. Tout ira très bien, cesse de t'inquiéter.

— Parce que Sophie t'a demandé de t'occuper de son gosse au cas où elle ne serait plus là pour le faire ? répliqua aussitôt celui-ci. Désolé de me montrer aussi franc, mais cela ne règle pas tout. Tant qu'elle vit et qu'elle est en pleine santé, tu n'es rien pour son bébé, ni moi non plus. Nous ne pouvons pas être ses grands-parents, si notre fils n'est pas son père.

— Papa, ne recommence pas ! gronda Tommy.

— Vous avez raison, Kirby, intervint Sophie, vous ne serez pas ses grands-parents, tout du moins dans un sens juridique. Mais je serais heureuse que vous soyez proches de mon bébé, tous les deux. Comme Tommy le sera aussi.

— En tant qu'amis de la famille ? grogna Kirby en s'asseyant près de son ex-épouse. Je suppose que c'est mieux que rien.

— Je vais être l'amie de la famille la plus attentionnée que ce bébé connaîtra jamais, observa Melinda, pouffant de rire.

— Et moi aussi, assura Kirby, riant à son tour. Un fier papi ami de la famille. Et rien de ce que tu diras ne pourra m'en empêcher, ajouta-t-il d'un air féroce en se tournant vers Tommy.

— Je n'empêche personne de faire quoi que ce soit, répliqua Tommy qui s'assit près de Sophie et confisqua une bonne partie de la place sur la causeuse. Si Sophie consent à ce que vous gâtiez son enfant, cela la regarde.

Sur quoi, il se pencha à l'oreille de Sophie, pour chuchoter :

— Merci de t'être montrée patiente avec mes parents.

— Je les aime bien, répondit-elle à voix basse, certaine que sa propre famille l'approuverait depuis le paradis.

Lorsque Tommy posa sa main sur la sienne, un délicieux frisson la parcourut. À présent, il ne lui restait plus qu'à concevoir cet enfant tant attendu — avec, dans le rôle du donneur, le plus célèbre *bad boy* de la musique country.

4

Cinq jours plus tard, Sophie sut que le moment idéal était arrivé. D'après ses derniers tests, son ovulation avait commencé. Le cœur battant à tout rompre, elle prit son téléphone pour appeler Tommy, qui devait être dans son studio à travailler de nouvelles chansons. Il ne restait jamais longtemps inactif. Lorsqu'il n'était pas en tournée, il écrivait ou il enregistrait.

Sophie devait commencer son nouveau job le lundi suivant. Dès lors, elle se rendrait au bureau chaque jour, et elle aurait des horaires normaux, de 9 heures à 17 heures. Sa vie était sur le point de changer. Et si elle avait de la chance, elle serait enceinte dès le premier essai.

Peut-être ce soir.

Elle composa le numéro de Tommy, dont elle écouta la sonnerie, en actionnant le haut-parleur de son téléphone.

À l'école communale, il l'incitait à appeler avec lui des inconnus au téléphone pour leur faire des blagues. À l'époque, les téléphones portables étaient rares et les appels difficilement traçables, rendant possibles toutes sortes de facéties.

Ce fut son répondeur qui prit l'appel et elle poussa un soupir excédé. Vu ce qu'ils avaient entrepris, ne devrait-il pas être plus attentif à la possibilité qu'elle l'appelle ?

Elle ne laissa pas de message, entre autres raisons parce qu'elle ne souhaitait pas confier des détails aussi personnels à une machine.

Elle resta assise sur le bord de son lit et son anxiété ne fit que croître. Ses deux chiens jouaient à se poursuivre et galopaient dans la pièce sur leurs courtes pattes. Certaines personnes affirment que les corgis doivent être surveillés en présence de très jeunes enfants, mais ceux-ci adoraient les enfants de ses amies. Et, malgré leur caractère bien affirmé, ils étaient d'une fidélité à toute épreuve. Elle était certaine qu'ils adoreraient son enfant tout autant qu'elle.

De plus en plus nerveuse, elle hésitait encore à rappeler Tommy lorsqu'il l'appela le premier. Le cœur battant à tout rompre, elle établit la communication.

— Bonsoir, bredouilla-t-elle.

— Salut, Sophie. J'ai vu que j'avais manqué ton appel, et...

Il s'interrompit une seconde, comme s'il venait tout juste de comprendre la cause de l'embarras évident dans sa voix, avant d'ajouter :

— Alors ? Nous y sommes ? C'est le bon jour ?

— Oui, répondit-elle, ne sachant quoi dire d'autre.

À l'évidence, Tommy était à court de mots, lui aussi, car il demeura silencieux un long moment avant de lui poser la question qu'elle attendait :

— Quand et où devrions-nous...

— Ce soir, répondit-elle. Chez toi.

Son immense suite comprenait plusieurs pièces, elle s'y était trouvée en de nombreuses occasions. Mais ce serait la toute première fois qu'il lui serait donné d'explorer son lit, ses draps, ses oreillers... son corps.

Ce corps chaud, tellement chaud...

— Aimerais-tu que nous allions d'abord boire un verre quelque part ?

— Pardon, que disais-tu ? s'enquit-elle, revenant brusquement à la réalité.

— Aimerais-tu que nous allions dîner ? Peut-être danser ?

— Comme pour un... rendez-vous ? balbutia-t-elle. Il ne s'agit pas du tout de cela. Et d'ailleurs, partout où nous irions, tu serais assailli par des groupies désireuses de faire un selfie avec toi. Je me sentirais trop gênée.

— Je songeais à t'emmener dans un club privé, où cela ne se produirait pas, mais nous ne sommes pas obligés de sortir si tu n'en as pas envie. Je tiens beaucoup à ce que tu restes détendue, Sophie.

— J'essaie de me détendre, assura-t-elle.

— J'ai hâte de me retrouver avec toi ce soir, lâcha-t-il en baissant la voix. De te déshabiller. Je ne pense qu'à cela depuis longtemps.

— Moi aussi, avoua-t-elle.

Mais elle ne pouvait pas rester à anticiper le moment de leur rencontre ou à échanger des propos coquins au téléphone. La chaleur brûlante qui envahissait son intimité devenait impossible à ignorer.

— Je dois te quitter, Tommy.

— Où vas-tu ?

— J'ai quelques courses à faire. À plus tard, d'accord ?

C'était un mensonge. Le seul endroit au monde où elle désirait se trouver, à cet instant, c'était dans la douce étreinte de ses bras.

— Quand puis-je espérer te voir apparaître ? s'enquit Tommy. À quelle heure aura lieu cet instant magique ?

Sophie hésita, et, le temps d'un instant, elle s'imagina arrivant à minuit, par une nuit de pleine lune, pour l'envoûter de ses sortilèges.

— Sophie ? insista-t-il.

— À 20 heures ? suggéra-t-elle, revenant à la réalité. Ou peut-être 21 heures ?

— À 20 heures, ce sera parfait. Je ne veux pas attendre plus que nécessaire. Et, surtout, viens le ventre vide.

— Pourquoi ? s'étonna-t-elle.

— Nous dînerons dans le confort de ma chambre, précisa-t-il. Je vais demander au chef de nous préparer un festin spécial.

Il allait donc s'arranger pour faire de cette soirée une autre sorte de rendez-vous romantique, songea Sophie. Elle aurait dû se douter qu'il avait concocté un plan B.

— Inutile de te mettre en frais pour moi, observa-t-elle.

— Je vais le faire quoi que tu en dises. Accepte-le, Sophie.

Visiblement, il ne lui laissait pas le choix. Il prenait le contrôle malgré sa résistance, bien déterminé à faire du premier acte de la conception du bébé un mémorable épisode romantique.

L'heure approchait et Sophie hésitait encore quant à la tenue qu'elle porterait à leur soirée. Elle savait que ce détail n'avait pas grande importance, car elle se retrouverait nue bien avant la fin de la soirée. Mais elle tenait à ce qu'il la trouve jolie. La question de ses sous-vêtements lui paraissait fondamentale. Elle retourna donc ses tiroirs, à la recherche de sa lingerie la plus fine — du coton très doux agrémenté de dentelle, digne d'une grande dame. Elle n'appréciait pas spécialement les articles ultra-sexy.

Elle hydrata sa peau avec une lotion soyeuse, s'autorisa un parfum léger et printanier, puis elle enfila un chemisier rouge cerise et une courte jupe garnie de mousseline de soie, complétant l'ensemble avec des bottes western.

Elle attacha ses longs cheveux en une unique tresse un peu lâche, qui laissait échapper quelques boucles folles. Côté maquillage, elle opta pour un léger fond de teint bronzant, une touche de mascara et un rien de blush. Elle termina par une touche de rouge à lèvres assorti à son chemisier.

Elle étudia son image dans le miroir. En avait-elle trop fait ? Devrait-elle choisir une coiffure plus stricte ? Tommy avait visiblement décidé de lui sortir le grand jeu, mais leur soirée n'était pas un vrai rendez-vous romantique. Elle ne devait pas trop s'y investir émotionnellement.

Elle jeta un nouveau coup d'œil à son reflet. Il n'y avait rien à redire à sa tenue, qui était gaie et jolie. Elle devait cesser de s'inquiéter. Vu les efforts qu'elle avait dû déployer pour se préparer, le mieux était de ne plus rien changer.

Un peu plus tôt, Tommy lui avait envoyé un texto pour lui demander d'utiliser l'entrée privée de sa résidence, celle qui conduisait directement à sa suite par un escalier extérieur près de la piscine.

Elle prit un sac avec quelques affaires, mais cela ne signifiait pas qu'elle ait l'intention de rester toute la nuit. Après l'acte sexuel planifié, il n'était pas impossible qu'elle coure retrouver la sécurité de son petit paradis. Cela dépendrait de son humeur et de son envie de s'échapper. Ou de rester.

Elle se rendit chez Tommy dans son pick-up. Ce trajet, depuis longtemps familier, lui semblait différent, aujourd'hui. Plus cahoteux. Cependant, les trépidations qu'elle ressentait ne provenaient pas de l'état de la route, mais de ses émotions.

Elle arriva à la grille de la propriété et l'agent de sécurité déclencha l'ouverture automatique. Elle fit le tour de la maison jusqu'au fameux escalier, où elle s'arrêta un instant sur le palier supérieur, pour parcourir du regard la piscine et les chutes d'eau brillamment éclairées. De cette hauteur, les jardins étaient réellement spectaculaires, avec leurs bosquets et leurs allées cavalières serpentant entre les massifs fleuris.

Au lieu de frapper, elle essaya de tourner le bouton de la porte donnant accès à la suite de Tommy. Le verrou était ouvert. Sophie connaissait la disposition des lieux et elle savait combien cet espace était vaste. Elle entra dans un salon au sol dallé de marbre, meublé de sofas d'un gris argenté et de tables basses noires et luisantes. Le couloir en face d'elle donnait accès à une salle de vidéo, une bibliothèque et une salle de musique, chacune conçue pour l'usage personnel de Tommy. Un ascenseur de verre occupait le centre du couloir. Tout au fond, enfin, ce serait sa chambre — comprenant un élégant coin dîner, une somptueuse salle de bains pour deux, des dressings séparés pour lui et pour ses conquêtes, et une vaste terrasse avec une vue à couper le souffle.

Il lui était égal qu'il ne soit pas venu l'accueillir. En allant elle-même vers lui, elle se sentait plus indépendante. Mais, bien sûr, il n'était pas impossible qu'il suive tous ses gestes depuis sa chambre en ce moment même, grâce aux caméras de sécurité, et qu'il y prenne du plaisir. Certaines rumeurs lui attribuaient un penchant pour le voyeurisme, mais elle n'avait jamais osé lui demander si elles étaient vraies.

Pour être honnête, Sophie s'était elle-même laissée aller quelquefois à fantasmer qu'elle était observée par un homme, mais elle s'était bien gardée de le lui avouer. D'ailleurs, elle n'en avait jamais soufflé mot à quiconque. Elle était beaucoup trop timide pour transposer ces rêveries érotiques dans la réalité. Au contraire de Tommy, qui multipliait probablement les plus folles expériences.

Elle s'aventura dans le couloir avec l'impression d'être une vierge sacrifiée dans des noces surréalistes. Heureusement, ce n'était pas le cas. Tommy ne serait pas son premier amant et ils n'étaient pas sur le point de se marier. L'unique but de cette mini-relation était la conception de son bébé. Ce scénario lui apparut soudain presque plus loufoque que le précédent et elle faillit éclater de rire.

Elle y était presque, songea-t-elle en arrivant devant les doubles portes somptueusement sculptées de sa chambre.

Tournant la poignée de bronze de celle de droite, elle traversa le seuil. Il était désormais trop tard pour revenir en arrière. Le moment était venu d'assumer les conséquences.

Elle cessa de respirer. La pièce, uniquement éclairée par des bougies de tailles et de couleurs différentes, baignait dans une lumière douce. Elle s'avança jusqu'au coin repas, où une table élégante était servie. Un chariot chauffe-plats, un second avec un assortiment de salades et un dernier offrant une variété de délicieux desserts attendaient leur bon plaisir. Il y avait aussi un bar équipé d'un percolateur et d'un réfrigérateur, ainsi qu'un évier en inox encastré dans le mur.

Elle chercha Tommy du regard, mais elle ne vit aucune trace

de lui. Pas plus, d'ailleurs, que du chef ou de la jeune fille de service.

Tommy était peut-être sorti sur la terrasse. Ou peut-être qu'il prenait une douche de dernière minute et qu'il se changeait. Elle souleva avec curiosité les cloches qui coiffaient les plats et constata qu'il s'agissait de ses trois plats italiens préférés : du poulet au marsala, des gnocchis sauce tomate et de délicieux artichauts fourrés de chapelure au parmesan.

— Bonsoir, Sophie, dit la voix de Tommy derrière elle.

Elle laissa précipitamment retomber la cloche d'inox sur le plat d'artichauts et pivota vers lui. Elle comprit alors qu'il l'observait depuis qu'elle était entrée, assis dans un coin sombre de la pièce. À présent, elle le voyait clairement, car il venait d'allumer une petite lampe qui créait un halo doré autour de sa tête.

— Tu triches, protesta-t-elle. Tu m'as observée à mon insu.

— C'est vrai, j'avais envie de m'accorder ce petit plaisir, reconnut-il en se levant.

La rumeur n'avait donc pas menti. Tommy avait bien un côté voyeur. Mais, au lieu de l'observer à travers l'objectif d'une caméra, il avait attendu qu'elle entre dans cette pièce pour l'observer en personne tout à sa guise. À cette idée, elle sentit une soudaine montée de désir, ce qui en disait long sur la facilité avec laquelle ses fantasmes à elle remontaient à la surface. Sans oublier qu'il était beau à couper le souffle avec sa chemise blanche classique, sa cravate western et son pantalon noir. Il était pieds nus et, curieusement, ce détail le rendait encore plus sexy.

— Tu es magnifique, murmura-t-il en s'approchant tout près. Je suis impatient de faire l'amour avec toi.

— Tu m'avais promis un dîner d'abord, rappela-t-elle.

— As-tu faim ?

— C'est toi qui as insisté pour que j'arrive à jeun.

Le visage de Tommy était maintenant tout près du sien. S'apprêtait-il à l'embrasser ? Ou n'était-ce qu'une sorte de jeu, une subtile provocation ? Elle avait déjà l'impression que son sang s'était mis à pétiller dans ses veines.

— Que fais-tu ? s'enquit-elle.

— J'ai envie de t'embrasser.

— Alors, fais-le.

Une milliseconde plus tard, les lèvres de Tommy venaient s'écraser sur les siennes, ravageuses, brûlantes, sauvages, et il la serrait étroitement contre son grand corps.

Elle lui rendit passionnément son baiser, gémissant contre sa bouche. Cet instant était écrit dans les astres depuis des années. Ce désir désespéré avait toujours été là, juste sous la surface. Et, pour le moment, il ne s'agissait que d'un baiser. Que serait la suite ?

À travers le tourbillon de son esprit, elle sentit qu'il tiraillait sa longue tresse, tantôt doucement, tantôt plus fort, sa bouche toujours soudée à la sienne. Elle était au paradis.

Mais cela ne dura pas. Tout à coup, il mit fin à leur baiser, et il s'écarta. Elle rouvrit les yeux, s'efforçant désespérément de retrouver sa respiration.

— À présent, nous pouvons dîner, déclara-t-il.

Elle continua à le dévisager. Il se contenta de sourire, puis il tourna les talons.

— Un verre de vin ? proposa-t-il en se dirigeant vers le bar. J'ai fait monter cette bouteille spécialement pour toi.

— Oui, merci, répondit-elle, consciente qu'elle avait besoin d'un verre pour se remettre de ses émotions.

Il déboucha la bouteille et versa le riche liquide vermeil dans un verre ballon qu'il lui tendit.

— Assieds-toi, murmura-t-il. Je vais te servir.

— Merci.

Il lui composa une salade et posa l'assiette devant elle, avant de se servir lui-même, puis il remplit deux grands verres d'eau glacée citronnée.

— Savais-tu que, dans les cultures du monde, il existe des centaines de dieux et de déesses de la fertilité ? s'enquit-il. Ce fait a éveillé ma curiosité et j'ai procédé à quelques petites recherches.

Intriguée, elle posa sa serviette sur ses genoux.

— As-tu un favori dans la liste ? Un dieu ou une déesse à qui nous pourrions adresser notre supplique, ce soir ?

— Vénus serait probablement ravie de nous écouter. Elle est la plus célèbre. Aphrodite, sa version grecque, lui ressemble beaucoup, mais j'ai cru comprendre qu'elle représentait plutôt la sexualité épanouie que la fertilité. Elle est sans conteste l'une de mes préférées.

— Oui, je n'en doute pas une seconde.

— Mais c'est Liber et son équivalent féminin, Libera, qui occupent le haut de ma liste. Ce sont des divinités de l'antiquité romaine symbolisant la libération sexuelle. Il existait même un culte où l'on vénérait des phallus en l'honneur de Liber. Tous deux sont aussi liés à Bacchus, le dieu du vin, ajouta-t-il en indiquant son verre.

— Alors, je dégusterai ce vin en leur honneur, conclut-elle, le verre levé. Et toi, tu devrais leur écrire une chanson.

— Je crois que je préfère en écrire une pour évoquer l'aventure que nous vivons ensemble.

Elle ne répondit pas, mais, au fond d'elle-même, elle désirait être le sujet de l'une de ses chansons de révolte.

Ils terminèrent leur salade en silence et il servit le plat de résistance. Lorsqu'elle lui lança un regard par-dessous ses longs cils, elle s'aperçut qu'il l'observait aussi.

Le moment du dessert arrivé, elle avait réellement besoin de se rapprocher de lui. Aussi suggéra-t-elle d'une voix douce :

— Nous devrions peut-être partager ces pâtisseries... au lit.

Elle l'entendit prendre une profonde inspiration, puis il se leva et s'approcha du chariot des desserts.

— Tout ce que tu voudras, Sophie, murmura-t-il.

— Et si nous goûtions quelques bouchées de chacune de ces pâtisseries ? proposa-t-elle en se levant à son tour, bien décidée à le tenter de toutes les façons possibles.

Il disposa une mini-tarte aux fruits, un éclair au chocolat et une tranche de tarte à la guimauve sur une assiette de cristal, puis il étudia son chef-d'œuvre un instant avant d'y ajouter un cannoli au caramel et aux noix de pécan.

— Maintenant, c'est réellement une débauche de sucre.

— C'est parfait, assura-t-elle.

Sur ces mots, elle le suivit jusqu'à son gigantesque lit à baldaquin. Tous les meubles dans cette chambre étaient imposants, lourds et richement sculptés.

Il plaça leurs desserts sur la table de chevet, avec deux fourchettes en or fin et deux serviettes de lin, puis il tira la couette et tapota les deux oreillers moelleux avant de déclarer :

— Je pense que nous devrions nous mettre à l'aise.

Sur ces mots, il retira sa cravate western et déboutonna sa chemise. Elle ôta ses bottes et ses chaussettes.

— C'est tout ? la taquina-t-il. Ne vas-tu pas te déshabiller davantage ?

— Ceci n'est pas une partie de strip-poker, répliqua-t-elle. Mais si tu insistes pour faire comme si c'était le cas, que penses-tu de ceci ?

Sans l'ombre d'une hésitation, elle glissa une main sous sa jupe et, avant qu'il n'ait compris le sens de son geste, elle fit glisser sa culotte sur ses jambes et la projeta au loin.

— *Game over*, dit-elle en souriant.

Il la contempla un long moment, bouche bée, et elle lui sourit. Elle éprouvait un plaisir fou à le provoquer. Mais cela ne signifiait pas qu'elle doive renoncer à son dessert. Assise sur le bord du lit, elle croqua une généreuse bouchée de tarte à la guimauve, bien crémeuse. Ensuite, elle goûterait l'éclair au chocolat avant de passer à la tarte aux fruits. Elle garderait le cannoli pour la fin. En attendant, cette tarte était fabuleuse. Elle s'autorisa une nouvelle bouchée, puis proposa :

— Veux-tu goûter cette délicieuse tarte à la guimauve ?

— Non, répondit-il en venant s'asseoir à côté d'elle. Tu as deux secondes pour la finir avant que je ne me jette sur toi.

— N'étions-nous pas censés déguster le dessert ensemble ?

— Il est trop tard pour cela, répondit-il d'une voix tremblante d'anticipation. Tu ne peux pas rester là, souriante et polie, après avoir ôté ta culotte devant moi comme tu l'as fait. Tu te doutais bien que cela me rendrait fou, non ?

Elle regrettait un peu d'avoir joué les tentatrices avec lui. Vu l'homme qu'était Tommy, elle risquait fort de perdre la partie. Mais ce jeu l'amusait beaucoup.

— Dépêche-toi de finir ton dessert, dit-il.

Frissonnant d'excitation, elle avala rapidement la dernière bouchée de guimauve. Elle n'avait jamais brûlé d'un tel désir.

Tommy lui prit la fourchette des mains et la reposa bruyamment sur l'assiette, puis il l'allongea sur le drap, glissa une main sous sa jupe et l'embrassa passionnément.

Ce baiser déclencha une véritable révolution dans ses sens et, lorsque ses doigts s'immiscèrent en elle, ils la trouvèrent humide et brûlante. Il caressa, agaça un instant sa chair ultrasensible, puis, d'un geste décidé, il fit remonter sa jupe sur ses cuisses, la laissant totalement exposée à son regard.

— Désires-tu que j'aille plus loin, Sophie ?

— Oui, s'il te plaît, répondit-elle dans un souffle. Oui !

— D'abord, nous devons te déshabiller, murmura-t-il en déboutonnant son corsage.

Il s'attaqua ensuite à l'agrafe de son soutien-gorge, puis ce fut le tour de sa jupe. Lorsqu'il se pencha pour la lui ôter, elle sentit son souffle chaud sur son ventre nu.

— À présent, tu es vraiment toute à moi, chuchota-t-il, lui relevant les jambes pour les reposer, écartées, sur ses épaules.

Lorsqu'il posa sa bouche brûlante au centre de sa féminité, elle crispa les doigts dans ses cheveux, frémissante tandis qu'il la dévorait de baisers, goûtant, agaçant, explorant tour à tour sa chair offerte.

Elle était au paradis.

Un parfum de cire chaude flottait dans la chambre et elle l'inhala profondément. Dans la lumière dansante des bougies, il leva les yeux vers elle et leurs regards plongèrent l'un dans l'autre. Sur l'océan de sensations où elle flottait, elle garda les yeux ouverts, car elle désirait l'observer, elle aussi. Et elle posa les doigts près de sa bouche, car elle désirait toucher la source de ce plaisir divin.

Ce feu liquide qui la consumait.

Elle n'aurait pas pu retarder son orgasme même si elle l'avait désiré et elle explosa tout à coup en une série de longs frissons haletants.

Tommy attendit que la dernière vague éblouissante soit retombée avant de se redresser.

— Peux-tu seulement imaginer depuis combien de temps j'avais envie de toi ? murmura-t-il d'une voix sensuelle.

Dans la brume érotique où flottait son esprit, elle se trouva incapable de répondre. Elle pouvait à peine bouger et son cerveau était comme paralysé.

Lorsqu'elle le vit déboutonner son pantalon, le brouillard se dissipa d'un seul coup et elle fixa, fascinée, l'impressionnante protubérance qui tendait le tissu.

— Ce soir sera une première, pour moi, observa-t-il.

— Une première ? répéta-t-elle d'une voix un peu rauque, en relevant les yeux vers lui. Une première en quoi ?

— Je n'ai jamais fait l'amour sans protection, précisa-t-il tout en ôtant sa chemise pour la jeter sur le sol. Mais ce soir, je veux te sentir, peau contre peau, sans aucune barrière.

— Moi non plus, je ne l'ai jamais fait sans protection.

Elle avait toujours insisté pour que ses amants portent un préservatif. Pas seulement pour éviter une grossesse, mais pour se prémunir contre toutes sortes d'autres risques.

— Crois-tu que nous sentirons la différence ? reprit-elle.

— Je ne sais pas, mais nous allons bientôt être fixés, répondit-il en se débarrassant simultanément de son pantalon et de son boxer blanc immaculé.

Il était énorme et dur, et elle tendit une main pour le caresser. Tommy lui rendit ses caresses, effleurant ses courbes, puis il la chevaucha, non sans poser les lèvres sur ses seins, dont il agaçait les pointes durcies.

Elle écarta les jambes pour lui faire de la place et il releva la tête pour plonger son regard au fond du sien.

— Ma Sophie...

— Je ne suis pas censée être ta Sophie, rappela-t-elle, son cœur battant la chamade.

— Seulement cette nuit, murmura-t-il contre sa bouche. Et chaque autre jour, chaque autre nuit que nous choisirons de partager. Après, ce sera terminé.

Elle noua les bras autour de lui et il entra lentement en elle. Puis il ne bougea plus, pour leur permettre de savourer cet instant l'un et l'autre.

— C'est une sensation différente, avoua-t-elle d'une voix mourante. Plus de chaleur. Plus d'intimité.

— Je suis du même avis, gémit-il en la pénétrant davantage, ce qui la fit presque défaillir de plaisir. Je vais essayer de prolonger cet instant, mais cela risque d'être bref.

Au fond de ses yeux, elle voyait déjà briller une lueur sauvage alors qu'il ajoutait, mordillant le lobe de son oreille :

— Mais je te promets de très nombreux orgasmes.

— Juré ? dit-elle, frissonnant d'excitation.

— Oui, répondit-il. Je ne te décevrai pas.

Elle comptait bien lui faire tenir sa promesse et elle enfonça ses ongles dans les muscles de ses épaules, impatiente d'explorer les cimes du plaisir avec lui.

5

Tommy était ébloui. Même dans ses rêves les plus fous, il n'aurait jamais imaginé ressentir un tel plaisir en faisant l'amour avec Sophie. Il ne se lassait pas d'elle. Il avait envie que ce moment fabuleux ne se termine jamais. Chaque cellule de son corps s'était réveillée à la vie. Son sang pétillait dans ses veines comme du champagne. Sophie lui rendait coup pour coup, levant ses hanches à la rencontre des siennes, féline et passionnée — et même sa jolie tresse un peu lâche le rendait fou de désir.

Elle gémit contre sa bouche et il roula sur le lit, l'entraînant avec lui. À présent, c'était elle qui le chevauchait sur les draps froissés, avec une fougue égale à la sienne, et il la buvait des yeux, captivé par ses seins épanouis, son ventre plat et ses hanches rondes, l'expression de concentration coquine sur son ravissant visage.

Il se redressa pour s'emparer de ses lèvres et il l'embrassa passionnément, glissant une main entre leurs deux corps pour la caresser au point stratégique. Soudain, elle cessa de l'embrasser pour se cramponner à ses épaules.

— Oh ! gémit-elle, les yeux fermés. C'est...

Il précisa ses caresses et Sophie battit des cils, tremblant de tout son corps sous l'effet d'un premier orgasme. Tommy effleura sa joue d'une caresse, transporté de bonheur à l'idée qu'elle soit son amie. Il n'imaginait même pas un monde dont elle ne ferait pas partie.

Lorsque la dernière vague de plaisir se fut estompée, Sophie reposa la tête sur son épaule et Tommy l'allongea délicatement sur le lit. Puis, inversant à nouveau leurs positions respectives, il la couvrit de son corps et, le regard tout au fond du sien, il la pénétra à nouveau.

Une nouvelle danse. Un nouvel éveil.

Rapides ou lents, fiévreux ou langoureux, leurs corps se mouvaient toujours en parfaite harmonie. Elle avait noué les jambes autour de sa taille et il allait et venait en elle avec délices. Ils étaient des amants parfaitement assortis, même si leur relation ne pourrait jamais perdurer au-delà de cette tentative de concevoir un enfant.

Ils s'embrassaient, se caressaient en se murmurant des mots tendres. Il connaissait désormais chaque centimètre carré de son corps merveilleux et il avait dressé la carte mentale de ses points les plus sensibles. Il la fit basculer dans un nouvel orgasme, émerveillé par sa réponse passionnée, mais il arrivait lui aussi au bout de sa résistance.

Il avait besoin de lâcher prise.

De toute urgence.

Dans l'instant qui suivit l'orgasme de Sophie, il cessa de lutter. Son esprit flottait dans une brume de désir incandescent. L'odeur du sexe emplissait ses narines, la chaleur de Sophie mêlée à la sienne, avec un soupçon de son parfum.

Si léger, si doux...

Il rencontra le regard de Sophie, vit qu'elle l'observait aussi, puis le brouillard qui l'entourait devint plus épais. Il explosa dans un orgasme éblouissant, puisant une nouvelle force, une nouvelle vigueur dans l'idée qu'il déposait sa semence au creux de sa merveilleuse chaleur.

Ensuite, vidé de toute énergie, il l'embrassa et la serra dans ses bras. Elle lui caressa lentement le dos, comme pour apaiser la brûlure que ses ongles y avaient laissée.

— Aimerais-tu terminer ton dessert, maintenant ? murmura-t-il, effleurant la courbe de sa hanche.

— Merci, répondit-elle en s'étirant comme une chatte, mais je suis rassasiée. D'ailleurs, je vais bientôt devoir rentrer.

— Pourquoi ? s'enquit-il, fronçant les sourcils.

— J'ai laissé mon sac dans la voiture, au cas où je déciderais de ne pas dormir ici, expliqua-t-elle en se redressant, le drap serré contre sa poitrine.

— Et à présent, tu as décidé de rentrer chez toi ? Sophie, bon sang, ne t'en va pas !

— Je ne dois pas m'installer trop confortablement chez toi. Je ne veux pas que cette histoire m'emmène où je ne veux pas.

— Il n'y a aucun mal à se sentir bien quelque part, protesta-t-il, s'efforçant de la convaincre de rester. N'est-on pas censé éprouver une douce détente après l'amour ?

— Si, bien sûr. Mais nous n'entretenons pas une vraie relation et nous avons déjà fait ce que j'étais venue faire.

— Cela ne signifie pas que tu doives partir en pleine nuit.

— Je suppose qu'il n'y aurait aucun mal à ce que je reste un peu, convint-elle d'une voix douce. Je suis seulement un peu nerveuse, tu comprends ? Être blottie dans tes bras est une expérience toute nouvelle, pour moi.

— Je ne vois pas ce qui t'inquiète. Nous connaissons tous deux les règles et un petit câlin n'y changera rien.

— Alors, je vais devoir retourner à ma voiture pour récupérer mon sac.

— J'irai le chercher moi-même dans un petit moment, déclara-t-il, craignant qu'elle n'en profite pour filer. Et ne t'inquiète pas : si tu as oublié quoi que ce soit, j'ai tout un stock de produits de toilette pour mes invités.

— Je vois, dit-elle, secouant la tête d'un air désapprobateur. La superstar et ses conquêtes. Je frissonne à l'idée du nombre de femmes qui ont dormi dans ce même lit avec toi.

— Tu savais qui j'étais avant de faire l'amour avec moi.

— C'est vrai, convint-elle, réprimant une grimace. Mais je n'ai accepté qu'à cause du bébé.

— Oui, et je suis toujours ton meilleur candidat pour cette mission.

Il s'efforça de détendre l'atmosphère en tiraillant sa tresse.

— Toujours aussi modeste, ironisa-t-elle.

— C'est la réalité. Et ce n'est pas tout. Je devrais te forcer à terminer la tranche de tarte avec laquelle tu m'as soumis à la tentation. Toi et ton numéro de séduction sans culotte. C'était tout bonnement honteux, conclut-il avec un air faussement offusqué.

— Vraiment ? Alors je devrais t'obliger à manger ce pauvre éclair que tu as éventré avec ta fourchette avant de l'oublier.

Il tourna son regard vers la table de chevet. L'éclair au chocolat était un désastre et la tarte à la guimauve une ruine pathétique. Le cannoli, tombé sur le sol, une cause perdue.

— La tarte aux fruits est intacte, observa-t-il. Elle me conviendra très bien.

— Pas question que tu te goinfres sans m'en offrir.

— Je pensais que tu n'avais plus envie de desserts.

— Ça, c'était avant que tu ne me convainques de rester toute la nuit, répliqua-t-elle en le poussant pratiquement hors du lit. Va la chercher et rapporte-la.

— Cette petite roulade dans le foin m'avait presque fait oublier à quel point tu pouvais te montrer autoritaire, remarqua-t-il avec un sourire, tout en se penchant pour l'embrasser.

Elle noua les bras autour de son cou et ils échangèrent un très long baiser, chacun s'enivrant du goût de la bouche de l'autre. Enfin, il s'écarta d'elle pour aller chercher la tarte aux fruits et deux fourchettes. Assis en tailleur sur le lit, nus comme au jour de leur naissance, ils se partagèrent la délicieuse gourmandise.

Esquissant un sourire, Tommy chipa une fraise qui aurait dû revenir à Sophie et il éclata de rire lorsqu'elle le repoussa d'un coup de coude, baignant dans la douce euphorie de cet instant si longtemps attendu.

Sophie se réjouissait de ne pas être rentrée chez elle. Mais il était tout de même étrange d'être blottie dans les bras de Tommy. Dans son lit. Au moins, elle n'avait plus du tout envie de s'échapper. Aussi curieux que cela puisse paraître, elle aimait beaucoup les rapports qui s'étaient établis entre eux après le sexe.

— Crois-tu que nous ayons réussi ? s'enquit-il, désignant son ventre d'un geste du menton.

— Je n'en sais pas plus que toi à ce sujet. Mais il se pourrait que cela prenne un peu plus de temps.

— Un homme a bien le droit d'espérer, observa-t-il avec un haussement d'épaules résigné. Si quelque chose se produit, le sentiras-tu tout de suite ?

— Je n'en ai pas la moindre idée, répondit-elle en croquant une nouvelle bouchée. Cette tarte est vraiment délicieuse.

— Je me demande quelles envies alimentaires irrésistibles tu auras pendant ta grossesse. Ma mère m'a raconté qu'elle était folle des gâteaux au chocolat et à la crème, juste avant ma naissance.

— Je ne verrais pas d'inconvénient à céder à une folle envie de ce genre de délicatesse, remarqua-t-elle en souriant. Cela aurait pu être pire.

— Ne serait-il pas amusant que tu ressentes tout à coup une envie insatiable de moi ?

— Pardon ? fit-elle en se figeant.

— J'évoquais la possibilité que tu puisses me désirer, moi, plutôt qu'un mets particulier. Mais, bien sûr, je serai loin, à ce moment-là. Tu ferais mieux de m'évacuer de ton système avant de te promener avec ma brioche au four.

— Ta brioche au four ? répéta-t-elle en riant. Curieuse façon de décrire ton œuvre.

— Tu sais très bien ce que j'ai voulu dire, répliqua-t-il, riant à son tour.

Elle le savait parfaitement, bien sûr. Et il avait raison en observant qu'elle allait devoir cesser de penser à lui. Lorsque tout ceci serait terminé, ce serait terminé. Plus d'étreintes brûlantes. Plus de délicieux instants à flotter dans la douce quiétude qui suivait ces ébats.

Ils avaient fini la tarte et il reposa le plat qui l'avait contenue, puis il tapota un oreiller et s'y adossa.

— Pour ton information, répliqua-t-elle, les femmes enceintes ne sont pas particulièrement intéressées par le sexe. Autrement dit, tu ferais mieux de t'ôter cette idée de la tête.

— Tu seras peut-être une exception, remarqua-t-il avec un haussement d'épaules nonchalant.

Elle espérait sincèrement que non. Elle ne voulait pas avoir envie de lui lorsqu'elle serait enceinte. Il était déjà suffisamment difficile de le désirer maintenant. Dans le silence qui suivit, ses pensées prirent une nouvelle direction. Une direction inattendue.

— Comment est Kara ? s'enquit-elle sans plus y réfléchir.

— Quoi ?

Tommy se contenta de la dévisager. Elle ne pouvait lui en vouloir de cette réaction. Elle lui avait posé la question dans un élan irraisonné et n'était même pas sûre de ce qui pouvait l'y avoir poussée.

— Je me demandais seulement quel genre de personne elle était, expliqua-t-elle. Je suppose que toutes ces conversations au sujet de la grossesse m'ont fait penser à elle.

— À vrai dire, je ne sais pas grand-chose de Kara, à part qu'elle est barmaid à l'hôtel de Miami où nous avons fait connaissance. Ce n'était qu'une brève aventure, et nous n'avons pas passé beaucoup de temps à bavarder. Mais il y a une chose que je peux t'affirmer — je ne crois pas qu'elle ait désiré que ce bébé soit de moi. Lorsque je l'ai appelée pour prendre de ses nouvelles, après avoir reçu les résultats du test ADN, elle a semblé soulagée que ma possible paternité ait été écartée.

— Elle aime peut-être celui qui s'est avéré le vrai père, suggéra Sophie, touchée par la situation de cette femme. Cela expliquerait qu'elle soit restée à l'écart de la presse.

— Peut-être, convint-il. Je ne sais pas. Je ne lui ai posé aucune question à son sujet. Ce n'était pas mon rôle. Veux-tu que j'aille chercher tes affaires maintenant ?

— Oui, merci, répondit-elle, un peu désarçonnée par le brusque changement de sujet. Les clés sont dans mon sac.

Elle se leva pour aller les chercher, pendant qu'il enfilait le short de jogging qu'il venait de sortir d'un tiroir. Avant de quitter la chambre, il lui sourit et déposa un baiser sur ses lèvres. Elle se sentit fondre littéralement.

Elle s'en voulut aussitôt de ce manque de maturité, elle devait se ressaisir. Pourtant, Dieu qu'elle se sentait bien dans ses bras. Enfin, cela n'avait aucune importance. Dès qu'elle aurait conçu son enfant, leur intimité prendrait fin.

Il sortit et elle éteignit toutes les bougies. Désireuse de rester occupée, elle ramassa leurs vêtements sur le sol et les plaça dans un fauteuil. Sans trop y réfléchir, elle enfila alors la chemise qu'il avait portée et retroussa les manches avant de la boutonner jusqu'au col, pour mieux sentir le tissu contre sa peau nue. C'était une nouvelle preuve d'immaturité, mais tant pis. Elle n'avait pas envie de l'ôter.

Lorsque Tommy fit sa réapparition, elle débarrassait la table, empilant assiettes et couverts sur le chariot des salades. Il replaça les clés dans son sac à main, puis se tourna vers elle pour la contempler d'un regard gourmand.

— Tu es délicieuse habillée ainsi, remarqua-t-il.

— Je ne t'ai emprunté ta chemise que pour un petit instant, s'excusa-t-elle, tirant sur l'ourlet d'un air embarrassé. J'ai une robe de chambre dans mon sac. Je peux aller me changer.

— Reste telle que tu es, répondit-il en s'approchant. Cette chemise te va mieux qu'à moi. Et tu aurais dû laisser ces assiettes. J'allais m'en occuper.

— Cela ne fait rien, assura-t-elle. Lorsque j'aurai terminé, tu pourras pousser les chariots dans le couloir et appeler la cuisine pour qu'on vienne les chercher.

Elle savait que Tommy procédait ainsi lorsqu'il dînait dans sa suite. Comme s'il vivait dans un palace cinq étoiles.

— À présent, déclara-t-elle lorsque tout fut terminé, je vais aller me démaquiller et me préparer pour la nuit.

— Moi aussi, dit-il aussitôt. Pas me démaquiller, bien sûr, mais j'ai au moins besoin de me brosser les dents.

Ils entrèrent dans la salle de bains ensemble. Comme elle avait été conçue pour Tommy et ses conquêtes, il y avait là plus qu'assez d'espace pour que chacun puisse vaquer à ses routines personnelles dans un cadre raffiné.

Tommy termina avant elle, mais il ne retourna pas dans la chambre. Assis sur le bord d'une baignoire à pattes de lion, il suivait attentivement chacun de ses gestes. Ce regard l'embarrassait, mais elle le trouvait aussi excitant qu'un fruit défendu.

— J'ai entendu dire que tu serais un peu voyeur, osa-t-elle déclarer.

— Pas comme tu sembles le suggérer, répondit-il en souriant. Je n'épie pas les filles par un trou de serrure.

— Alors, que signifient ces rumeurs, exactement ?

Il parcourut son corps des yeux, avant de répondre :

— Je trouve simplement très sexy que mes amantes se... Enfin, tu sais... Seules.

Qu'elles se caressent pendant qu'il les observait ? songea Sophie, serrant le flacon de crème hydratante qu'elle tenait dans sa main. Ce qu'il venait de suggérer était son fantasme le plus secret. Une situation où elle s'était souvent imaginée avec délices.

Devrait-elle le lui confier ? Non, décida-t-elle. Mieux valait que cela reste son secret. D'autant plus qu'elle n'était pas assez brave pour passer réellement à l'acte.

Elle jeta un coup d'œil à son reflet dans le miroir et constata que ses joues s'étaient empourprées. N'était-ce pas ridicule ? Les pointes de ses seins avaient aussi durci sous sa chemise. Heureusement, celle-ci était assez ample pour que ce détail reste invisible. Tommy ne devait surtout pas se douter de la réaction que cette suggestion avait déclenchée.

Elle se dépêcha de terminer sa toilette et, dans sa hâte de

sortir de cette salle de bains, elle ne se donna même pas la peine de défaire sa tresse.

— As-tu fait un vœu, lorsque tu as soufflé les bougies ? s'enquit-il, une fois de retour dans la chambre.

— N'est-ce pas seulement valable pour les gâteaux d'anniversaire ? répondit-elle en tirant de son sac la chemise de nuit courte qu'elle avait apportée.

— Je ne sais pas, répondit-il, ôtant déjà son short de jogging. Pourquoi t'habilles-tu ? Ne dors-tu pas nue ?

— Pas habituellement, convint-elle en s'abstenant d'ajouter que le moment était très mal choisi pour commencer.

— Dans ce cas, garde ma chemise. Et tu peux la laisser déboutonnée afin qu'elle soit plus confortable.

Afin que je sois seulement à moitié nue ?

— Attends, dit-il en s'approchant. Je m'en charge.

Elle demeura figée dans une immobilité de statue pendant qu'il défaisait les boutons un par un. Elle respirait à peine. Son fantasme secret revenait en boucle dans son esprit. Elle devait absolument se reprendre.

— Voilà qui est mieux, déclara-t-il, effleurant d'une caresse légère les pointes protubérantes de ses seins, à présent parfaitement visibles sous le tissu. Tu as froid ?

— Un petit peu, mentit-elle, peu désireuse qu'il devine à quel point elle brûlait d'excitation.

— Viens, dit-il en l'entraînant vers le lit. Je vais te réchauffer.

Ils se glissèrent ensemble sous les couvertures et il s'allongea derrière elle, son grand corps tout contre le sien.

— Et maintenant ? murmura-t-il. Te sens-tu mieux ?

— Oui, avoua-t-elle.

Elle se sentait beaucoup mieux. À tel point qu'elle fut tentée de se retourner dans ses bras et de commencer une seconde étreinte fiévreuse. Au lieu de quoi, elle ferma les yeux. Il était très doux de rester juste blottie dans les bras de Tommy.

Très doux et très compliqué, songea-t-elle. Cet homme intrépide au tempérament de feu avait aussi un côté rêveur. Il tendit son bras pour éteindre la lampe, puis il reprit sa place contre elle. Et ils dormirent ainsi tout le reste de la nuit.

Sophie se réveilla en sursaut aux premières lueurs de l'aube. L'une des mains de Tommy serrait doucement l'un de ses seins et l'autre était posée au bas de son ventre.

Était-il réveillé et conscient de ce qu'il faisait ? Ou était-il encore endormi ? Au cas où la seconde hypothèse serait la bonne, elle ne bougea plus, s'efforçant de ne pas le déranger. Au demeurant, elle se sentait très bien dans cette position. La chemise de Tommy qu'elle portait en guise de pyjama était remontée dans son dos et elle sentait son érection matinale presser contre elle.

Elle n'avait aucune idée de l'heure, mais il était encore tôt. Tommy n'avait pas eu beaucoup de mal à la convaincre de dormir ici. Elle avait cédé très facilement. Enfin, cela avait toujours été la marque de leur relation. Tommy pouvait la convaincre de faire à peu près n'importe quoi.

La main posée sur son ventre se mit en mouvement, descendant vers le delta entre ses cuisses. Elle prit une profonde inspiration. Il était forcément réveillé. Il était inconcevable qu'il joue ainsi avec elle dans son sommeil. Mais, naturellement, avec Tommy, tout était possible.

Lorsqu'il déposa une suite de petits baisers suçons le long de son cou, elle sentit son pouls grimper en flèche. Tommy était parfaitement réveillé et conscient de ce qu'il faisait.

— Oh ! murmura-t-elle. Quel agréable réveil...

Sa seule réponse fut une espèce de grognement, car des doigts agiles se glissaient déjà en elle, suggérant qu'il s'apprêtait à la faire monter à nouveau au ciel.

Elle n'aurait pas dû réagir à ses caresses avec cette passion désespérée. Tommy n'avait que trop de femmes prêtes à tout pour lui. Mais elle était ici pour concevoir un bébé. Elle était différente de ces autres femmes.

Différente ou pas, il lui avait donné très envie d'aller plus loin. Bien sûr, Tommy avait beaucoup d'expérience en la matière. Elle se souvenait même du jour où il lui avait raconté qu'il avait perdu sa virginité. Elle s'était sentie dévorée de jalousie. Pas parce qu'il avait fait l'amour, mais parce qu'il l'avait fait avec la fille la plus jolie et la plus populaire.

Elle ferma les yeux, s'efforçant de refouler ce souvenir. Elle aussi aurait pu faire l'amour avec lui, à l'époque. Elle était seulement trop intelligente pour accepter ses avances.

Il retira sa main et elle ouvrit brusquement les yeux. Avait-il deviné le tour qu'avaient pris ses réflexions ? À sa grande honte, elle n'avait pas du tout envie qu'il s'arrête.

— Tommy ? dit-elle, s'efforçant de contrôler sa voix.

— Tout va bien, Sophie, chuchota-t-il contre son oreille. Je voudrais seulement que tu t'appuies sur tes mains et que je puisse me placer derrière toi, de sorte que nous fassions ceci correctement.

Il défit d'abord sa tresse, puis il changea de position, se pressant contre son dos, lui étreignant vigoureusement les hanches, et elle courba le dos, impatiente de vivre cette expérience avec lui. Alors, d'un puissant coup de reins, il entra profondément en elle.

Elle s'entendit gémir. Elle avait déjà été prise ainsi, mais jamais d'une façon aussi sauvage. Tommy s'était parfaitement positionné pour stimuler son point G, mais, bien sûr, ce séducteur impénitent le savait certainement déjà.

Et il était déchaîné, empoignant ses seins, tiraillant ses cheveux détachés, mordillant son cou, couvrant tout son corps de caresses érotiques.

Sur le point de perdre la raison, elle explosa dans un orgasme cataclysmique, tremblant de tout son corps contre lui. Tommy était prêt, lui aussi, et il bascula à son tour dans ce vortex de plaisir infini, étouffant un gémissement, la remplissant de sa semence brûlante.

Dans l'instant qui suivit, elle bascula sur le lit, le visage contre l'oreiller, et il la retourna face à lui pour la prendre dans ses bras, leurs corps tremblants serrés l'un contre l'autre.

Sophie se détendit dans son bain, ou, tout du moins, elle s'y efforça. La baignoire était assez grande pour accueillir confortablement deux personnes, le problème était donc ailleurs. C'était Tommy. Ils étaient assis l'un en face de l'autre et il ne cessait de la dévisager.

— Arrête ! se plaignit-elle en l'éclaboussant.

— Arrêter quoi ?

— Arrête de me fixer comme si tu t'apprêtais à me dévorer toute crue.

— Je ne vois pas du tout ce que tu veux dire, assura-t-il en s'adossant paresseusement de son côté de la baignoire.

— Si, tu le sais parfaitement, ne joue pas les innocents. Je te connais trop bien. Nous venons de faire l'amour et tu es déjà en train d'imaginer d'autres scénarios suggestifs.

— D'accord, je suis un type imaginatif, convint-il, allongeant ses bras sur les bords de la baignoire.

Dans cette position, il avait l'air d'être assis sur un trône. Et c'était bien sa place. Il était le prince de Nashville, l'idole de toute une génération.

— Nous devrions peut-être parler d'autre chose, répliqua-t-elle en soupirant.

— Très bien. Dans ce cas, parlons de notre planning pour les jours à venir. Je suis d'avis que tu t'installes chez moi jusqu'à ce que ta grossesse soit officiellement établie.

— Que je vienne vivre avec toi ? s'étonna-t-elle.

— Pas de façon définitive. Je m'efforce seulement de créer les meilleures conditions possibles pour faciliter la conception du bébé. Tu aurais peut-être de meilleures chances d'être enceinte si nous faisions l'amour de manière spontanée, au lieu d'avoir besoin d'organiser ces rencontres à chaque fois.

L'argument était peut-être valide, même si, pour le moment, elle n'arrivait pas à penser clairement. Mais, il poursuivait déjà :

— Tu peux amener tes chiens et tes chevaux chez moi, comme tu le fais lorsque nous partons en tournée. Ils se sentent déjà un peu chez eux, ici. Réfléchis-y, Sophie. Nous allons être ensemble aussi souvent que possible et il serait absurde de faire constamment des allers-retours alors que nous pourrions simplement vivre sous le même toit.

Et, bien sûr, cette superbe résidence était le choix logique. Elle offrait tout à la fois l'espace, l'intimité et la sécurité.

— Je ne sais pas, répondit-elle d'un ton hésitant. Tout cela semble tellement...

Elle s'interrompit, faute de trouver le mot juste. Elle savait seulement qu'elle n'avait jamais imaginé vivre avec lui, même temporairement. Toutefois, une partie d'elle-même aimait assez cette idée. Elle la trouvait même curieusement excitante. Et, si cela pouvait l'aider à concevoir son bébé...

— As-tu parlé de nous deux à Dottie ? s'enquit-elle, se demandant quel accueil elle allait recevoir si elle débarquait tout à coup dans cette maison.

— Non, convint-il. Et Bryan, le chef, ne sait rien non plus. Mais, comme nous n'avons pas l'intention de garder notre arrangement secret, je comptais les mettre au courant dès aujourd'hui. Allez, Sophie, viens t'installer avec moi ! Et, dès que tu seras enceinte, tu pourras retourner chez toi.

— Et s'il me fallait six mois pour tomber enceinte ?

— Quelle différence ? Nous avons déjà pratiquement vécu ensemble par le passé. Nous avons grandi ensemble et nous avons passé des années ensemble sur les routes.

— Rien de tout cela ne ressemblait de près ou de loin à notre situation présente, rappela-t-elle. Tu n'as même jamais vécu avec l'une de tes petites amies.

— Je sais, mais c'est là toute la beauté de la chose. Nous ne sommes pas un couple, Sophie. Nous collaborons à la conception d'un bébé. Et nous sommes habitués l'un à l'autre. Comment pourrions-nous échouer ?

Oui, elle le connaissait et elle savait combien il pouvait être insupportable lorsqu'il s'ennuyait parce qu'il n'était pas en tournée. Mais elle s'inquiétait peut-être pour rien. Ils avaient en effet passé énormément de temps ensemble, par le passé. Cela devait sûrement compter.

— D'accord, décida-t-elle. Nous allons essayer. Mais seulement durant une période d'essai. Nous verrons bien comment cela se passe.

— Cela me convient parfaitement, répondit-il en souriant.

— J'espère que nous ne finirons pas par nous haïr.

Ou qu'elle ne commencerait pas à apprécier cette nouvelle intimité davantage que lui. Tommy était un esprit tourmenté, et, avec lui, on ne savait jamais.

— Cela fonctionnera très bien, assura-t-il. L'eau du bain commence à refroidir. Si nous appelions le chef pour commander un petit déjeuner ? Ensuite, nous pourrions nous remettre au lit.

— Tu es vraiment insatiable, remarqua-t-elle en riant.

— Qu'y puis-je, si j'ai toujours faim ? observa-t-il en se penchant pour poser ses lèvres sur les siennes.

Sophie lui tendit les bras et l'attira contre elle.

Elle aussi était affamée.

6

Sophie vivait avec Tommy depuis presque une semaine, et ils avaient fait l'amour tous les jours. Tôt ou tard, ils allaient avoir besoin d'un peu de temps pour se redynamiser, mais, pour le moment, il désirait surtout profiter de chaque seconde qu'ils passaient ensemble.

À cet instant précis, elle et lui se changeaient dans des vêtements confortables pour se rendre à Kirbyville et y rencontrer Matt. Tommy avait invité Sophie à l'accompagner à cette réunion de famille, un pique-nique que son père avait organisé au bord du ruisseau qui traversait la propriété.

Il se sentait nerveux. Pas seulement à cause de cette rencontre avec Matt, mais aussi à cause de Sophie. Se sentait-elle heureuse en sa compagnie ? Était-elle satisfaite de leur arrangement ?

— Est-ce que tu me hais déjà ? s'enquit-il soudain.

— Pardon ? fit-elle, ouvrant de grands yeux.

— Tu m'avais dit que tu espérais que nous ne finirions pas par nous haïr, alors je m'assure de ton état d'esprit à ce stade.

— J'ai seulement dit cela parce que je sais que tu ne tiens pas en place lorsque tu n'es pas en tournée, expliqua-t-elle. Dans une semaine, tu t'ennuieras probablement à mourir.

— Jamais de la vie ! se récria-t-il. Faire l'amour avec toi ne me semblera jamais ennuyeux.

— Mon donneur de sperme personnel, plaisanta-t-elle, battant des cils avec coquetterie.

— Lui-même, confirma-t-il. Je me demande si mon précieux don a déjà produit des résultats.

— Il est encore trop tôt pour le dire. Mais, pour répondre à ta précédente question, je ne te hais pas du tout. J'aime beaucoup jouer au papa et à la maman avec toi.

— C'est ce que nous faisons ? murmura-t-il, posant sa main à l'endroit où le bébé débuterait sa croissance. En tout cas, je suis heureux que tu m'accompagnes à ce pique-nique.

— Moi aussi, assura-t-elle. J'ai hâte de rencontrer Matt et sa fiancée. Elle s'appelle Libby, n'est-ce pas ?

— Oui, confirma Tommy. Elle m'a fait plutôt bonne impression. Elle a un fils de six ans, qui sera là, lui aussi.

— J'ignorais qu'elle avait un enfant.

— J'ai dû oublier de t'en parler. Papa m'a informé que Libby était veuve. Elle a perdu son mari il y a trois ans.

— Comme c'est triste ! Comment s'appelle son fils ?

— Chance.

— Comme le hors-la-loi dans la chanson de ton père ?

— Exactement. Libby et feu son mari étaient des fans de mon père. Elle sera probablement la seule participante à ce pique-nique à qui le vieux bonhomme n'a jamais fait de mal.

— À moi non plus, rappela-t-elle.

— Ne te sens-tu pas blessée qu'il désapprouve ton plan pour concevoir un bébé ?

— Je suis un peu déçue, mais je ne me sens pas blessée.

— J'avais oublié de t'informer qu'il a appelé ce matin. Il souhaite nous inclure dans sa biographie.

— « Nous » ? répéta-t-elle. Pour cette histoire de donneur ?

— Oui. Le livre doit sortir l'été prochain et, si tout va bien, tu seras enceinte d'ici là. Ou peut-être même sur le point d'accoucher. À ce stade, nous devrions déjà avoir fait une déclaration publique.

— Crois-tu que ce soit nécessaire ?

— De contacter nous-mêmes la presse ? Oui, bien entendu. Je préfère que nous prenions les choses en main. Je peux demander à mon attaché de presse de s'en occuper, le moment venu. Mais pour le moment, je vais faire signer un accord de confidentialité à toutes les personnes connaissant la situation, afin que la nouvelle ne fuite pas dans la presse avant que nous ne soyons prêts à partager l'information.

Il savait par expérience que les gens pouvaient vous trahir, et vendre votre histoire pour un profit personnel. Il savait aussi que les sites spécialisés dans la vie des célébrités pouvaient se montrer impitoyables.

— Kirby a promis de nous laisser raconter notre version de l'histoire dans sa biographie, ajouta-t-il. Mais il insiste pour pouvoir donner son point de vue, lui aussi.

— Et déclarer au monde entier qu'il aurait préféré être officiellement le grand-père de l'enfant ? suggéra-t-elle en soupirant. Je pense que personne ne pourrait l'en blâmer. S'est-il déjà confié à Libby, à ce sujet ?

— Oui, mais notre arrangement ne sera pas cité dans l'ouvrage sans notre autorisation. Personnellement, cela m'est égal. Cette biographie est surtout construite autour de la révélation de son fils secret, pas du bébé que tu t'apprêtes peut-être à mettre au monde.

— Remercions le ciel pour cela, observa-t-elle en souriant.

— Oui, bon, tu connais papa. Il ne se laisserait pas voler la vedette dans sa propre biographie. Alors ? Es-tu prête à affronter cette réunion familiale ?

— La vraie question est de savoir si toi, tu es prêt, répliqua-t-elle en prenant sa main pour la serrer dans la sienne.

— Papa a déjà pris ses précautions pour que ce pique-nique reste une affaire privée et que la presse n'en soit pas avertie, dit-il, ignorant sa remarque. Aucun souci à ce sujet. D'ailleurs, il ne croit pas que quiconque puisse soupçonner qui est réellement Matt. Pour son personnel de maison, il est simplement le fiancé de Libby qui vient lui rendre visite.

— Je parlais de ta rencontre avec Matt, précisa-t-elle.

— Pour être honnête, répondit-il en soupirant, j'espère

seulement faire bonne impression sur lui. Je ne suis pas comme Brandon, qui sait se faire apprécier par tous les gens qu'il croise. Mon seul atout, c'est ma célébrité et je ne crois pas que Matt y soit particulièrement sensible.

— Contente-toi d'être toi-même, Tommy.

— Mais c'est justement ce que je suis. Le fils rebelle d'une superstar qui s'est taillé à son tour une place au sommet. Tu m'as vu en action durant toutes ces années. Je ne sais pas vivre comme un homme normal. Lorsque je ne suis pas sur scène, je ne sais pas comment me comporter avec les gens.

— Si cela peut te consoler, observa-t-elle, serrant toujours sa main, Matt est probablement aussi nerveux que toi.

— Oui, tu as sûrement raison.

Mais, tout au fond de lui, il s'inquiétait déjà d'être celui de ses frères que Matt apprécierait le moins.

Vers le milieu de l'après-midi, les tables de pique-nique étaient encombrées des restes du festin et la famille s'était divisée en petits groupes. Sophie, Libby et la maman de Tommy bavardaient entre filles, pendant que Brandon, Matt et leur père faisaient les idiots sur la pelouse avec le petit Chance, six ans. Comme il l'avait craint, Tommy se sentait de trop. Il avait à peine échangé quelques mots avec Matt et il ne savait pas interagir avec les enfants. Alors, au lieu de se joindre aux hommes, il alla se promener au bord du ruisseau, offrant son visage à la fraîcheur de la brise.

Quel était son problème ? Pourquoi ne pouvait-il se comporter en homme normal ? Même son père y réussissait. Et pourtant, Kirby était loin d'être un modèle de citoyen ordinaire. Autrefois, il faisait des choses bizarres, telles que porter des lunettes de soleil à l'intérieur de la maison. Pas constamment, mais Tommy se souvenait que ce détail permettait de savoir qu'il avait la gueule de bois après une nuit d'excès en tous genres. Son père avait mille trucs à lui pour tenir la famille à distance.

Mais, aujourd'hui, à le voir jouer et rire avec le fils de Libby, on lui aurait décerné la médaille de papi de l'année.

Lorsque Matt s'éloigna des autres pour aller chercher une boisson fraîche, Tommy décida de l'approcher. Matt ne séjournerait à Nashville que durant quelques jours et il passerait une grande partie de ce temps avec Kirby. S'il désirait produire une première impression décente sur son frère, il devait agir aujourd'hui.

— Pourrais-tu me passer une bouteille d'eau pétillante, s'il te plaît ? demanda-t-il en le rejoignant près de la glacière.

— Oui, bien sûr, répondit le Texan qui lui tendit une bouteille couverte de buée.

— Merci.

Tommy dévissa le bouchon et ils échangèrent un regard un peu embarrassé. Comme Tommy, Matt était grand et mince, mais leur ressemblance s'arrêtait là. Matt avait les cheveux noirs et le teint bistré de sa mère cherokee, ainsi que des yeux d'une étonnante couleur d'ambre. Il était propriétaire d'un ranch touristique très prospère dans les environs de San Antonio, mais il avait gardé les manières simples et directes d'un homme de la campagne.

— Comment vas-tu ? s'enquit Tommy, faute d'une meilleure manière de rompre la glace.

— Très bien, et toi ?

— Bien, merci.

Cette pauvre conversation ne les menait nulle part. Les deux hommes burent une gorgée rafraîchissante et ils retombèrent dans un silence gêné. Matt fut le premier à reprendre la parole :

— Tout le monde dit que tu lui ressembles, observa-t-il.

— Ce n'est pas vrai, assura Tommy, qui détestait être comparé à son père. Ou alors, c'est peut-être seulement que j'espère ne pas lui ressembler. Il peut parfois se montrer insupportable, avec ses manières arrogantes.

— Oui, je sais, convint Matt, réprimant visiblement un sourire. Il a été horrible avec moi, lorsque j'étais gosse.

— Il n'a pas été un bon père pour Brandon et moi non plus. Nos disputes étaient des concours de hurlements. Il nous arrive encore de nous opposer frontalement.

— Brandon semble s'entendre assez bien avec lui, remarqua Matt, jetant un coup d'œil par-dessus son épaule.

Tommy suivit la direction de son regard. Kirby et Brandon poussaient ensemble Chance sur une balançoire et le petit garçon riait aux éclats.

— Brandon fait plus d'efforts que moi. Il est le diplomate de la famille.

— Et toi, qui es-tu ? s'enquit Matt.

— Le casse-cou, je suppose. C'est la réputation que j'ai, même au sein de la famille. Lorsque nous parlions de toi, Brandon et moi t'appelions notre frère loup solitaire. Nous nous demandions toujours de quoi tu avais l'air.

— Pour être honnête, admit Matt en se rembrunissant, j'ai toujours désiré avoir des frères ou des sœurs, mais pas des étrangers partageant une partie de mon ADN. Il m'était difficile de penser à vous autrement que comme les enfants légitimes de Kirby. Mais, aujourd'hui, je sais que vous avez été aussi malheureux que moi en grandissant.

— Et ce n'est pas terminé, observa Tommy avec un rire sans joie. Si j'avais été à ta place, je ne lui aurais jamais pardonné.

— J'ai dû y travailler, crois-moi, répondit Matt avec un soupir. Et je l'ai fait surtout pour Libby et Chance. Je savais que je ne pouvais pas être un mari aimant pour Libby, ou un père affectueux et protecteur pour Chance, si je gardais en moi de la rancœur envers mon propre père. Pour Libby aussi, c'était important. En travaillant avec lui à sa biographie, elle a découvert des facettes de Kirby que peu d'autres personnes connaissent. Elle sait qu'il a mal agi, mais elle voit aussi à quel point il regrette ses actions passées.

— Il m'arrive quelquefois de le remarquer, moi aussi. Mais le reste du temps, il m'apparaît comme un âne pompeux se mêlant beaucoup trop de ma vie.

— Lors de notre première réunion, quand je lui ai dit que j'allais épouser Libby, il s'est attribué tout le mérite de notre rencontre. Il se vante aussi de ce que le nom de Chance a été inspiré par l'une de ses chansons. Mais il est merveilleux avec ce petit garçon. Chance le trouve très cool.

— Oui, je m'en suis aperçu, convint Tommy. Il est furieux contre moi à cause de l'arrangement que Sophie et moi avons conclu. Je sais qu'il s'en est plaint à Libby. Il t'en a parlé ?

— Votre arrangement de donneur de sperme ? Oui, il m'en a parlé. Mais à mon avis, tu es libre de tes choix.

— Le statut de donneur me convient très bien, assura Tommy. Je ne veux pas finir comme Kirby, avec des enfants dont je ne saurais pas m'occuper. Il vaut mieux pour tout le monde que Sophie élève seule ce bébé.

— J'ai toujours rêvé d'être père, avoua Matt. J'ai même été marié avec la mère de deux petites jumelles. Mais cela n'a pas fonctionné entre nous et elle a divorcé au bout de six mois. Nous n'étions pas faits l'un pour l'autre.

— Personnellement, je n'envisage pas de me marier, remarqua Tommy. Sophie et moi sommes juste amis.

Amis et amants temporaires. Même si, pour le moment, il était heureux de l'avoir tout à lui.

— J'ai peine à croire que toi et moi soyons en train d'avoir une conversation aussi personnelle, remarqua-t-il.

— Pardonne ma franchise, mais je t'ai longtemps pris pour un idiot. Ton personnage public m'horripilait.

— Il m'arrive quelquefois de le détester, moi aussi, s'esclaffa Tommy malgré lui.

— J'essaierai de m'en souvenir, assura Matt, riant à son tour. Je vais traverser des moments difficiles lorsque ce livre sera publié et que le monde entier apprendra que je suis le fils de Kirby. Même si je détestais être son rejeton secret, j'avais fini par m'habituer à cette idée.

— Je suppose que nous nous sommes tous habitués aux rôles qu'il nous a assignés.

— J'interdisais qu'on passe sa musique lors des soirées que nous organisions quelquefois au ranch. Et ta musique était bannie, elle aussi. Depuis, j'ai renoncé à ces règles.

— Quelle raison as-tu invoquée pour interdire qu'on joue nos chansons ? s'enquit Tommy, intrigué.

— Aucune, mais je pense que les gens ont dû en tirer leurs propres conclusions et supposer qu'elles me rappelaient des mauvais souvenirs. Pourtant, ils ne soupçonnaient pas à quel point tout cela était douloureux pour moi. Je n'ai jamais confié à mon ex-épouse que je suis le fils de Kirby ou que tu es mon frère. Seule Libby est au courant.

— Je suis désolé que tu l'aies ressenti ainsi, s'excusa Tommy, attristé à l'idée que sa musique ait pu être une source de souffrance pour quiconque. Mais j'adorerais visiter ton ranch, un jour.

— Ce serait formidable. Tu seras toujours le bienvenu, mais si tu viens avant la publication du livre, nous allons devoir concocter une histoire pour expliquer comment nous nous sommes connus. Nous ne pouvons pas reconnaître que nous sommes frères avant que mon identité n'ait été révélée.

— Nous pouvons prétendre que nous avons fait connaissance grâce à Libby, suggéra Tommy. Après tout, elle est la biographe de mon père et tu es son fiancé. Nous aurions pu devenir amis, ainsi. À moins, bien sûr, que tu ne me trouves trop idiot pour devenir ton ami.

— Bah ! s'esclaffa Matt. Je crois que tu feras l'affaire.

— Tu dis cela maintenant parce que tu viens tout juste de faire ma connaissance, répliqua Tommy.

Au moins, c'était un bon début. Ils avaient progressé vers un avenir où ils pourraient devenir de vrais amis.

Le pique-nique terminé, Tommy et Sophie retournèrent chez lui. Elle le suivit dans sa salle de musique et, pendant qu'il accordait l'une de ses prestigieuses guitares, elle feuilleta des publications professionnelles des années 1950 destinées aux musiciens, dont Tommy avait une énorme collection. Toutefois, à sa façon distraite de tourner les pages, il devina qu'elle ne resterait pas très longtemps silencieuse. Lui était d'humeur pensive et gardait le silence. Cela lui arrivait quelquefois, tout spécialement après une rencontre bouleversante. Or cette journée avait été riche en émotions fortes.

Comme il l'avait soupçonné, elle posa bientôt son magazine et déclara :

— J'ai passé une excellente journée et j'ai eu l'impression que tu appréciais aussi ta conversation avec Matt.

— Cela s'est mieux passé que je ne l'avais envisagé, reconnut-il sans lever les yeux de la guitare créée tout spécialement pour lui par une marque prestigieuse. Il faut dire que j'ai fait un effort pour aller vers lui.

— C'est vrai. J'ai remarqué que tu allais le rejoindre.

— Ah ? fit-il, levant enfin les yeux vers elle. Tu me surveillais donc ?

— Pas à chaque seconde, mais je tenais à m'assurer que tout se passait bien pour toi. Je me suis habituée à te garder sur l'écran de mon radar.

Cela allait changer dès qu'il repartirait en tournée, songea-t-il. Il serait alors très loin de ce fameux radar. Mais il préférait ne pas trop y penser, car il savait déjà que sa compagnie allait terriblement lui manquer durant ses voyages. Mais, au moins, il l'avait aidée à concevoir son bébé. Lorsqu'il serait à nouveau sur les routes, il pourrait penser à elle, l'imaginer en maman heureuse avec son enfant.

— Que penses-tu de Libby ? s'enquit-il, changeant de sujet.

— Je l'adore. Elle est merveilleuse, non ? Elle est dynamique, intelligente et incroyablement stylée, avec ses cheveux blonds comme les blés, ses grands yeux bleus et ses fossettes. Je comprends que Matt soit tombé fou amoureux d'elle. Mais, bien sûr, il n'est pas mal non plus.

— Il t'a impressionnée, c'est cela ? grogna-t-il, luttant contre un accès de jalousie.

— C'est bien naturel, non ? Non seulement il est grand, brun et beau comme un prince, mais on devine qu'il est totalement dévoué à Libby et à son fils. Il est exactement celui dont ils avaient besoin.

Tommy se leva et alla replacer la guitare dans son étui.

— Je suppose que toi aussi, tu vas bientôt te mettre à chercher un homme dans son genre ?

— Tu plaisantes, n'est-ce pas ? Je ne rencontrerai jamais quelqu'un qui me désire aussi fort. De plus, je dois me concentrer sur le bonheur de mon bébé.

— Je suis sûr que beaucoup d'hommes te trouveraient à leur goût, mais je me réjouis que tu aies compris ce que doivent être tes priorités, déclara-t-il, terrorisé à l'idée qu'un inconnu puisse apparaître dans la vie de Sophie et la séduire.

— Libby ne cherchait personne, elle non plus, rappela-t-elle. Mais sa situation est différente de la mienne. Elle ne songeait pas à élever seule son enfant. Et, pour le moment, conclut-elle avec un sourire éblouissant, je suis simplement heureuse que tu sois celui qui va m'offrir un bébé.

— Comme c'est touchant ! ironisa-t-il, bien que sa remarque lui ait fait chaud au cœur. Essaierais-tu de me flatter ? Après t'être pâmée devant les qualités de mon frère ?

— Je ne me pâmais pas, protesta-t-elle. Je suis seulement heureuse que Matt et Libby se soient trouvés. Libby me parlait surtout de Matt et du merveilleux lien qu'il avait établi avec Chance. N'est-il pas mignon à croquer ? Une petite boule d'énergie, mais pas seulement. Ce garçon est aussi très brillant.

— Il m'a bien semblé qu'il avait l'esprit vif, mais les enfants sont toujours restés un mystère, pour moi.

— Il m'a fait penser à toi lorsque tu avais son âge — en un peu moins coquin, bien sûr, mais il a quelque chose de toi.

— Lorsque je me souviens de mes six ans, je nous revois ensemble, au cours préparatoire. J'avais craint que nous ne soyons pas dans la même classe, mais nous étions assis côte à côte et j'étais heureux.

Un bonheur qui n'avait d'ailleurs pas duré. Comme il passait son temps à bavarder avec elle, la maîtresse les avait séparés, le plaçant à l'autre bout de la salle de classe.

— Toi, tu n'étais jamais punie, observa-t-il en soupirant. Tandis que moi, c'était tout le contraire.

— Ce n'était pas moi qui semais la pagaille dans la classe, Tommy, rappela-t-elle. C'était bien toi.

— Je suppose que ce côté trublion m'est resté, observa-t-il avec un haussement d'épaules fataliste.

— Chaque fois que tu montes sur scène, toute l'équipe est morte d'inquiétude. Tes imprudences finiront par te coûter quelques os brisés.

— Je ne me suis jamais fait très mal, répliqua-t-il. Rien qui m'ait empêché de remonter sur scène.

— Peut-être, mais cela me rend folle.

— Alors nous sommes à égalité, parce que toi aussi, tu me rends fou. Fou de désir. Je pense qu'il est plus que probable que Matt et Libby auront d'autres enfants ensemble, enchaîna-t-il précipitamment, comme elle le dévisageait. Le petit Chance aura des frères ou des sœurs.

— Oh ! c'est tout à fait certain. Mais Libby m'a confié qu'ils allaient se marier d'abord et leur mariage n'est prévu que l'année prochaine. Ils souhaitent avoir du temps pour le préparer comme il se doit.

Sophie demeura songeuse une seconde.

— Libby est californienne d'origine. Chance et elle sont allés s'installer au Texas pour être proches de Matt. Mais, depuis qu'elle passe le plus clair de son temps à travailler sur le livre de Kirby, Matt s'occupe de Chance lorsqu'elle doit s'absenter. Matt s'est beaucoup attaché à son fils.

— C'est ce que j'ai cru comprendre.

Elle se pelotonna dans son fauteuil, ramenant ses pieds sous elle, avant d'ajouter :

— Lorsque Matt et Libby seront mariés, Chance deviendra ton neveu. Kirby le traite déjà comme s'il était son petit-fils.

— Cela aussi, je l'avais remarqué. Mais cela ne me surprend pas beaucoup. Je sais que mon père piaffe d'impatience à l'idée d'être papi.

Il la contempla une seconde, frappé une nouvelle fois par sa beauté dans cette tenue de pique-nique un peu froissée, avec ses magnifiques cheveux attachés en queue-de-cheval.

— Des gens qui ont été des parents exécrables deviennent de merveilleux grands-parents, dit-il. N'est-ce pas étrange ?

— Certaines personnes s'adoucissent avec l'âge. Et dans le cas de ton père, je suis certaine que cela a un rapport direct avec le fait qu'il ait cessé de boire.

Il acquiesça. Voir son père ivre ou sous l'emprise de stupéfiants était ce qu'il avait détesté le plus au monde.

— J'espère seulement qu'il restera sobre.

— Il paraît y être bien décidé.

— C'est sans doute pourquoi ma mère accepte de le revoir.

— Je me réjouis qu'elle soit venue à la réunion de famille, aujourd'hui, déclara Sophie. Elle a adoré Matt et Libby, ainsi que Chance. Savais-tu que Matt avait participé à des championnats de rodéo, lorsqu'il était enfant ?

— Non, je l'ignorais. Nous n'avons pas évoqué ce sujet.

— Toi aussi, tu es bon cavalier et tu sais te servir d'un lasso, n'est-ce pas ?

— Sauf que je n'ai jamais participé à aucune compétition, rappela-t-il. Je n'ai jamais été fan des sports organisés.

— Je sais, mais Matt entraîne Chance à monter sur un poney et à se servir du lasso et j'espérais qu'un jour tu pourrais peut-être enseigner à ma fille ou à mon fils l'art d'être cow-girl ou cow-boy.

Le sérieux de cette conversation commençait à le rendre nerveux. Et si l'enfant de Sophie n'avait que faire de ses gentillesses ? Après tout, il ne serait pas son père.

— Tu peux t'en charger toi-même, Sophie, rappela-t-il. Tu montes aussi bien que moi et tu es très habile au lasso.

— Oui, mais ce que je sais, je l'ai appris de toi. C'est pourquoi j'ai songé que tu pourrais aussi l'enseigner à mon enfant. Un ami de la famille serait tout à fait dans son rôle, et c'est bien ce que tu seras dans sa vie, n'est-ce pas ?

— Oui, d'accord. Mais seulement si cet enfant le désire.

Il s'inquiétait déjà d'outrepasser ses prérogatives. Aucune règle n'existait pour délimiter les devoirs d'un ami de la famille. Contrairement à ceux des pères.

— Et tu pourrais peut-être aussi les initier au piano, ajouta-t-elle, en indiquant le grand Steinway.

— Je n'avais pas très bien réussi avec toi, rappela-t-il. Et tu as été ma seule élève. Espérons seulement que ce bébé héritera de moi un minimum de talent musical.

— J'espère qu'il héritera d'autres traits de toi.

— Ah, bon ?

— Bien sûr, murmura-t-elle. Mais si c'est un garçon, j'espère qu'il ne sera pas un coureur de jupons.

Loin de s'offusquer de cette remarque, il esquissa un petit sourire.

— Rien que pour cela, tu mériterais que je te séduise.

— Ici ? roucoula-t-elle, en lui lançant un regard aguicheur. Dans ta salle de musique ? Parmi tous tes instruments dont je n'ai jamais su jouer ?

— Oui, ici même, confirma-t-il en s'emparant de ses mains pour l'arracher à son fauteuil et la faire reculer jusqu'au piano. Nous allons jouer notre propre musique.

Elle rit, puis ils s'embrassèrent longtemps, passionnément, tout en se déshabillant avec des gestes fiévreux. Lorsqu'elle fut nue, il la fit reculer contre les touches d'ivoire et déclara d'un ton suave :

— Si tu n'es pas encore enceinte, tu le seras cette fois-ci, je te le promets.

7

Sophie avait envie de pleurer. Ce paisible matin d'octobre, alors qu'elle se préparait pour son travail, elle venait de constater que ses règles étaient revenues.

Bien déterminée à rester forte, elle descendit par l'ascenseur au rez-de-chaussée de la résidence, où le petit déjeuner était déjà servi. Tommy était descendu avant elle, car il s'était levé tôt pour monter une jument dont il venait de faire l'acquisition et il avait emmené ses chiens pour leur faire prendre de l'exercice. Elle ne l'avait pas revu depuis qu'il avait quitté le lit. Elle avait presque atteint la salle à manger lorsque Dottie vint à sa rencontre.

— Tommy est revenu de son galop matinal, l'informa la vieille dame. Il prend son petit déjeuner sous la véranda et il vous prie de l'y rejoindre.

— J'y vais, répondit Sophie. Merci.

Lorsque de nouvelles larmes lui brouillèrent la vue, elle les refoula fermement. Il était idiot de se faire du souci après un seul mois de tentatives. Mais, malgré elle, Sophie se sentait flouée. Elle désirait cet enfant de tout son cœur.

— Tout va bien ? s'enquit Dottie. Vous semblez triste.

— Cela ira, assura Sophie. Un petit souci sans importance. Je vais aller manger un peu.

— Le chef vous a préparé votre plat préféré. Il aime beaucoup vous avoir dans cette maison et moi aussi. Si nous pouvons faire quoi que ce soit d'autre pour vous, n'hésitez pas à nous le demander.

— Merci, répondit Sophie, qui se retint à grand-peine de sangloter sur l'épaule de la vieille dame. Vous avez été adorables, vous et lui. À tout à l'heure, d'accord ?

Dottie la quitta pour retourner à ses tâches ménagères. Sophie se servit une généreuse portion du plat que Brian, le chef, avait préparé spécialement pour elle, ainsi que des petits pâtés au crabe sauce avocat. Elle ajouta des fruits frais, un verre de lait et du pain complet sur son plateau, puis elle emporta le tout sous la véranda attenante à la salle à manger.

Tommy était assis à une table au plateau de mosaïque, entouré d'un décor spectaculaire de plantes vertes et de fleurs où murmuraient plusieurs fontaines. Ce cadre délicat faisait un contraste saisissant avec son aspect de rude cow-boy en tenue complète de cavalier.

— Salut, toi, lança-t-il.

— Bonjour, répondit-elle en s'asseyant en face de lui, son plateau devant elle.

Elle déplia sa serviette et, évitant son regard pour ne pas éclater en larmes comme une idiote, elle déclara :

— Je viens d'avoir mes règles.

— Oh ! fit-il, sans cesser de picorer le reste de crabe sur son assiette. Je vois. Cela ne fait rien. Ce sera pour la prochaine fois.

— Et si cela prenait plus longtemps que nous ne l'avions envisagé ? Si cela durait des années ou même, si cela ne se produisait jamais ?

— Allons, Sophie, la tança-t-il. Ne parle pas ainsi.

— C'est peut-être notre destin ? Tu ne vas tout de même pas continuer avec moi indéfiniment.

— Je continuerai aussi longtemps qu'il le faudra. Je te l'ai déjà dit.

— Oui, mais... Des années ? Allons, Tommy, sois réaliste ! Tu ne pourras jamais le supporter aussi longtemps.

— Supporter quoi ? De t'avoir pour amante ? Ou de te consoler chaque fois que tu auras tes règles ?

— Je devrais peut-être rentrer chez moi.

— Quoi ? s'insurgea-t-il. Tu capitules déjà ?

— Non, mais la situation serait peut-être moins délicate si je ne vivais pas avec toi.

Dans le silence qui suivit, on n'entendit plus que le murmure des fontaines. Puis, il s'enquit enfin :

— N'aimes-tu pas vivre dans cette maison ?

Pour être tout à fait honnête, le luxueux confort qu'offrait cette demeure était extrêmement agréable et cela aussi était un problème. Et si elle commençait à se faire de folles idées ? Et si elle se mettait à désirer vivre ici pour de bon ? Il n'était pas convenu qu'elle devienne une habitante permanente de sa maison.

— Je ne veux pas abuser de ton hospitalité.

Ni m'attacher à toi plus que ce n'est déjà le cas. Mais cela, bien sûr, elle le garda pour elle.

— Tu n'abuses de rien du tout, Sophie, répliqua-t-il. J'ai envie que tu sois ici. Je tiens à ce que nous menions cette idée à son terme comme nous en avions convenu.

Que devait-elle faire ? À la fin de ses règles, elle aurait peut-être à nouveau les idées claires. Et d'ailleurs, comment pourrait-elle s'attacher à Tommy davantage qu'elle ne l'était déjà ? Leurs deux vies étaient liées depuis le début.

— Très bien, se rendit-elle. Nous continuerons comme prévu, au moins pour le moment. Mais je pourrais dormir dans l'une des chambres d'invités jusqu'à ce que nous recommencions nos tentatives de conception. Nous ne sommes pas obligés de continuer à partager ton lit.

— Ne sois pas ridicule, grommela-t-il. Tu dormiras avec moi comme avant. Et à présent que cette question est réglée, j'ai autre chose à te demander. Dans le courant de ce mois-ci, je dois assister à une soirée de gala caritative. Tu sais combien je déteste ces réunions du gratin mondain, mais c'est Brandon qui m'a donné ces billets. Il s'agit d'une vente d'œuvres d'art aux enchères et je lui ai promis que j'achèterais quelque chose. Lui-même ne peut pas être présent, car il est retenu par d'autres engagements et j'ai pensé que la soirée serait peut-être plus intéressante si tu m'accompagnais. Qu'en penses-tu ? Accepterais-tu d'être ma cavalière ?

— Crois-tu que cela soit bien raisonnable ? Les gens se feront peut-être de fausses idées et croiront que nous formons un vrai couple.

— Quels gens ? Tous nos proches sont au courant de notre accord et ils savent tous que tu vis ici pour le moment. Ils supposent d'ailleurs tous que nous passons nos nuits ensemble. C'est l'une des raisons pour lesquelles ils ont tous signé des accords de confidentialité. Même l'équipe de direction avec laquelle tu travailles les a signés.

C'était vrai. Il avait pris toutes les dispositions possibles pour empêcher que l'on parle d'eux.

— Que fais-tu de la presse ? insista-t-elle. Si des photographes sont présents à cette soirée, notre photo risque d'apparaître sur les sites de cancans.

— Ne te fais aucun souci. Cela n'arrivera pas.

À l'évidence, cet événement serait étroitement surveillé. Elle se détendit un peu.

— Soit, alors j'irai avec toi.

Passer une soirée en ville lui ferait peut-être du bien. Elle allait se faire belle, sortir de cette maison et cesser de se soucier du fait qu'on puisse les prendre pour un couple. À ce stade, d'ailleurs, ils devraient avoir repris leurs tentatives de conception de son bébé, et c'était cela sa priorité.

— Parfait, dit-il avec un sourire d'adolescent. Les médias n'étant pas invités, nous serons libres de danser et de nous embrasser comme si nous étions seuls au monde.

Elle secoua la tête. Même si la presse était absente, pas question qu'elle se conduise ainsi à un bal de charité.

— Non, Tommy, répondit-elle d'un ton ferme. Nous allons être sages. Pas de manifestations d'affection en public.

Il demeura silencieux, sirotant son jus d'orange tout en continuant à la dévisager par-dessus le bord de son verre, comme s'il la défiait de lui résister le moment venu.

Sophie avait l'impression d'être Cendrillon se préparant pour son fameux bal. Tommy avait fait venir à la résidence une experte en soins de beauté pour s'occuper de sa coiffure et de son maquillage et il lui avait acheté une robe de grand couturier et prêté tous les bijoux nécessaires. Il lui était déjà arrivé de s'habiller pour des fêtes d'entreprise, des remises de prix ou d'autres événements de ce type, mais elle ne s'était jamais sentie aussi élégante.

Elle était seule, plantée face au miroir en pied dans le dressing privé destiné aux conquêtes de Tommy. Ses cheveux étaient coiffés en un chignon sophistiqué et sa robe de soirée couleur champagne très près du corps, rehaussée de centaines de minuscules perles de verre brillantes, lui donnait l'air d'une sirène. En guise d'accessoires, elle avait choisi un bracelet de grenats rouge sang et des pendants d'oreilles de diamants. Des escarpins écarlates à talons hauts, avec de fines semelles dorées, complétaient l'ensemble.

Elle vit soudain apparaître une haute silhouette derrière elle. *Tommy*. Il l'admirait en silence, planté sur le seuil du dressing. Vêtu d'un smoking noir classique, il lui tendait un petit bouquet de roses rouges pour son corsage.

Son beau prince lui apportait une offrande.

Elle se retourna et ils se contemplèrent en silence. Puis il s'avança d'un pas et accrocha lui-même le bouquet à sa place.

— Merci, murmura-t-elle. Il est magnifique.

— C'est toi qui es magnifique, assura-t-il, prolongeant cette proximité. Et j'ai autre chose pour toi.

Il la conduisit hors du dressing et l'entraîna jusqu'au lit.

Posé sur le luxueux couvre-lit, elle vit un masque de la même couleur champagne que sa robe de soirée.

Elle s'approcha du masque sans le toucher. Il était décoré de longues plumes rouges, légères comme du duvet.

— Allons-nous à un bal masqué ? s'étonna-t-elle. Pourquoi ne m'en avais-tu rien dit ?

— Je voulais te faire une surprise.

— À présent, je comprends pourquoi tu me disais qu'il importait peu que nous soyons vus ensemble. Si nous portons des masques, personne ne nous reconnaîtra.

— Oui, mais ne t'emballe pas trop, rappela-t-il en lui tendant son masque. Ce sera tout de même une soirée mondaine ennuyeuse.

Sophie attacha son masque, puis se tourna à nouveau.

— De quoi ai-je l'air ?

— Absolument ravissante. Très, très sexy. Vois toi-même.

Il ouvrit la porte d'une armoire dotée d'un grand miroir, et une mystérieuse étrangère, une créature de feu, apparut devant elle, parée de perles d'or, de plumes rouges et de rouge à lèvres écarlate.

— Et où est ton masque ?

— Ici, répondit-il en ouvrant un tiroir dans l'armoire. C'est une version stylisée du fantôme de l'Opéra.

Il le plaça sur son visage. Le masque était noir, de cuir et de métal, et même s'il laissait sa bouche exposée, Tommy restait méconnaissable. Lui aussi avait été transformé en mystérieux étranger.

— Je vais avoir envie de toi lorsque nous rentrerons, murmura-t-elle, posant la main sur la partie visible du visage.

— Tu es excitée ? s'enquit-il avec un sourire coquin.

— Pas toi ? répliqua-t-elle en frissonnant.

— Tu n'as pas idée à quel point.

Avant qu'ils ne décident d'oublier la soirée de charité et de se mettre tout de suite au lit, elle décida d'intervenir.

— Nous devrions nous mettre en chemin, rappela-t-elle. Tu as promis à Brandon d'acheter une œuvre à ces enchères.

— Il compte probablement sur moi pour acheter un truc dont personne d'autre ne veut, observa-t-il avec un haussement d'épaules résigné. Ou alors il essaie de m'habituer aux mondanités.

— N'est-ce pas mission impossible ? s'enquit-elle en riant.

— Sans doute, reconnut-il, riant à son tour. Mais allons tout de même nous en assurer.

Il lui offrit cérémonieusement son bras, avant d'ajouter :

— La limousine nous attend déjà.

La soirée de gala avait lieu dans une vaste bâtisse de style néogothique dont l'architecture rappelait les décorations d'un gâteau de mariage. Sophie était très impressionnée. C'était le cadre idéal pour une soirée d'enchères d'œuvres d'art accompagnées d'un bal masqué. Les bénéfices de cette soirée iraient à une association de défense de la faune sauvage. Le bâtiment avait été décoré d'affiches montrant des animaux rares et exotiques, qui étaient aussi le thème de certaines des œuvres mises aux enchères.

Avec Tommy, ils déambulèrent dans les vastes pièces où étaient exposées les œuvres, sous l'œil vigilant d'agents de sécurité. Les enchères se faisaient par smartphone.

On pouvait aussi siroter des cocktails tropicaux sous la véranda, déguster de délicieuses spécialités dans la salle à manger ou valser dans la salle de bal. Une foule joyeuse se pressait dans chaque recoin de la grande bâtisse.

Tommy consulta le plan de l'exposition, organisé comme un jeu de piste, avec les objets mis en vente cachés dans le décor, et il lui indiqua un escalier étroit qui conduisait aux combles.

— D'après ce plan, dit-il, il y aurait un tigre serti de pierres précieuses, là-haut.

— C'est une sculpture ? s'enquit-elle. Un bijou ?

— Je l'ignore. Je t'ai indiqué la seule description que j'en ai. Mais la mise à prix est assez élevée.

Elle grimpa l'escalier derrière lui, faisant grincer les vieilles marches de bois sous leurs pas, et ils arrivèrent dans une grande pièce mansardée encombrée de meubles pour lui donner des allures de grenier, bien qu'il n'y eût pas un seul grain de poussière sur le sol.

Ils n'étaient pas les seuls curieux dans ce lieu. Un autre couple masqué cherchait le tigre fabuleux : une jeune femme blonde au visage dissimulé derrière un loup de velours représentant un papillon et son compagnon d'une taille imposante. Mais il importait peu de savoir qui le trouverait le premier. Cette merveille irait au plus offrant.

Pendant que Tommy explorait de son côté, elle ouvrit un grand coffre contenant de luxueux vêtements féminins de l'époque victorienne. Si le tigre était une broche, il serait peut-être caché là, épinglé à l'une de ces robes.

Bientôt, d'autres personnes arrivèrent dans le grenier et elle commença à se sentir un peu à l'étroit dans cet espace confiné. Tommy avait cessé ses recherches : planté devant la fenêtre, il contemplait le jardin à ses pieds. Lorsque Sophie le rejoignit, il se pencha à son oreille.

— Je sais où il est, chuchota-t-il.

— Où ?

— Viens avec moi. Je vais te montrer.

— Mais...

Il posa un doigt sur ses lèvres pour lui intimer le silence. Allaient-ils quitter le grenier, pour y revenir lorsque tout le monde serait reparti ?

Tommy l'entraîna avec lui dans l'escalier, pour sortir dans les jardins, deux étages plus bas. S'agissait-il d'une ruse afin de s'isoler avec elle, l'embrasser, la caresser, la faire à nouveau défaillir de plaisir ?

— C'est un peu plus loin, déclara-t-il, avançant toujours dans le jardin désert.

— Je ne crois pas que nous devrions être ici.

— Ne t'inquiète pas, la rassura-t-il, prenant sa main dans la sienne. Le chemin est éclairé.

— As-tu l'intention de me séduire ?

— Bien sûr, mais pas avant de t'avoir montré ce tigre.

Il la conduisit à travers un labyrinthe de verdure, sur un sentier dallé, et elle respira avec délices l'air frais et parfumé de la nuit, pas vraiment convaincue qu'il la conduisait jusqu'au fameux tigre.

Puis elle le vit. C'était une énorme statue dressée au centre des jardins et entourée de peupliers de Virginie. Ses yeux, ainsi que les rayures sur son corps, étaient faits de perles d'ambre, et une rampe de projecteurs illuminait sa musculature puissante.

— Oh ! fit-elle en s'approchant. Il est magnifique ! Comment as-tu compris qu'il était là ?

— Alors que j'étais planté devant la fenêtre, j'ai vu des reflets d'or à travers les arbres, et j'ai compris que le tigre n'était pas dans le grenier, mais visible depuis le grenier.

— Une astuce des organisateurs, conclut-elle en riant. Je ne vois aucun agent de sécurité, mais, bien sûr, il faudrait une grue pour soulever ce mastodonte. Je me demande si quelqu'un d'autre l'a trouvé ou si nous sommes les premiers.

— Je n'en ai aucune idée, mais cette sculpture est fabuleuse, répondit-il en tirant son smartphone de sa poche. Je vais placer une enchère.

— Et si tu remportes l'enchère, que comptes-tu en faire ?

— Je la placerai dans mon jardin. Je pense qu'elle sera aussi spectaculaire là-bas qu'elle l'est ici.

Il avait raison — cette sculpture serait magnifique, chez lui. Et il avait plus qu'assez d'espace pour y exposer un tel trésor.

Lorsqu'il rempocha son téléphone et qu'il se rapprocha, elle ne put s'empêcher de remarquer :

— Est-ce la scène où tu me séduis ?

— Non, Sophie, murmura-t-il. Nous allons retourner à

l'intérieur, où je pourrai te séduire en toute tranquillité sur la piste de danse et te donner envie de m'embrasser.

— Je t'ai déjà dit que je ne le ferais pas, rappela-t-elle, le souffle coupé.

— Oui, je sais. Mais quelque chose me dit que tu en meurs d'envie.

Il avait, hélas, raison. Elle ne s'imaginait que trop facilement en train de l'embrasser avec passion sur la piste de danse.

— C'est vrai, reconnut-elle. J'en ai envie. Mais je me réjouis que personne ne sache qui nous sommes.

Sans compter que cela ajoutait du piquant à la situation. Un parfum d'interdit.

Tommy demeura un instant planté devant le tigre aux yeux d'ambre et, dans la lumière des projecteurs, elle le trouva incroyablement sexy, surtout avec ce masque sur son visage.

Elle avait très envie de garder ce *bad boy* tout à elle et soudain, l'idée que leur intimité se terminerait un jour et que Tommy retournerait à ses nombreuses conquêtes la fit se sentir très possessive. C'était désolant. Pour se libérer de ce sentiment, elle se rappela que son unique souci devrait être le bébé, pas de s'accrocher à Tommy.

— J'aimerais manger un morceau, avant d'aller danser.

— Bien sûr, approuva-t-il. Des mets bien épicés ?

— Pour rehausser le goût de nos baisers ? suggéra-t-elle, son regard fixé sur sa bouche.

— Cela me semble parfait, répondit-il en souriant.

À elle aussi, mais elle garda ses pensées pour elle.

Ils entrèrent dans la salle à manger, où Tommy garnit leurs assiettes. Ils dégustèrent en silence un délicieux assortiment d'ailes de poulet au miel, beignets de piment au fromage et de boulettes de viande en sauce. Puis ils conclurent leur repas avec des glaces à la menthe fraîche du bar à desserts.

— Es-tu disposée à danser, maintenant ? s'enquit-il lorsqu'ils eurent terminé.

— Dans une seconde, répondit-elle, en proie à la nervosité.

— Prends tout ton temps, dit-il en rajustant son nœud papillon. J'attendrai.

Elle soupçonnait que ses hésitations ne faisaient que l'exciter davantage et elle soupira.

— Comment se fait-il que tu finisses toujours par obtenir ce que tu désires ?

— Sophie, rien ne t'y oblige, rappela-t-il.

Mais elle aussi le désirait. Quelle que soit sa nervosité par ailleurs, elle était trop excitée pour revenir en arrière.

— Cela ira très bien, assura-t-elle, glissant un bras sous le sien pour l'entraîner vers la salle de bal. Allons-y.

— Bien, madame, répondit-il. Vos désirs sont des ordres.

Sitôt qu'ils arrivèrent sur la piste de danse, il l'enlaça et l'entraîna dans une valse étourdissante. Excellent danseur, il se mouvait avec une grâce naturelle. Même s'il n'était pas très friand de ces soirées mondaines, il n'en avait pas moins pris la peine d'apprendre à danser la valse.

— J'ai toujours rêvé de danser un slow langoureux avec toi, mais ceci n'est pas mal non plus, murmura-t-il.

Elle devait reconnaître qu'elle vivait un instant merveilleux. Le grand lustre de cristal scintillait au-dessus de leurs têtes, les enveloppant d'une lumière magique, et elle se surprit une nouvelle fois à s'imaginer en Cendrillon. Elle approcha ses lèvres des siennes pour l'embrasser. À cet instant précis, elle avait seulement besoin de nourrir tous ses sens et de s'enivrer du goût de sa bouche.

Ce baiser fut une explosion qui se répercuta dans tout son être et une onde d'excitation la parcourut des pieds à la tête, comme si ce baiser avait été le premier de toute sa vie.

Elle se blottit plus étroitement contre lui tandis qu'ils s'embrassaient une nouvelle fois. Leur baiser avait un goût d'épices et de désir brûlant. De menthe fraîche et de chaleur dévorante. Elle gémit, son masque de douces plumes se pressait contre le cuir du sien.

Ce qu'ils vivaient à cet instant n'était pas un conte de fées.

C'était une réalité de chaleur et de désir lancinant. Elle ondula des hanches contre lui, brûlant de mieux sentir son corps.

Au prix d'un miracle, elle s'écarta de lui, créant une distance convenable entre eux, atterrée par son propre comportement. Elle avait été à deux doigts d'arracher les vêtements de son cavalier au milieu de la foule d'un gala de charité !

Prenant une profonde inspiration, elle jeta un coup d'œil discret aux autres danseurs masqués autour d'eux. Personne ne semblait choqué, personne ne chuchotait de remarques désobligeantes à son sujet. N'avaient-ils rien remarqué ?

Bien sûr que si. Elle ne pouvait pas voir leurs expressions derrière les masques, n'entendait pas leurs propos. Et la brume qui avait envahi son esprit l'empêchait presque de contenir les réactions que Tommy provoquait en elle.

— Tu vois ? murmura-t-il. Tu y as survécu.

— Je suppose que oui.

Mais ces gens de la haute société ne la considéreraient-ils pas comme une petite idiote s'ils découvraient la vérité ? La mépriseraient-ils pour la manière dont elle avait géré cette situation ? Tôt ou tard, le pays entier saurait tout. Tommy et elle avaient convenu que, dès que sa grossesse serait confirmée, son attaché de presse rendrait la nouvelle publique.

— Et si nous nous embrassions encore ? suggéra Tommy, esquissant un sourire coquin.

Elle fixa sa bouche une seconde et l'incendie qui faisait rage au centre de son corps gagna encore en intensité. Mais elle résista bravement.

— Je crois que nous ferions mieux d'attendre d'être rentrés à la maison.

— J'ai envie de nager nu avec toi. Sous les chutes d'eau.

— L'idée est séduisante, balbutia-t-elle, l'esprit tourbillonnant. Crois-tu que ce soit raisonnable ?

— La soirée s'y prête parfaitement, observa-t-il. Il fait doux, mais, même si l'air se rafraîchissait plus tard, ce serait sans importance. À cette époque de l'année, ma piscine est toujours chauffée.

Pouvait-elle s'autoriser une chose pareille ? Elle n'en était pas certaine. Pour le moment, Tommy et elle dansaient encore dans les bras l'un de l'autre.

Plus tard, les masques tomberaient.

8

Tommy était béni des dieux. Tout d'abord, il avait convaincu Sophie de l'embrasser sur la piste de danse, au gala et, à présent, elle avait relevé son défi de se baigner nue dans sa piscine. Mais il ne devrait probablement pas se réjouir trop tôt d'avoir réussi à la corrompre. À cet instant précis, uniquement vêtue de sa jolie petite culotte et de son soutien-gorge, elle avait l'air d'une biche surprise dans les phares d'une voiture.

— Je ne voudrais pas égarer ou abîmer ces bijoux, dit-elle en posant le bracelet et les pendants d'oreilles près de leurs masques, sur l'une des tables du patio. Ils doivent être affreusement chers et tu les as seulement empruntés.

— Il ne leur arrivera rien, la rassura-t-il. Personne ne va venir nous déranger, ce soir.

Il ne portait plus que son boxer, qu'il avait hâte d'ôter avant de plonger dans l'eau. Mais Sophie hésitait encore.

— Je ne devrais pas laisser une aussi belle robe sur le dossier d'une chaise. Elle est superbe et t'a sûrement coûté les yeux de la tête.

Tommy se moquait bien de ce qui pouvait arriver à leurs vêtements, ou même aux précieux bijoux. Il avait les moyens.

— Je viens tout juste de faire l'acquisition d'un tigre aussi grand qu'un arbre, qui va nous être livré dans quelques jours, rappela-t-il. Le prix des choses n'est pas un problème.

— Je sais, mais...

— Cesse de t'inquiéter pour rien, l'interrompit-il. Ces bijoux, j'aurais dû te les acheter, d'ailleurs.

— J'ai déjà fait un effort en te laissant payer ma robe, répliqua-t-elle. Il n'est pas question que je te permette de me traiter comme une maîtresse entretenue en me couvrant de bijoux.

— N'en fais pas tout un drame. Je t'ai déjà offert des cadeaux coûteux, par le passé.

— Jamais des bijoux, argua-t-elle.

— Les femmes attachent trop d'importance à ce genre de choses. Prête ?

Sans attendre sa réponse, il se débarrassa de son boxer et exécuta un plongeon impeccable. Il remonta à la surface une seconde plus tard et la considéra un instant en silence, curieux de voir sa réaction, puis il traversa le bassin en quelques brasses. Toujours en sous-vêtements, elle s'approcha du bord.

— Cette seconde chute d'eau correspond à l'entrée de ton appartement privé, n'est-ce pas ? La grotte où personne n'a le droit de pénétrer à part toi ?

— Aujourd'hui, tu pourras y entrer avec moi.

Il n'aurait su expliquer pourquoi il tenait tant à partager cet espace avec elle. En le construisant, il avait eu l'intention d'en faire son havre strictement personnel. Une autre entrée secrète dans la maison y donnait accès à pied sec.

— Que t'arrive-t-il ? s'étonna Sophie. D'abord, tu parles de m'offrir de coûteux bijoux, et maintenant, ça ?

— Probablement un accès de machisme, répondit-il, écartant ses cheveux humides de son front. J'adore l'idée de te faire un enfant. Ce lieu nous portera peut-être chance, ajouta-t-il après une pause.

Et, sur ces mots, il plongea sous la chute d'eau et atteignit sa grotte. L'entrée était protégée par une alarme dont il tapota rapidement le code et pénétra à l'intérieur.

La première pièce ne servait qu'à se sécher, elle était équipée de lampes infrarouges et de serviettes. C'est là qu'il attendit Sophie, certain qu'elle trouverait le chemin.

Elle apparut quelques minutes plus tard, ruisselante d'eau. Cette petite tricheuse portait toujours sa culotte minuscule et son soutien-gorge, mais il devait avouer qu'il n'avait jamais posé les yeux sur une femme aussi belle. Son maquillage n'avait même pas coulé. Son joli chignon était trempé et à moitié défait, mais elle était si ravissante que ce détail ne faisait que souligner sa beauté.

Il lui tendit une grande serviette moelleuse, ce dont elle le remercia en souriant. Puis, elle se débarrassa de ses sous-vêtements et se rapprocha des lampes infrarouges pour se sécher. Ses boucles humides tombaient en cascade dans son dos.

— Je serais curieuse de visiter ton refuge, observa-t-elle.

— Désolé, mais tu n'auras pas droit au grand tour. Je t'emmène directement dans la chambre.

— Dans ce cas, je te suis.

Pas besoin d'autres encouragements. Il la souleva et l'emporta à travers plusieurs pièces meublées dans un style contemporain très épuré, contrastant avec les murs de pierre brute.

— Une grotte très spéciale, remarqua-t-elle.

— N'est-ce pas ? Aucune fenêtre, aucune interférence extérieure. Rien qu'une solitude choisie.

Il n'avait jamais songé à y laisser entrer quiconque, surtout pas ses petites amies. Mais, à l'évidence, Sophie jouait dans une catégorie différente. Elle avait toujours fait partie de sa vie. Ce n'était donc pas vraiment une entorse aux règles qu'il s'était lui-même imposées.

Il la déposa sur le lit où, la rejoignant aussitôt, il l'embrassa passionnément. Sa bouche était brûlante et elle laissa échapper un gémissement de désir, puis creusant les reins, elle souleva ses hanches pour aller à sa rencontre tandis qu'il la couvrait de caresses, jouant de son corps comme d'un instrument.

— Je vais vraiment écrire une chanson pour toi, murmura-t-il tout contre sa bouche.

— Une chanson sexy ?

— Outrageusement sexy, confirma-t-il. Mais j'écrirai peut-être aussi une ballade tendre par la même occasion.

— Deux chansons, rien que pour moi ?

— Peut-être même un album entier.

— En tout cas, évite d'écrire une chanson d'amour sirupeuse à mon sujet.

— Sirupeuse ? protesta-t-il en se glissant entre ses jambes.

— Tu m'as très bien comprise, murmura-t-elle, effleurant son torse du bout des doigts, ce qui le fit frissonner.

Il le savait, en effet. Il avait un côté fleur bleue qui cadrait mal avec le reste de sa personnalité. Mais, déjà, Sophie l'entourait de ses bras, et il pénétra avec délices dans son sexe humide et brûlant.

Ils firent l'amour avec abandon, leurs corps luisants de transpiration soudés l'un à l'autre. Le feu de la passion brûlait entre eux chaque jour plus fort et il en allait de même pour la fascination qu'elle exerçait sur lui.

Elle avait l'air d'une déesse des eaux, d'une sirène qu'il aurait capturée dans l'océan. Glissant les doigts dans ses longs cheveux bouclés, il se réjouit qu'elle l'ait choisi comme géniteur. Et plus ils y mettraient d'ardeur, plus vite il ferait une réalité du rêve de Sophie. Il avait déjà réalisé son propre rêve d'atteindre la célébrité et la fortune en créant une musique capable de toucher l'âme de son public. Il désirait toucher aussi celle de Sophie, y laisser la marque la plus profonde possible. Une marque indélébile.

Elle exhala un soupir et il glissa une main entre ses cuisses pour la caresser délicatement, accentuant peu à peu la pression de ses doigts. Elle se mordit la lèvre, tandis que ses ongles lui labouraient le dos.

Il la sentit frissonner de la tête aux pieds dans un premier orgasme, son souffle brûlant contre son cou. Il la suivit presque aussitôt, le pouls rugissant à ses oreilles.

Après, ils demeurèrent allongés côte à côte, à contempler la voûte de pierre de la grotte dans un silence languide. Comme chaque fois, il espérait que la graine était plantée. Qu'il avait accompli sa mission.

À cet instant précis, toutefois, il se préoccupait fort peu de n'être que le donneur, et pas le père, ou de la possibilité que cet enfant puisse lui en vouloir. Il savait qu'il n'avait pas à s'inquiéter pour ce bébé. Sophie l'élèverait très bien seule.

— Nous allons quand même aller nous baigner nus, tout à l'heure, déclara-t-il en se tournant vers elle. C'est une chose que nous n'avons pas encore faite.

— Toi, si, observa-t-elle.

— Pas avec toi. Nous n'avons pas nagé jusqu'ici ensemble et, en arrivant, tu portais encore tes sous-vêtements. Je veux te voir sous l'eau, nue comme au jour de ta naissance. Tu me fais déjà penser à une sirène.

— Le problème, c'est que je n'ai pas de queue, observa-t-elle en remuant ses orteils.

— C'est un détail que je suis tout disposé à ignorer.

— Tu as une multitude de fantasmes, Tommy.

— Lorsqu'il s'agit de toi, c'est vrai, convint-il. Aucune autre femme ne m'a jamais obsédé comme toi. Pense seulement à toutes ces années où j'ai flirté avec toi, dans l'espoir que tu répondrais à mes avances alors que d'autres femmes se jetaient à mon cou.

— Cela, c'est facile à expliquer.

— Ah, bon ? fit-il, fronçant les sourcils.

— Je représentais un challenge et la difficulté t'excitait.

Or il devait admettre qu'il n'avait toujours pas renoncé.

— À part toi, je n'ai jamais fait la cour à une femme susceptible de me rejeter, déclara-t-il.

— Il n'y a pas de quoi se vanter, répliqua-t-elle.

— Que je fasse preuve d'humilité avec toi t'amuse ?

— Peux-tu m'en blâmer ? D'ordinaire, tu es si sûr de toi...

— Je fais juste semblant, assura-t-il. Sérieusement, Sophie, je sais que mon incapacité à m'engager dans une vraie relation joue contre moi.

— Il est vrai que je n'aurais pas fait l'amour avec toi s'il n'y avait pas eu la question du bébé.

— Et cela prouve la profondeur de notre amitié, observa-t-il, caressant lentement son corps, ce qui la fit frissonner.

— Tu es le meilleur ami que j'aie jamais eu, c'est vrai, reconnut-elle. Même si tu me rends folle.

— Est-ce le cas à cet instant précis ? murmura-t-il en se rapprochant encore.

— Absolument, convint-elle dans un soupir.

Et, pour mieux lui montrer combien elle avait besoin de lui, elle aussi, Sophie entreprit de lui rendre ses caresses.

Après qu'ils eurent fait l'amour pour la seconde fois, Sophie se blottit dans ses bras. D'humeur romantique, elle se sentait bien.

— Je n'aurais pas dû dire ce que je t'ai dit tout à l'heure, murmura-t-elle.

— Quoi donc ? s'enquit-il en lui caressant le dos.

— Que tes ballades étaient sirupeuses. Tes slows ont toujours été mes airs préférés.

— Je ne me sens pas du tout offensé par ta remarque, assura-t-il. Tout le monde sait que l'amour n'est pas mon fort. Si j'ai beaucoup écrit sur ce thème, c'est parce que je connais l'effet de ce sentiment sur d'autres personnes. L'amour peut leur apporter bonheur ou tristesse, les rendre euphoriques ou les briser. Te souviens-tu à quel point Conrad, mon bassiste, a souffert lorsque son épouse l'a quitté ?

— Comment pourrais-je l'oublier ? Le pauvre était dévasté, mais comme beaucoup de musiciens sur tes tournées, Conrad n'était pas un modèle de fidélité, lui non plus.

— J'essaie de ne pas me mêler des affaires privées des membres du groupe, mais j'avoue que ces coucheries m'agacent, moi aussi. Lorsque je les vois tromper leur épouse et leur petite amie, je pense à la façon dont mon père traitait ma mère et à ce stupide arrangement qu'ils avaient. Je n'ai jamais compris ce que ma mère y gagnait.

— Probablement rien, dit-elle. À l'évidence, Kirby ne respectait même pas les règles qu'il avait établies. Penses-tu que la relation de tes parents soit à l'origine de ta réticence à t'engager sérieusement ?

— Je ne sais pas, répondit-il en soupirant. Sans doute. La relation que nous vivons en ce moment est ce qui s'en rapproche le plus et elle n'est pas censée durer.

— Ceci ? s'exclama-t-elle. Notre relation ? Tu as raison, ce n'est que temporaire, déclara-t-elle comme il hochait la tête en silence.

Mais, tant que cette relation durait, elle désirait en profiter au maximum. Pourvu seulement que ça ne lui manque pas trop lorsque ce serait terminé. Qu'elle ne reste pas éveillée nuit après nuit, enceinte et seule dans son lit, à se demander ce qu'il faisait et avec qui. Pour empêcher son esprit de dériver dans cette direction, elle lui mordilla le bras. La dernière chose au monde qu'elle désirait, c'était de se languir de lui comme elle le faisait durant son adolescence.

— Aïe ! fit-il en riant. Pourquoi tant d'agressivité ?

— C'est ta punition.

— Pourquoi dois-je être puni ?

— Pour être un si bon amant.

Et aussi pour avoir suscité de douloureuses pensées. Mais cela, bien sûr, elle s'abstint de le lui avouer.

— Dans ce cas, répliqua-t-il en la recouvrant de son corps, je vais devoir te mordre aussi, parce que tu excelles dans ce domaine autant que moi. Et maintenant, nous devrions aller nager nus, suggéra-t-il en plongeant son regard au fond du sien.

— Oui, pourquoi pas ? Ensuite nous allons revenir ici ou retourner dans la maison ?

— À toi de choisir.

— Dans ce cas, ce sera la maison, décida-t-elle, peu désireuse de laisser leurs vêtements et leurs masques dehors toute la nuit — et moins encore ces bijoux qu'il disait regretter de ne lui avoir pas déjà offerts.

— Alors, allons-y.

En repartant, il enclencha à nouveau l'alarme, puis ils plongèrent dans l'eau avec un ensemble parfait. Elle avait l'impression d'être une sirène, mince, lisse et libre. Tandis que Tommy était sa divinité aquatique, glissant sans effort à ses côtés à travers l'eau claire.

Ils remontèrent à la surface et il nagea jusqu'à un siège bâti dans un coin de la piscine. Elle l'y suivit et ils partagèrent cet espace, aussi proches l'un de l'autre qu'il était possible à deux êtres vivants. Nus et ruisselants, ils s'embrassèrent. S'aventurant plus loin, elle grimpa sur ses genoux afin de déclencher une érection juste pour s'amuser.

Après cela, ils jouèrent dans l'eau, s'éclaboussant et s'embrassant encore. Elle fit la planche, sa chevelure étalée autour d'elle comme une couronne sombre. Tommy la couvait d'un regard brûlant de désir.

Un instant plus tard, ils ressortirent de la piscine. Du local technique, Tommy sortit de luxueux peignoirs de bain et des serviettes. Ils se séchèrent et se couvrirent.

— Ce bain de minuit avec moi a-t-il nourri tes fantasmes ? le taquina-t-elle alors qu'ils se préparaient à rassembler leurs affaires pour retourner dans la maison.

— Oui ! reconnut-il avec un sourire d'adolescent. Aucun doute là-dessus.

Elle songea à ses propres fantasmes de vilaine fille et à son désir d'être observée. Elle s'était convaincue d'être trop timide pour passer à l'acte, mais une partie d'elle-même désirait désespérément essayer. Tommy serait-il choqué si elle lui faisait cet aveu ? Elle ne doutait pas une seconde que cette suggestion attiserait son désir. Mais elle se tut, faute d'être prête.

Cela ne l'empêchait pas de se sentir très sexy. Elle l'attira contre elle, pour un long baiser passionné. Et leurs mains se perdirent sous les peignoirs moelleux afin de caresser la chair brûlante de l'autre.

Cesseraient-ils un jour de se désirer ainsi ?

La partie encore lucide de l'esprit de Sophie lui soufflait que oui. Sitôt qu'elle serait enceinte et que leur fulgurante aventure se désintégrerait au contact de la réalité.

Une semaine après le bal masqué, Sophie rentra du bureau et se changea en vêtements confortables. Elle adorait être rentrée à 17 h 30 et avoir le reste de la soirée pour elle. Et, avant tout, elle appréciait son nouveau job d'assistante de la productrice de Tommy. Sophie savait déjà gérer une tournée ; à présent, Barbara l'aidait à se familiariser avec la promotion, le marketing et le volet financier de l'entreprise. Cette journée-là s'était avérée particulièrement intéressante. Alors qu'elles parcouraient ensemble les contrats et les négociations en cours, Barbara avait mentionné une proposition très lucrative de participation à une émission de téléréalité que Tommy avait toujours rejetée.

Étrangement, il n'en avait jamais soufflé mot à Sophie. À l'évidence, il ne la mettait pas au courant de tous les détails de sa carrière… Ni de sa vie personnelle, d'ailleurs. Elle en apprenait encore des détails tous les jours. Principalement dans le domaine sexuel. Or désormais, elle connaissait ses préférences au lit.

Entre-temps, ses propres fantasmes érotiques revenaient en force. Devait-elle y céder ? L'idée d'être une très, très vilaine fille l'excitait de plus en plus. Mais elle n'avait pas encore trouvé le courage de franchir le pas.

Refoulant ces pensées dérangeantes, elle se rendit dans la cuisine et ouvrit le réfrigérateur, sachant que le chef, qui connaissait ses goûts, lui laissait toujours un petit en-cas.

— Je vois que vous avez trouvé le plat que le chef avait laissé pour vous, remarqua Dottie, entrant d'un pas alerte dans la cuisine.

Ses yeux bleus pétillaient de bonne humeur.

— Oui, répondit Sophie avec un sourire. Brian me gâte depuis mon arrivée. Je l'adore.

Brian, le chef, était un homme discret d'une cinquantaine d'années, avec une calvitie luisante et un cœur immense.

— Où est-il ? s'enquit Sophie. Je ne l'ai pas vu.

— Il a quitté son travail plus tôt, aujourd'hui, expliqua Dottie. Il avait rendez-vous avec une dame.

— Vraiment ? s'exclama Sophie, intriguée. J'ignorais que le chef avait une petite amie.

— C'est leur tout premier rendez-vous. Ils se sont connus sur un site de rencontres en ligne. Un site réservé aux seniors, précisa-t-elle avec une grimace comique. Tommy va envoyer quelqu'un chercher des pizzas pour le dîner de ce soir.

— Bonne idée, approuva Sophie. Où est-il d'ailleurs ?

— Il travaille dans son studio. Mais il devrait bientôt faire une pause. Il a pris vos chiens avec lui.

Hokey et Pokey, ses deux chiens, se pavanaient dans la maison comme s'ils étaient chez eux et la façon dont Tommy les gâtait ne faisait rien pour les détromper.

— Régalez-vous, fit Dottie. Le chef a l'art de préparer des snacks délicieux. Il a préparé tous les plats pour la fête d'anniversaire de ma nièce. Les enfants étaient absolument ravis.

— Quel âge a votre nièce ?

— Kelly a cinq ans et en réalité je suis sa grand-tante, répondit Dottie, sortant son téléphone pour lui montrer la photo d'une petite fille souriante au visage constellé de taches de rousseur.

— Elle est adorable. Jolie comme un cœur.

— Je suis du même avis, convint Dottie. Mais, bien sûr, mon jugement est biaisé. À présent, je crois que je vais me retirer, pour me reposer un peu.

Sophie hocha la tête. Dottie était la gouvernante de Tommy et elle vivait dans la maison depuis le décès de son mari. N'ayant jamais eu d'enfants, elle n'avait pas de petits-enfants. Elle était donc très dévouée à Tommy même si elle n'approuvait pas toujours son style de vie.

— Vous faites un travail merveilleux dans cette maison, Dottie, déclara Sophie.

— Merci, c'est gentil. Venant de vous, ce compliment me va droit au cœur. Bon appétit.

— Je crois que je vais sortir dans le jardin pour admirer le tigre que Tommy a acheté.

— Heureusement, il ne s'agit que d'une sculpture. Vous devriez peut-être envoyer un texto à Tommy pour lui indiquer où vous vous trouvez, au cas où il désirerait vous voir durant sa pause. Sinon, il va retourner toute la maison pour vous retrouver.

— Je le ferai, promit Sophie.

Elle se munit d'une bouteille d'eau et sortit de la cuisine par la porte de derrière pour se rendre dans le jardin. L'air s'était rafraîchi, mais pas au point de nécessiter le port d'une veste, en tout cas pour l'instant.

Elle alla s'asseoir sur le banc face au tigre aux yeux d'ambre et envoya un texto à Tommy. Comme il ne répondait pas, elle entreprit de déguster ses friandises. Elle les avait bien entamées lorsque son téléphone lui signala qu'elle avait reçu un message. Tommy était en chemin pour venir la voir.

Il apparut bientôt, beau à couper le souffle et incroyablement masculin avec son jean impeccable et ses bottes texanes un peu éraflées. Il prit place à côté d'elle sur le banc.

— Comment vas-tu, ma Sophie ?

— Bien, répondit-elle. Où sont mes chiens ? Dottie me disait qu'ils étaient avec toi.

— Ils dorment dans mon studio. Tout à l'heure, ils ont regardé des vidéos d'animaux sur Internet.

— Ils ont choisi ce site eux-mêmes ? ironisa-t-elle.

— Je les ai peut-être un peu aidés, reconnut-il avec un sourire.

— Sûrement, opina-t-elle en lui tendant la boîte des snacks. As-tu faim ?

— Je veux bien goûter une de ces petites merveilles. Je vois que le chef t'a encore gâtée. Tout le monde adore t'avoir ici. Je ne suis pas sûr de vouloir te laisser repartir.

Au train où allaient les choses, elle n'était pas sûre de vouloir s'en aller elle-même. Mais, bien entendu, elle n'était pas encore enceinte, il n'y avait donc aucune urgence.

Le moment venu, elle renoncerait à cette lubie obsessionnelle de devenir la compagne de Tommy et elle retournerait vivre dans sa propre maison. Le terme qui lui était venu à l'esprit la fit sourire. Sa « compagne ». Le mot décrivait une réalité qui n'était pas la leur. Leur relation n'était que temporaire.

— Comment cela s'est-il passé au bureau, aujourd'hui ? s'enquit-il, goûtant une nouvelle préparation.

— N'est-ce pas curieux ? remarqua-t-elle. Je m'apprêtais justement à aborder ce sujet. Barbara m'a parlé de la proposition des producteurs de *Music Mentors*. Visiblement, ils tiennent beaucoup à ce que tu participes à l'émission. Je ne comprends pas pourquoi tu refuses au moins d'y réfléchir.

— Parce que le contrat m'oblige à remplir ce rôle de mentor durant deux ans et à mettre entre parenthèses mes propres tournées. Ensuite, lors de mes tournées ultérieures, je serais tenu de présenter mes protégés en première partie de mes spectacles, tout cela sous le contrôle exclusif de la production.

— Oui, mais les tournées qu'ils organisent sont souvent d'une qualité exceptionnelle. De plus, je suis sûre que tu adorerais faire le tour des clubs à la recherche des nouveaux talents de demain. Ton nom a beaucoup de poids dans la profession. Tu serais libre de choisir toi-même tes protégés. Et le tournage aurait lieu ici même, à Nashville.

— Je reconnais qu'il serait agréable d'aider de nouveaux talents à percer dans le business. Mais faire de la télévision me contraindrait trop. J'ai besoin de plus de liberté.

— Alors, il est sans doute inutile de continuer à en discuter, même si la somme qu'ils t'offrent est astronomique.

C'était même un record absolu. La production n'avait jamais offert autant d'argent à aucune de ses stars. Sauf que Tommy était la personnalité idéale pour une émission de téléréalité et, à l'évidence, les producteurs l'avaient senti.

Tommy se contenta pourtant de hausser les épaules.

— Je crois que je devrais retourner dans mon studio, déclara-t-il.

— Très bien. Alors, je te verrai plus tard, pour la pizza.

— Tu es déjà au courant, à ce que je vois. Tu sais que le chef a pris le reste de sa journée pour se rendre à un rendez-vous galant ? Cela me rappelle que je ne t'ai pas embrassée depuis ce matin.

Sur ces mots, il approcha son visage tout près du sien et le cœur de Sophie se mit à battre très fort. Elle se sentait merveilleusement excitée. Lorsqu'il l'embrassa, elle décida de vivre tous ses fantasmes dans la réalité. Ce soir même. Avec lui. En toute liberté.

À ce stade, il n'y avait plus aucune raison de retarder ce moment. Elle avait le droit d'explorer sa sexualité, de se libérer de toutes les contraintes ordinaires.

— Tu vas trouver cette nuit très excitante, murmura-t-elle.

— Toutes mes nuits avec toi sont très excitantes, Sophie, répondit-il en effleurant sa joue d'une caresse.

— Je peux t'exciter bien davantage, répliqua-t-elle avec un délicieux sentiment de puissance féminine. Mais tu vas devoir attendre pour découvrir ce que j'ai en tête. Et tu vas devoir me le demander en répétant trois fois « s'il te plaît ».

— Sans même savoir ce que je demande ? s'étonna-t-il.

— Exactement.

Le fait même qu'il ne sache rien rendait la chose plus excitante encore. Elle en avait besoin. Vraiment besoin.

— Quand j'étais petite, tu m'obligeais à te dire « s'il te plaît » trois fois lorsque j'attendais quelque chose de toi. Mais tu ne cédais pas toujours.

— Je cède maintenant, constata-t-il d'une voix qui n'était plus qu'un murmure. Je te supplie à genoux.

— Dans ce cas, conclut-elle, quel autre choix me reste-t-il ?

Elle allait vivre son propre fantasme et, par la même occasion, lui offrir une nuit qu'il n'oublierait jamais.

9

À l'heure du coucher, Tommy s'attendait à ce que Sophie se déshabille, mais elle garda son jean et son chemisier. Elle lui avait demandé de rester habillé, lui aussi. Alors il était là, habillé de pied en cap, sans trop savoir ce qui l'attendait.

Pour le moment, se contentant de l'ignorer, elle était allée chercher deux chaises dans l'alcôve réservée aux repas, pour les placer en plein milieu de la chambre, mais pas trop près l'une de l'autre, laissant une distance respectable entre elles. Tout à l'heure, elle lui avait promis une nuit particulièrement excitante et il était intrigué par le mystère dont elle s'entourait.

— Voici ta chaise, annonça-t-elle en désignant celle de droite. Et celle-là, c'est la mienne.

— Que dois-je faire, maintenant ? s'enquit-il, notant que la chaise qu'elle s'était réservée était placée dans la pénombre.

— Assieds-toi et sois sage, c'est tout.

S'il n'avait été si fasciné par ce qu'elle lui préparait, il aurait peut-être éclaté de rire. Ses façons autoritaires étaient adorables.

— Puis-je au moins ôter mes bottes ? s'enquit-il en prenant place sur la chaise.

— Non.

— Pourquoi pas ?

— Parce qu'elles sont sexy et que j'adore te voir les porter.

Pour lui, elles étaient simplement vieilles et poussiéreuses, mais pourquoi protester ?

Elle le toisa un moment de la tête aux pieds, le soumettant

à une évaluation qu'il ne pouvait même pas commencer à comprendre. Puis, elle ordonna :

— Écarte tes jambes davantage.

Il était déjà un peu affalé sur la chaise, les jambes largement écartées, mais il n'était pas assez bête pour protester. Alors il obtempéra, sans pouvoir s'empêcher de demander :

— Pour quelle raison dois-je m'asseoir de cette façon ?

— À part le fait que j'adore te voir ainsi ? Aucune.

— Pourrais-je déboutonner mon jean pour soulager la pression ? supplia-t-il, frissonnant jusqu'aux pointes de ses bottes.

— Non. Je m'en chargerai moi-même. Plus tard.

— Tu me fais souffrir le martyre, Sophie, gémit-il.

Mais il adorait cela. Et il était impatient de découvrir ce qu'elle lui réservait ensuite.

— C'est agréable, non ? remarqua-t-elle en s'asseyant à sa place.

— Si par « agréable » tu entends « très excitant », alors oui, convint-il, le souffle coupé. C'est ce que l'on m'a fait de plus agréable de toute ma vie. Aucune femme ne m'a jamais torturé de cette manière.

— Pour ton information, c'est cela, mon fantasme, Tommy. Une situation que j'avais toujours imaginée, un désir secret que je gardais en moi. Puis, tu m'as suggéré que tu aimais que tes petites amies le fassent et alors…

Tommy la dévisagea, ébahi. Soudain, il comprenait tout.

— Je vais pouvoir te regarder, balbutia-t-il.

— Oui.

Elle ôta son soutien-gorge en gardant son chemisier, manœuvrant pour le tirer par-dessous l'ourlet d'un geste assuré. Il en resta bouche bée. Elle allait réellement tenir sa promesse et lui offrir la nuit la plus excitante de toute sa vie.

Elle laissa tomber son soutien-gorge sur le sol. Les pointes de ses seins tendaient le tissu de son chemisier. Il avait entendu dire que les aréoles des femmes devenaient plus sombres avec la grossesse. Serait-ce le cas chez elle aussi ?

— Je ne vais pas ôter mon jean, annonça-t-elle. Je vais seulement... Voilà.

Elle tira la fermeture à glissière et fit glisser le jean tout juste assez pour exposer sa culotte.

Il expira d'un seul coup l'air qu'il retenait dans ses poumons. Cette culotte minuscule était faite de fine dentelle, avec un joli petit ruban noué sur le devant. Lorsqu'elle glissa sa main sous l'élastique, il crut qu'il allait perdre la raison.

Sa main fine glissa plus bas et il l'observa, fasciné par sa pudeur naturelle, par sa douce sensualité. Tout l'excitait chez elle, ses lèvres de corail, l'expression rêveuse de ses yeux, sa magnifique chevelure cascadant en boucles sur ses épaules.

À présent, elle se caressait lentement.

— Est-ce ainsi que tu fais ? murmura-t-il. Très doucement ?

— Oui, répondit-elle d'une voix un peu haletante.

— T'est-il déjà arrivé de penser à moi en le faisant ?

— Oui, avoua-t-elle. Souvent. Plus souvent que je ne saurais m'en souvenir.

— Tu es belle, ainsi. Tu es magnifique.

— Je pourrais peut-être...

Elle tira son jean plus bas sur ses cuisses. Puis, elle baissa aussi partiellement sa culotte de dentelle. À présent, il apercevait la partie supérieure de son mont-de-vénus. Elle devenait plus brave, renonçait peu à peu à toute timidité. Il ne parvenait pas à détacher son regard de la scène.

— Sophie, je veux te voir atteindre l'orgasme, supplia-t-il. Fais-le pour moi, s'il te plaît.

Elle lui coula un regard langoureux par-dessous ses longs cils, visiblement déterminée à le séduire et adorant chaque seconde de la situation. Et il devait admettre qu'elle y avait réussi. Il était prisonnier de ce regard.

Elle écarta ses jambes davantage et il cessa totalement de respirer. Puis, ondulant des hanches, elle accéléra le mouvement de ses doigts. Il vivait un moment de pure perfection. De brûlant érotisme. Il était envoûté.

Lorsqu'elle bascula enfin dans l'éblouissement final, son orgasme lui parut le plus merveilleux spectacle de l'univers, un instant de douceur et de beauté.

Le mot « agréable » prenait à présent tout son sens.

Le doux gémissement qui s'exhala de ses lèvres était chargé d'une émotion qu'il absorba comme un élixir de vie. Puis elle soupira et retira sa main de la dentelle blanche.

Il attendit un instant qu'elle ait repris ses esprits, avant de murmurer :

— C'était un moment incroyable. Merci de m'avoir permis d'y participer.

— J'avais besoin de le faire pour me débarrasser de mes inhibitions, répondit-elle avec un sourire sensuel. Mais, maintenant, c'est ton tour de te sentir bien.

— Je me sens déjà très bien, assura-t-il, totalement captivé.

— Alors, c'est ton tour de te sentir mieux encore, répliqua-t-elle en se levant pour remettre de l'ordre dans sa tenue. Ceci fait aussi partie de mon fantasme.

Elle s'agenouilla devant lui et leurs regards se rivèrent un instant l'un sur l'autre. Puis, sans un mot, elle déboutonna son jean et le libéra, exposant la preuve imposante de son désir.

Lorsqu'elle inclina la tête pour le prendre dans sa bouche, il ferma les yeux et l'univers tout entier s'effaça. Rien n'exista plus, hormis le plaisir infini qu'elle lui offrait.

Tommy et Sophie avaient passé toute la semaine suivante à œuvrer diligemment pour la cause du bébé, en s'y reprenant autant de fois que nécessaire. Aujourd'hui, il attendait nerveusement devant la porte de la salle de bains qu'elle en ressorte. Les règles de Sophie avaient quatre jours de retard, et elle effectuait un test de grossesse. D'après la notice, le test en question pouvait être efficace après une seule journée de retard des règles. Quatre jours lui semblaient donc plus que suffisants pour un résultat tout à fait probant.

— Alors, qu'est-ce que cela dit ? s'enquit-il anxieusement dès que la porte se rouvrit. C'est oui ou c'est non ?

— Cela dit que nous avons réussi, Tommy ! s'exclama-t-elle en se jetant dans ses bras. Nous allons avoir un bébé !

Il la fit tournoyer autour de lui comme il le faisait lorsqu'ils étaient adolescents. Tommy ne se souvenait pas de s'être jamais senti aussi excité, pas même lorsque son premier CD avait été classé numéro un des ventes dans le pays. Rien ne pouvait se comparer au miracle d'avoir créé une vie. Un minuscule embryon dans son ventre qui deviendrait un être humain. Comment ne pas s'émerveiller qu'une si petite chose ait un destin aussi monumental ?

Ils cessèrent de tournoyer pour rire aux éclats. Sophie allait être mère. Elle allait enfin mettre au monde le bébé qu'elle désirait si ardemment.

Un instant plus tard, ils retombèrent dans un agréable silence. Il releva l'ourlet de son T-shirt pour poser doucement sa main sur son ventre.

— Merci d'avoir fait cela pour moi, murmura-t-elle, les yeux brillants de larmes retenues.

— Tout le plaisir a été pour moi, assura-t-il, stupéfait et émerveillé d'avoir réussi sa mission de donneur.

Que ressentirait un vrai père dans un pareil instant ?

Il refoula aussitôt cette pensée. Cela ne faisait pas partie du plan. Avoir un homme comme lui pour père n'était pas dans l'intérêt de cet enfant. Malgré tout, il ne pouvait s'empêcher de se demander s'il aurait été un père aussi horrible qu'il le pensait, la veille encore. Au demeurant, cela n'avait aucune importance. C'était le bébé de Sophie. Il avait signé un contrat qui le stipulait, noir sur blanc. D'ailleurs, ce qu'il ressentait n'était qu'un débordement d'orgueil masculin. Il était fier que Sophie soit enceinte de ses œuvres. Aucun rapport avec un quelconque désir de devenir père.

— Alors, que faisons-nous maintenant ? s'enquit-il.

— Je vais appeler mon médecin et prendre rendez-vous,

répondit-elle en reculant d'un pas, pour se dégager de son étreinte.

C'était une réponse logique, mais sa question avait un objet plus personnel.

— Puis-je l'annoncer à ma famille ? insista-t-il. Ou à Dottie et au chef ? À Barbara ? Après tout, tu travailles tous les jours avec elle.

— Nous pouvons l'annoncer à tous nos proches, mais je ne veux pas que la nouvelle devienne publique. Il est trop tôt. Je désire attendre jusqu'à ma douzième semaine avant que nous ne fassions une annonce officielle. Le premier trimestre est le plus délicat. Je ne veux pas le compromettre de quelque manière que ce soit.

— Tu ne devrais peut-être pas rentrer chez toi tout de suite, remarqua-t-il, soudain inquiet. Il vaudrait peut-être mieux que tu restes ici encore un peu.

— Tout se passera bien, Tommy.

— Je sais, mais cela me semble tout de même plus prudent. En outre, j'aimerais pouvoir être le témoin de tes progrès, jour après jour. Et, si ma compagnie ne te pèse pas trop, je serai ravi de t'accompagner à toutes tes consultations prénatales.

— Vraiment ? répondit-elle, étonnée par sa proposition. Merci. C'est très gentil de ta part.

Encouragé par ce succès initial, il risqua une autre proposition, plus périlleuse celle-là :

— Tu peux aussi continuer à dormir dans ma chambre.

— Je te rappelle que nous devions mettre fin à cette facette de nos relations dès que je serais enceinte.

— Je sais, reconnut-il. Mais cela ne signifie pas que notre relation doive se terminer tout de suite, surtout si nous l'apprécions toujours, toi et moi.

Il n'était pas prêt à la laisser partir, en fait. Pas encore. Et il espérait sincèrement qu'elle n'était pas prête à se débarrasser de lui non plus. Il désirait juste qu'ils restent encore un peu ensemble.

— Je l'apprécie, c'est vrai, reconnut-elle, soutenant tranquillement son regard.

— Moi aussi. Alors, que dirais-tu de continuer ?

Il vit qu'elle retenait son souffle. Allait-elle accepter ? Ou déciderait-elle de s'en tenir à leur plan initial et retournerait-elle vivre seule dans sa propre maison ? Il attendit, espérant que sa décision lui serait favorable.

— Je vais rester, déclara-t-elle enfin.

Ils se dévisagèrent un instant en silence, puis elle s'empressa d'ajouter :

— Mais lorsque ma grossesse sera plus avancée, à la fin de ce premier trimestre, je rentrerai chez moi. Aucune discussion. Ce plan te convient-il ?

— Oui, naturellement, répondit-il. D'ailleurs, à ce moment-là, je serai sans doute reparti sur les routes. Je vais essayer d'ajouter quelques dates à ma prochaine tournée.

— Tu devrais te dépêcher de recruter une nouvelle personne pour organiser tes tournées, observa-t-elle. Mais peut-être as-tu déjà trouvé quelqu'un ?

— Non, pas encore, convint-il. Le problème, c'est que tu occupes toutes mes pensées.

— Moi, et mon désir de grossesse ? le taquina-t-elle.

— Exactement.

Là-dessus, il la serra à nouveau dans ses bras, posant la main sur son ventre, là où le bébé allait grandir.

Le lendemain matin, assise en face de Tommy sur la terrasse, Sophie picorait son petit déjeuner. Cette nuit-là, elle avait à peine fermé l'œil. Ne commettait-elle pas une erreur en restant chez lui ? En dormant dans son lit ? Une femme totalement libre de ses sentiments serait retournée à sa propre vie.

Poussant distraitement ses œufs du bout de sa fourchette, elle releva les yeux vers lui. Et si elle n'avait plus envie de partir, plus tard ? Et si elle en venait à désirer vivre une vraie relation avec Tommy, un engagement réel, profond et durable ?

Ce serait catastrophique.

— Risques-tu de souffrir de nausées matinales ? s'enquit-il, rompant le silence.

— Je n'en sais rien. C'est le lot de la plupart des femmes, mais il doit bien exister des moyens d'y faire face. J'en parlerai avec mon médecin, pour me renseigner.

Il se servit une seconde tasse de café. Sophie s'était contentée d'une tisane. Elle savait que la caféine n'était pas indiquée durant la grossesse.

— Quand comptes-tu appeler ton médecin ? s'enquit-il.

— Aujourd'hui même, dès l'ouverture du cabinet. J'espère pouvoir obtenir un rendez-vous dans les jours à venir. Mais il serait peut-être préférable que tu ne m'accompagnes pas, ni ce jour-là ni aux autres consultations.

— Pourquoi ? s'étonna-t-il, fronçant les sourcils.

Parce que sa présence dans ce contexte la rapprocherait encore de lui et qu'elle menait déjà une rude bataille contre ces dangereux sentiments. Mais, naturellement, elle se garda bien de le lui expliquer.

— Je pense que cela créerait des problèmes, répondit-elle. Tu es trop célèbre pour t'asseoir dans la salle d'attente de mon médecin sans que quelqu'un te reconnaisse. Et comme il s'agit du cabinet d'un gynécologue obstétricien, certaines personnes pourraient se demander ce que tu fais là. Une patiente prendrait peut-être une photo de toi pour la poster sur Twitter. Les médias commenceraient leurs spéculations, et notre plan de garder le secret sur notre arrangement tomberait à l'eau.

— Nous demanderons simplement à utiliser une entrée privée, comme je le fais chez mon propre médecin.

— Je ne veux aucun traitement spécial. De plus, il suffirait que l'une des jeunes infirmières soit fan de ta musique pour déclencher le même cirque.

— Hier soir, tu n'y voyais aucun inconvénient.

— Depuis, j'y ai mieux réfléchi.

— Je comprends que ma célébrité puisse paraître pesante à mon entourage, quelquefois. Mais en parlant de cirque, tu exagères. Je peux m'arranger pour que tu disposes d'un médecin personnel qui viendrait faire ses visites à la maison.

— Tommy, non, c'est ridicule ! Je préfère consulter mon propre médecin à son cabinet. Et je voudrais le faire seule.

— Soit, capitula-t-il en soupirant. Mais lorsque j'annoncerai que j'ai servi de donneur pour que tu aies ton bébé, tu vas devoir affronter les médias.

— Je le sais. Sauf qu'à ce stade je m'y serai préparée. Sans compter que je n'habiterai plus ici, mais chez moi. Et toi, tu seras occupé à préparer ta tournée.

Ils seraient devenus des entités séparées ou, en tout cas, c'était ce qu'elle avait prévu.

— Mais tu vas rester ici durant les douze prochaines semaines comme tu me l'as promis, n'est-ce pas ? s'enquit-il d'un air inquiet. Tu n'as pas changé d'avis ?

Oui, elle allait rester, mais elle était terrifiée. Rien ne pourrait être pire que de tomber amoureuse de lui. Ce serait un pur désastre, elle le savait. Pourtant, même dans l'état de panique où elle se trouvait, elle n'était pas encore prête à renoncer totalement à lui.

— Alors ? insista-t-il. As-tu encore des doutes ?

— Non, pas du tout, mentit-elle, repoussant l'idée dérangeante de leur séparation à plus tard. Je vais rester.

— J'en suis sincèrement heureux, déclara-t-il, esquissant un sourire malicieux. Tu es plus belle que jamais, Sophie. Très sexy. La grossesse te va bien.

— Tu dis cela maintenant, répliqua-t-elle d'un air faussement sévère. Le hic, c'est que tu ne me trouveras plus aussi sexy lorsque mes hormones auront commencé à œuvrer.

— Rien ne pourra jamais émousser mon désir pour toi, répliqua-t-il avec un sourire charmeur. Et maintenant, viens ici, petite maman, et assieds-toi sur mes genoux.

Elle adorait qu'il l'appelle « petite maman ». Était-ce mal ? Avait-elle tort de le désirer autant qu'il semblait la désirer ?

— Il n'est pas question que nous nous lancions dans une étreinte haletante au petit déjeuner, répondit-elle. Mais si tu me promets d'être très sage, je pourrai peut-être venir te donner un long baiser langoureux.

— Je ne bougerai pas un cil, je te le promets.

Elle quitta sa place et fit le tour de la table pour aller s'asseoir sur ses genoux, nouant les bras autour de son cou. Réprimant un gémissement, il posa sa bouche sur la sienne. Ce fut un long baiser très doux. Lorsqu'elle y mit fin, il effleura de ses lèvres sa joue veloutée.

— Alors, quoi de neuf dans ta vie ? murmura-t-elle. À part avoir fait un enfant à ta meilleure amie ?

— Tu es très drôle, le savais-tu ? À vrai dire, je songeais à un petit tour au Texas pour voir Matt. Et j'aimerais énormément que tu viennes avec moi. Si ton médecin t'autorise à voyager, aimerais-tu m'accompagner ? Peut-être même le week-end prochain ?

— Vraiment ? Si vite ? Au fond, un petit voyage me ferait peut-être du bien. Je vais poser la question à mon médecin, mais je suis sûre qu'il n'objectera rien. Des femmes enceintes voyagent tous les jours.

— Je vais devoir appeler Matt pour régler les détails, mais il a dit que je pouvais passer n'importe quand. Il serait certainement beaucoup plus amusant de partager cette expérience avec toi. Et, comme Libby fait de fréquents allers-retours au Texas et qu'elle compte s'y rendre ce week-end, nous pourrions lui offrir une place dans mon jet. Ainsi, nous ferions le voyage ensemble, tous les trois.

— C'est une très bonne idée. Ce sera une excellente occasion de mieux connaître ton frère.

Et cela lui permettrait de revoir Libby. Avec tous les événements qui se bousculaient, elles ne s'étaient plus recroisées depuis le pique-nique chez Kirby.

— Alors, c'est décidé, déclara-t-il en la berçant doucement sur ses genoux. Comme il s'agit d'un ranch touristique, nous ne manquerons pas d'activités possibles. À cette époque de l'année, il fait très beau, là-bas. Bien entendu, nous ne pouvons pas révéler que Matt est mon frère pour le moment, ajouta-t-il après une pause. Mais Matt et moi avons déjà concocté une histoire. Nous sommes censés être amis.

Sophie acquiesça. Elle comprenait qu'il s'agissait de garder l'identité de Matt secrète jusqu'à la parution du livre. Comme elle-même gardait le secret sur sa grossesse jusqu'à ce qu'elle soit plus avancée.

Mais c'était son cœur qu'elle devait protéger avant tout. En veillant à ce qu'il reste très, très loin de Tommy.

Sophie était habituée à voyager dans le jet privé de Tommy. C'était l'avion qu'il utilisait pour ses tournées. À cet instant, il s'était retiré dans son espace de repos. Avec Libby, elles étaient assises ensemble dans la cabine principale.

— Quel luxe incroyable ! s'exclama Libby, ses grands yeux bleus brillants d'excitation. Jusqu'à aujourd'hui, je n'avais connu que les vols commerciaux. Mais si Kirby paie pour que je voyage en première classe, je ne vais pas me plaindre.

— Progressez-vous avec cette fameuse biographie ? s'enquit Sophie, sincèrement intéressée.

— Nous n'en sommes qu'au premier jet, malgré tout, oui nous avançons, assura Libby. Je dois encore conduire quelques interviews, mais je peux terminer ce chapitre-là plus tard. Je dois aussi parler avec Tommy et vous de cet arrangement que vous avez conclu concernant le bébé, et du rôle de Tommy comme simple donneur. Je dois savoir ce que vous acceptez de publier.

— Nous parlerons de tout cela ce week-end. Au fond, peu importe, car après la parution de votre ouvrage, tout le monde connaîtra l'identité de mon donneur.

— C'est vrai, mais il est important que je raconte votre

histoire de manière à ne pas vous embarrasser. Par exemple, puis-je révéler le fait que vous vivez sous le même toit ?

— Cela ne sera plus le cas à ce moment-là, remarqua Sophie, le cœur serré.

À l'évidence, Libby savait déjà que Tommy et elle étaient amants. Kirby le lui avait probablement confié. Aussi crut-elle nécessaire de préciser :

— Tommy et moi avions convenu que je m'installerais chez lui jusqu'à ce que ma grossesse soit avérée. Depuis, j'ai accepté de prolonger un peu mon séjour, mais un jour, je rentrerai chez moi.

La blonde Libby lui adressa un sourire éblouissant.

— En êtes-vous bien certaine ? S'il s'était agi d'un donneur ordinaire, vous ne vous seriez sans doute même pas rencontrés. De plus, aujourd'hui, vous êtes enceinte, et vous êtes toujours ensemble. Pour moi, cela ressemble davantage à une relation qu'à un contrat d'affaires.

— C'est une fausse impression, assura Sophie, défendant cette sottise bec et ongles. Nous ne resterons ensemble que jusqu'à la fin de mon premier trimestre. Ensuite, je rentrerai chez moi.

— Et... Vous cesserez de dormir ensemble ?

— Oui, bien entendu, répondit-elle, s'efforçant de prendre un air assuré, peu désireuse de reconnaître qu'elle était terrifiée à l'idée de tomber amoureuse de Tommy.

— J'espère ne pas me mêler de ce qui ne me regarde pas, remarqua Libby, mais selon moi, vous feriez un très beau couple.

— C'est seulement l'impression que nous donnons, parce que Tommy et moi sommes amis depuis l'enfance, répondit Sophie, un peu inquiète du tour que prenait cette conversation.

— C'est ce qui vous donne le recul nécessaire pour bâtir une belle relation. Et, à l'évidence, il existe une alchimie entre vous.

— Cela disparaîtra avec le temps, assura Sophie, qui balaya l'argument d'un revers de main.

— Vraiment ? ironisa Libby. Et comment ? Par la seule force

de la volonté ? Matt et moi comptions vivre une relation sans promesse aucune et regardez-nous aujourd'hui.

Fiancés et élevant déjà une famille ensemble ? songea Sophie. *Aucune chance, dans notre cas.*

— Pour Tommy et moi, la situation est différente, assura-t-elle. Nous ne sommes ensemble que pour concevoir mon bébé. Sans cela, je n'aurais jamais entamé une relation avec lui. Il est beaucoup trop coureur pour mon goût.

— Je connais le passé de Tommy. Mais il paraît transformé depuis que vous êtes ensemble.

— Ce n'est qu'une illusion. Dès que la nouveauté se sera estompée, il retournera à ses anciennes habitudes.

— Je suppose que vous le connaissez mieux que personne.

— Oui, je le crois, en effet. Et j'imagine mal l'avoir pour compagnon fidèle.

Elle savait à quel point il était volage, facilement distrait, et elle avait la sagesse de ne pas rêver de l'impossible.

— D'accord, conclut Libby d'une voix douce. Mais si la situation devient compliquée et que vous avez besoin de parler à une amie, sachez que j'écoute très bien.

— Merci, c'est très gentil à vous. Mais ne vous inquiétez pas, tout va bien.

En tout cas, c'était ce qu'elle ne cessait de se répéter.

Quoi qu'il en soit, elle doutait fort que Libby l'ait crue. La blonde fiancée de Matt semblait avoir compris qu'elle luttait contre les sentiments tumultueux qu'elle éprouvait pour Tommy. Il lui restait seulement à espérer que celui-ci ne finirait pas par le deviner, lui aussi.

10

Le ranch Flying Creek était un magnifique établissement. Sophie adorait cette propriété sise au cœur des somptueux paysages du Hill Country, au Texas. Les activités offertes incluaient l'équitation, les promenades en calèche, la randonnée, la baignade, la pêche et des dizaines d'autres, y compris le ping-pong.

Matt avait insisté pour qu'ils s'installent chez lui plutôt que dans l'un des bungalows réservés à la clientèle ou dans le lodge principal. La maison qu'il partageait avec Libby et Chance était une ravissante construction en bois, aux sols de pierre du pays.

Sophie les avait déjà vus tous les trois ensemble chez Kirby, mais les voir ici, dans leur propre environnement, était infiniment plus fascinant. Toutefois, ce n'était pas sa seule source d'émerveillement. Tommy et Chance jouaient ensemble à un jeu vidéo et ils s'entendaient comme larrons en foire. D'ordinaire, Tommy ne manifestait pas un grand intérêt pour les enfants, mais dès leur arrivée, le petit garçon de six ans avait commencé à le suivre comme son ombre, pour l'entraîner dans son espace de jeux.

Elle sentit son cœur se serrer. Elle était en train de tomber amoureuse de lui et ce spectacle ne l'aidait pas à maintenir ses distances. Mais son cœur se réjouissait tout de même de voir Tommy se familiariser avec le monde des enfants.

Ce qui n'avait pas empêché Chance de le battre à plate couture à son jeu. C'était d'autant plus comique que le petit n'avait que six ans et qu'il s'agissait d'un jeu de rodéo. Tommy savait monter un étalon furieux mieux que quiconque, mais il était visiblement moins à l'aise avec leurs représentations virtuelles. Mais il s'amusait tout de même beaucoup, éclatant de rire à chacune de ses erreurs, à la grande joie de Chance.

— Ils sont mignons, tous les deux, chuchota Libby en arrivant près d'elle.

— C'est vrai, murmura Sophie, s'efforçant de ne pas se laisser trop attendrir. Ils font plaisir à voir. C'est la première fois que je vois Tommy créer des liens avec un enfant.

— Dans ce cas, je suis heureuse que ce soit avec Chance.

— Moi aussi, convint Sophie en baissant la voix. À voir Tommy aussi maladroit à ce jeu, vous ne devineriez jamais qu'il a été champion de rodéo. C'est lui qui m'a appris à monter à cheval lorsque nous étions enfants et il m'a promis de faire de même avec mon bébé, lorsqu'il aura grandi.

— Vous avez une relation vraiment spéciale, Tommy et vous, pour être restés proches durant toutes ces années, observa Libby alors qu'elles retournaient dans le salon. Vous avez bien fait de le choisir comme donneur.

— Merci, répondit Sophie. Vos paroles me vont droit au cœur. Je ne suis pas aussi sûre de moi que j'essaie de le montrer, mais je crois que vous l'avez déjà deviné.

— Je devine que Tommy vous touche profondément, convint Libby, posant une main sur son bras. Cet homme a une très forte personnalité.

— J'ai très peur de tomber amoureuse de lui.

Elle ne supportait pas l'idée d'espérer davantage de lui qu'il n'était capable de donner. Elle ne s'en remettrait jamais.

— Je comprends vos inquiétudes. Mais, avec le temps, c'est cet amour qui vous apportera peut-être le bonheur.

— Je l'espère sincèrement, répondit Sophie en soupirant.

Pour le moment, cette idée était plutôt une cause de souffrance.

Ce samedi soir, une soirée traditionnelle de quadrille battait son plein dans la grange, mais Tommy était resté avec Matt, à l'une des tables de bois rustiques, à l'écart de la foule. Ils avaient déjà dîné et Libby, Sophie et Chance avaient rejoint la ligne des danseurs, laissant les hommes entre eux.

Tommy étant une célébrité, son arrivée avait fait sensation, mais il était resté serein et souriant, acceptant de faire des selfies avec d'autres invités et signant tous les autographes qu'on lui demandait. Il avait aussi fait connaissance avec le groupe qui animait le bal ce soir-là et il était même monté sur scène pour jouer quelques classiques du country avec eux.

Il tourna son regard vers la ligne des danseurs. Chance faisait de son mieux pour garder la cadence, mais il se trompait souvent et finissait à contretemps des autres.

— Tu devrais donner quelques cours de quadrille à cet apprenti cow-boy, remarqua-t-il à l'intention de Matt.

— Je m'y efforce, répondit son frère en riant, mais la danse n'est pas dans ses gènes. En revanche, il lance le lasso comme un champion.

— C'est ce que j'ai entendu dire. Ce garçon est formidable. Depuis que je le connais, je suis de plus en plus excité à l'idée de ce bébé que Sophie va mettre au monde. Je sais qu'il est encore tôt, mais j'adore toucher son ventre en sachant qu'un petit pois grandit à l'intérieur.

— Est-ce ainsi que vous allez l'appeler ? Petit Pois Talbot ?

Tommy rit de la plaisanterie, mais il se rendit compte au même instant qu'il n'avait pas la moindre idée du prénom que Sophie allait donner à son bébé.

— Ce sera plutôt Petit Pois Cardinale, observa-t-il. L'enfant portera le nom de sa mère.

— Oh ! bien sûr. Désolé. Moi aussi, je porte le nom de ma mère.

Tommy hocha la tête. Il savait que la mère de Matt vivait également au ranch avec l'homme qu'elle avait récemment épousé. Désireux de se montrer poli, il prit de ses nouvelles :

— Son mari et elle vont-ils passer ici, ce soir ? s'enquit-il.

— Ils devraient bientôt arriver. Maman a très envie de te connaître.

— Je suppose que ce n'est que justice, puisque tu as déjà fait la connaissance de ma mère, répondit Tommy, frappé d'un sentiment d'étrangeté à l'idée que Kirby avait convaincu ces deux femmes de faire ses quatre volontés. Qui est cité comme ton père, sur ton certificat de naissance ?

— Je suis de « Père inconnu », précisa Matt. Lorsque quelqu'un me posait des questions à son sujet, je répondais que c'était un type de passage, dont maman n'avait jamais su le vrai nom. C'était ce qu'on m'avait demandé de répondre.

Matt reposa sa bière, avant de poursuivre :

— Lorsque Kirby a commencé à nous rendre visite à la maison, j'ignorais qu'il était mon père. Mais j'ai fini par le deviner. Puis, maman m'a dit la vérité.

— Au moins, la nouvelle ne t'a pas trop surpris, observa Tommy. Cela a dû être un peu plus facile.

— Oui, probablement. Ton nom sera-t-il sur le certificat de naissance de l'enfant de Sophie ?

— Non, répondit Tommy. Mais nous lui dirons qui je suis.

— Vous semblez avoir déjà tout prévu.

— Nous avons certainement essayé, répondit Tommy en tournant le regard vers Sophie.

Bon sang, comme elle était à l'aise dans ce cadre.

Puis, une idée glaçante lui traversa l'esprit — la facilité avec laquelle Sophie pourrait l'écarter de la vie de son enfant s'il lui en prenait fantaisie. Bien sûr, c'était stupide. Pourquoi lui ferait-elle cela ? Il n'avait aucune intention de contester leur arrangement ou d'essayer de s'imposer comme père. Et cependant, Sophie semblait différente depuis qu'elle se savait enceinte. Plus circonspecte. Il en venait à craindre de voir leur amitié remise en question. Si Sophie lui retirait son amitié, il ne pourrait plus voir son enfant. Il serait exclu de leur vie.

— Tiens, voilà ma mère, dit soudain Matt, interrompant ces amères réflexions.

Tommy tourna la tête et vit approcher une jolie femme brune d'une cinquantaine d'années. Elle était accompagnée de son mari, un homme grand et mince au teint clair, aux cheveux grisonnants, à l'expression bienveillante. Tommy connaissait déjà leurs noms : Julie et Lester.

Sophie, Libby et Chance vinrent bientôt les rejoindre à la table et ils passèrent le reste de la soirée ensemble. Chance courut jusqu'au buffet dont il rapporta une énorme tranche de tarte aux pommes. En voyant cette gourmandise, Sophie se précipita à son tour pour se servir. Ressentait-elle ses premières envies de femme enceinte ?

Elle lui proposa une bouchée qu'il déclina. Il ne voulait surtout pas que le petit pois qu'il avait planté dans son ventre soit privé par sa faute de la moindre parcelle de nourriture.

Au retour de leur soirée, allongé près de Sophie dans la chambre d'invités qu'ils partageaient, Tommy contemplait le plafond. Le lit était merveilleusement tiède, les couvertures merveilleusement douces contre sa peau. À l'extérieur, des millions d'étoiles scintillaient dans le ciel.

Il se redressa sur un coude et se tourna vers elle.

— Dans combien de temps sauras-tu si c'est une fille ou un garçon ? s'enquit-il.

— Entre quatre et cinq mois, je crois, répondit-elle en se tournant vers lui. Je n'en ai pas encore parlé avec mon médecin. Et je n'ai pas besoin de retourner le voir, pour ma première consultation prénatale, avant six semaines.

— As-tu déjà réfléchi à un prénom ou vas-tu attendre de connaître son sexe avant de te décider ?

— Je n'en suis pas encore là.

Il aurait apprécié d'être consulté sur ce sujet, mais, à en juger par l'évolution de la situation, cela lui semblait de moins en moins probable.

— Il n'y aurait aucun mal à préparer une petite liste, suggéra-t-il.

— Oui, je suppose que je pourrais faire cela.

— Comme mon sang coulera dans ses veines, il aura sûrement un caractère indomptable.

— Je ne serais pas étonnée qu'il me décoche de grandes ruades dans le ventre.

Il fut très tenté de poser une main sur le ventre en question, mais, au prix d'un immense effort de volonté, il ordonna à cette main de rester où elle était.

— Dans mon esprit, je l'appelle déjà Petit Pois, observa-t-il. Mais, vu la façon dont tu as dévoré cette tarte aux pommes, ton enfant risque d'être un géant.

— C'est vrai, convint-elle en riant. Elle était tellement délicieuse ! Quant au bébé, son second prénom pourrait être celui de mes parents — celui de mon père si c'est un garçon et celui de ma mère si c'est une fille.

— Oui, pourquoi pas ? Ce serait une jolie façon d'honorer leur mémoire.

— Comme j'aurais aimé qu'ils soient là pour le voir ! murmura-t-elle, le regard voilé de tristesse.

— Je sais, murmura-t-il. Je suis désolé.

Tommy avait été l'un des porteurs du cercueil, aux obsèques du père de Sophie, mais il n'avait pas vraiment connu sa mère, décédée peu de temps après sa naissance.

— Penses-tu pouvoir te contenter d'un seul enfant ? s'enquit-il.

— Que veux-tu dire ?

— Un enfant unique doit se sentir bien seul, précisa-t-il.

— C'est vrai, il m'arrivait, à moi aussi, de me sentir un peu seule quelquefois. Heureusement, tu étais là et cela m'aidait beaucoup. Dois-je comprendre que tu proposes de me servir de donneur pour mon second enfant ? N'envisageais-tu pas de faire pratiquer une vasectomie après celui-ci ?

— Franchement, je ne sais plus trop ce que je désire, Sophie. Ce soir, je n'ai pas les idées très claires. Tout à l'heure, pendant le quadrille, j'ai réfléchi à certains aspects de notre arrangement et je me suis senti un peu inquiet.

— À quel sujet ?

— J'ai pensé qu'il te serait extrêmement facile de me bannir de la vie de cet enfant, avoua-t-il. Mais je crois qu'une partie de mon malaise provient du fait que tu as refusé que je t'accompagne à tes consultations prénatales.

— Je t'ai déjà expliqué que...

— Oui, je sais. Mais cela m'a fait comprendre à quel point tu contrôles la situation. Je le ressens même comme une atteinte à notre amitié et, comme cette amitié est mon seul lien avec l'enfant, ma situation de donneur devient d'autant plus délicate.

— Je n'avais pas l'intention de te blesser, se défendit-elle. Moi aussi, j'essaie de gérer la situation au jour le jour.

C'était vrai, bien sûr, songea-t-il, réprimant un soupir. Cette situation était aussi une expérience nouvelle pour elle.

— Ne t'inquiète pas, Sophie, s'excusa-t-il en lui tendant ses bras. Je n'aurais même pas dû t'en parler. Ce petit séjour au ranch de Matt devait être une agréable escapade et je suis en train de tout gâcher. Oublie ce que j'ai dit.

— Tu es toujours mon ami, Tommy, murmura-t-elle en se blottissant contre lui.

Elle laissa glisser l'une de ses mains sur son torse, en une caresse voluptueuse, avant d'ajouter d'une voix rauque :

— Et tu es aussi mon amant.

Il n'eut pas besoin d'autre invitation. La couvrant de son corps, il l'embrassa, se délectant de la chaleur brûlante de sa bouche. Elle exhala un soupir lorsqu'il releva l'ourlet de sa chemise de nuit de dentelle délicate, blanche comme une robe de mariée. Dessous, elle ne portait rien et lui était déjà nu comme au jour de sa naissance.

Il entra en elle, avec la sensation déjà familière d'avoir trouvé sa place dans l'univers, et il entreprit un lent va-et-vient dans sa moiteur brûlante tandis qu'elle chuchotait des mots sans suite à son oreille.

Pour se faire pardonner d'avoir créé une situation tendue par sa maladresse, il s'appliqua à lui donner du plaisir, à l'entraîner dans les profondeurs d'un océan de sensations où rien ne comptait plus.

Hormis la volupté d'être ensemble.

Lors de leur dernière soirée au ranch, Sophie et Tommy participèrent à la traditionnelle promenade en charrettes à foin tirées par des chevaux. Matt, Libby et Chance voyageaient dans la même charrette qu'eux, au sein d'une caravane en route vers un grand feu de camp. Le petit garçon leur servait de guide durant le trajet, leur expliquait la signification de ces bouteilles de couleur accrochées aux arbres. La plupart d'entre elles étaient bleues, car Matt était un Cherokee du Clan Bleu. Visiblement, l'enfant ne faisait que répéter ce que Matt lui avait appris, mais il le faisait avec un tel amour, une telle admiration que Sophie ne put s'empêcher de sourire. Elle adorait l'écouter.

— La première fois que j'ai participé à cette promenade avec Matt, intervint Libby, nous étions seuls dans la charrette pour contempler les étoiles. Et, comme ni lui ni moi ne connaissions très bien les constellations, nous leur inventions des noms. La Constellation de l'Amour, la Nébuleuse des Baisers…

Libby évoquait visiblement un épisode romantique de sa relation avec Matt. Mais peut-être avait-il eu lieu à l'époque où, bien qu'assoiffés d'amour, ils luttaient encore contre les sentiments qu'ils éprouvaient l'un pour l'autre.

Sophie, elle aussi, luttait pied à pied pour ne pas tomber amoureuse de Tommy. À cet égard, rien n'avait changé, songea-t-elle en lui lançant un regard en coin alors qu'il regardait ailleurs. Le soir précédent, Tommy lui avait fait part de ses inquiétudes et, ce soir, ils se comportaient comme si cette conversation n'avait jamais eu lieu. Mais, au fond d'elle-même, elle se demandait si l'heure n'était pas venue de lui avouer ce qui la troublait réellement.

— Et si tu donnais un nom à quelques-unes de ces étoiles, toi aussi ? suggéra Libby, s'adressant à son fils.

— Oh ! oui ! s'exclama Chance. Et Tommy et Sophie vont m'aider, n'est-ce pas ? Nous leur trouverons de meilleurs noms que ceux de maman et de Matt. La Constellation de l'Amour ? Moi, je trouve ça débile.

— Tu changeras peut-être d'avis en grandissant, remarqua Tommy en riant. Moi, en tout cas, je n'avais jamais vu autant d'étoiles dans le ciel.

— Et si on leur donnait les noms des personnages de Peter Pan ? proposa Chance. Ce groupe, là-bas, pourrait être l'équipage du capitaine Crochet et cette étoile brillante le crocodile qui lui a dévoré la main.

— Je suis terrorisé, assura Tommy en riant. Alors, ces étoiles-là, tout là-haut, pourraient être Peter Pan et les Enfants Perdus ?

Tout comme Matt et Libby, Sophie observait cette scène d'un regard fasciné. Et, face à l'immensité de la voûte scintillante, elle songea que ce serait peut-être le moment idéal pour se laisser aller à faire un vœu. Ou, au contraire, pour revenir sur terre de toute urgence.

La charrette continuait à avancer en cahotant, mais, à présent, elle était songeuse.

Lorsqu'ils arrivèrent sur le terrain du feu de camp, Matt et Tommy aidèrent les hommes à allumer le brasier, tandis que Sophie et Libby déballaient les provisions.

Plus tard, confortablement installés devant le grand feu de camp, ils dégustèrent les traditionnels *s'mores* — de délicieuses préparations composées de guimauve et d'un carré de chocolat entre deux biscuits, le tout grillé dans les flammes. Chance se régalait : il avait les joues toutes barbouillées de guimauve et de chocolat fondu.

Libby ouvrit un paquet de lingettes humides pour lui débarbouiller le visage. Matt leur apprit que Libby et lui s'étaient fiancés lors de la Journée nationale du S'more et qu'ils comptaient se marier à la même date, l'été suivant.

Sophie observa que leur mariage serait placé sous le signe de la douceur et de la gourmandise et tous éclatèrent de rire. Mais elle-même ne riait pas. Elle observait les autres couples et leurs enfants avec un peu d'envie, s'inquiétant de plus en plus des sentiments qu'elle éprouvait pour Tommy.

— Tout va bien ? lui chuchota l'intéressé à l'oreille.

— Oui, très bien, mentit-elle.

Embarrassée d'avoir été surprise avec une expression soucieuse parmi tous ces visages réjouis, elle plaqua un sourire sur ses lèvres. Lorsqu'ils seraient rentrés, peut-être cesserait-elle de lutter et lui expliquerait-elle ce qui la tracassait. Elle lui avouerait qu'elle était terrorisée à l'idée de tomber amoureuse de lui.

11

Leur week-end au Texas s'acheva et, le lundi matin, Sophie était de retour à son travail. Qu'allait-elle bien pouvoir faire au sujet de Tommy ? Devrait-elle lui parler ce soir-là, après le dîner ? Devrait-elle lui révéler le combat qu'elle menait contre elle-même ?

Oui, décida-t-elle. Sinon, ces sentiments allaient la consumer. Elle était tentée de rentrer plus tôt et de régler le problème une bonne fois pour toutes. Bien sûr, elle aurait pu prétexter des nausées matinales, même si elle n'avait ressenti aucun de ces symptômes jusque-là. Mais elle détestait mentir à Barbara alors qu'elle se sentait bien.

Enfin, aussi bien que pouvait se sentir une femme enceinte rongée d'anxiété.

Quelques heures plus tard, elle était encore plongée dans ses tâches administratives lorsque son téléphone sonna. Le nom de Tommy s'affichait sur l'écran.

— Sophie ? dit-il aussitôt. J'ai besoin que nous parlions.

— Tout va bien ? s'enquit-elle, notant qu'il semblait contrarié.

— Non, répondit-il. Tout ne va pas bien du tout. Mais je ne veux pas t'en parler au téléphone.

— Quelqu'un est-il blessé ?

— Ce n'est rien de ce genre. C'est seulement… J'ai seulement besoin que tu rentres à la maison et que nous en discutions face à face, ajouta-t-il après un long soupir.

— Dois-je rentrer tout de suite ?

La tension qu'elle devinait dans sa voix ne faisait rien pour soulager sa propre anxiété. Quelque chose s'était produit dans l'univers de Tommy et, à l'évidence, c'était sérieux.

— Oui, mais ne dis surtout pas à Barbara que tu rentres à la maison parce que je suis en pleine panique. C'est une affaire personnelle et je tiens à ce que tu sois la seule au courant. Brandon sait tout, mais il est mon avocat et il est censé connaître mes affaires.

Elle n'avait aucune idée de ce qui pouvait justifier le recours par Tommy à son avocat. Mais son précédent prétexte pour quitter le bureau redevenait d'actualité.

— Je pourrais peut-être raconter à Barbara que je ne me sens pas bien. Que j'ai mes premières nausées matinales, par exemple.

— Parfait, approuva-t-il. Dis-lui que je t'ai appelée pour prendre de tes nouvelles. Tu m'as répondu que tu ne te sentais pas très bien. Et j'ai insisté pour que tu rentres te reposer.

Elle aurait tout donné pour rentrer réellement se détendre à la résidence. La tension qu'elle avait devinée chez Tommy l'avait contaminée.

— J'arrive dès que possible, promit-elle.

— Merci. Je suis désolé, Sophie. Sincèrement navré.

Elle sentit son cœur se serrer. S'excusait-il de la faire rentrer à la maison en urgence ? Ou était-ce la nouvelle qu'il s'apprêtait à lui annoncer qui nécessitait des excuses ?

Coupant la communication, elle remit de l'ordre dans sa tenue, se composa une expression appropriée et quitta son bureau pour se rendre dans celui de Barbara. La porte était entrouverte. Elle frappa et passa la tête dans l'embrasure.

Barbara ne vivait que pour son travail, pour son mari chauffeur routier et leurs trois enfants adolescents. C'était une femme de quarante-six ans, aux cheveux auburn toujours parfaitement coiffés, qui adulait Tommy, comme tous ceux qui travaillaient pour lui. Elle releva les yeux de l'écran de son ordinateur et lui fit signe d'entrer.

Entre sa crainte de tomber amoureuse de Tommy et les problèmes que celui-ci devait affronter aujourd'hui, Sophie se sentait plus nerveuse avec chaque minute qui passait.

— Je ne me sens pas très bien, se plaignit-elle en s'approchant de la table de travail. Je crois que ce sont des nausées matinales.

— Oh ! mon petit, rentrez vite chez vous ! répondit Barbara. Je sais ce que vous ressentez. Moi-même, je me suis sentie malade à mourir pour chacun de mes trois enfants. J'avais toujours des biscuits salés sur ma table de chevet et j'en emportais au bureau. Il paraît même que certaines femmes respirent des citrons pour soulager leurs nausées dans des programmes d'aromathérapie. Mais, bien sûr, si cela vous fait trop souffrir, vous pourrez toujours vous faire prescrire un remède par le médecin, conclut-elle avec un soupir.

Sophie avait déjà évoqué le sujet avec son médecin, mais elle appréciait sincèrement la sollicitude de Barbara.

— Je reviendrai travailler demain, promit-elle. J'ai seulement besoin de me reposer un peu, aujourd'hui.

À ce stade, cette explication n'était plus vraiment un mensonge. Elle se sentait épuisée, même si elle n'aurait su dire si c'était le bébé ou une réaction au stress.

Barbara lui souhaita un prompt rétablissement et elle quitta le bureau pour monter dans son pick-up. Les vitres baissées, cherchant un peu de réconfort dans la fraîcheur de l'air de novembre, elle roula jusqu'à la résidence en écoutant sa compilation favorite sur la stéréo. Qui ne comportait pas un seul titre de Tommy. Dans son présent état de nervosité, elle n'aurait pas supporté d'entendre sa musique.

Elle entra dans la propriété par la grille principale et fit le tour de la maison afin de se garer. Pour ne pas rencontrer Dottie, le chef Brian ou qui que ce soit d'autre, elle utilisa l'escalier près de la piscine, celui qui donnait directement accès à la suite de Tommy.

Elle le trouva arpentant sa chambre dans un état de désarroi total, les cheveux en désordre, les traits tirés.

— Tu as une mine affreuse, remarqua-t-elle. Qu'y a-t-il ?

— J'ai peur, Sophie, répondit-il en venant vers elle. Je suis terrifié de l'impact que cette nouvelle aura sur toi.

— Dis-moi simplement de quoi il s'agit, l'encouragea-t-elle, de plus en plus inquiète. Dis-moi tout.

— Je viens d'apprendre qu'il n'est pas impossible que je sois le père du bébé de Kara, après tout.

— Quoi ? fit-elle en pâlissant.

— Le laboratoire qui a effectué le test de paternité a appelé hier, pour m'informer qu'il s'était produit une confusion, concernant les résultats du test de paternité. Et que je pourrais être son géniteur plutôt que l'autre homme.

— Mon Dieu ! balbutia Sophie, se laissant tomber assise sur le bord du lit, l'esprit tourbillonnant. Comment peut-on commettre une erreur pareille ?

— Ils pensent que les étiquettes des deux prélèvements sanguins ont été volontairement inversées. On soupçonne un employé mécontent d'avoir délibérément compromis les résultats pour se venger. L'unique façon de savoir qui est le vrai père est de recommencer les tests.

— Dans ce cas, tu n'as pas d'autre choix, observa-t-elle, posant les mains sur son ventre.

Pas question de s'autoriser à aimer Tommy. Ou même de lui laisser deviner le combat qu'elle menait contre elle-même pour ne pas céder à ce sentiment. Sa liberté de choix n'était déjà que trop compromise.

— As-tu parlé avec Kara ? ajouta-t-elle.

— Oui, je l'ai appelée, confirma-t-il. Et elle est aussi épouvantée que moi. S'il s'avérait que je suis le père de son bébé, elle a peur de perdre l'autre homme.

— Est-elle amoureuse de lui ?

Tommy hocha la tête.

— Il s'appelle Dan et elle l'a rencontré quelques jours à peine après notre brève aventure. D'après Kara, elle n'a passé cette nuit-là avec moi que parce qu'elle sortait tout juste d'une relation douloureuse. Mais, à l'en croire, avec Dan, ce serait différent. Elle dit être devenue très proche de lui, un lien immédiat se serait tissé entre eux.

— Dommage qu'elle n'ait pas rencontré ce fameux Dan avant de se jeter dans tes bras.

— C'est aussi ce qu'elle m'a dit. Qu'elle n'avait pas l'intention de se donner à deux hommes la même semaine. Mais elle est tombée sous le charme de Dan et n'a pu s'empêcher de faire l'amour avec lui aussi. Dan et elle ont entamé une relation, mais elle ne m'en avait rien dit, ajouta-t-il, les yeux fermés. Pas avant d'apprendre qu'elle était enceinte.

Sophie songea au dilemme de Kara. À ce stade, elle aurait pu prétendre que ce bébé était de Dan et laisser Tommy en dehors de toute l'affaire. Naturellement, Sophie n'aurait pas fait cela non plus. Elle n'aurait pas triché sur un sujet aussi important que la paternité d'un enfant.

— Cette incertitude, concernant la paternité du bébé, a failli détruire leur couple la première fois, reprit-il. Et voilà que ça recommence aujourd'hui. Seulement, cette fois-ci, c'est pire, car plusieurs mois se sont écoulés. Dan est au bord de la dépression. Ils le sont tous les deux.

— J'imagine très bien l'effet que ce doute doit avoir sur leur relation, dit-elle, en effleurant son ventre.

— L'échographie de Kara a montré que c'était un garçon. Dan était très excité à l'idée d'avoir un fils et, à présent, l'enfant pourrait être celui d'un autre. Je suis terrifié, mais s'il s'avère que je suis le père de cet enfant, je ne pourrai pas tourner le dos à mes responsabilités. Je devrai m'efforcer d'être un père décent, de trouver un moyen de faire partie de sa vie. Et puis, il y a ton bébé, ajouta-t-il en venant s'asseoir près d'elle. Je pense que je devrais aussi jouer mon rôle de père avec elle ou lui.

Sophie tressaillit. Lui qui ne voulait pas d'enfant, il était maintenant prêt à les assumer tous les deux ?

— Je comprends que tu désires faire ce qui est juste en

acceptant la responsabilité de l'enfant de Kara, observa-t-elle, mais cela n'a aucun rapport avec moi.

— Tu es mon amie la plus proche, Sophie. Je dois être un vrai père pour ton bébé autant que pour celui de Kara.

— Pas du tout, répliqua-t-elle, peu désireuse de le voir assumer ce rôle pour soulager sa conscience ou par sens du devoir.

S'il l'avait aimée, c'eût peut-être été différent. Sauf qu'il ne lui parlait pas d'amour, mais d'amitié.

— Tu es mon donneur, déclara-t-elle. C'est ce que nous avions convenu et c'est le contrat que nous avons signé.

— J'essaierai d'être un bon père, insista-t-il. Je te le promets.

Il paraissait merveilleusement sincère. Mais cela ne faisait qu'augmenter son malaise. Elle ne pouvait pas lui permettre de changer les règles. Pas si elle devait en souffrir.

— Ce n'est pas ainsi que cela doit fonctionner, répliqua-t-elle. Nous devons nous en tenir à notre accord initial. D'ailleurs, je devrais rentrer chez moi. Je ne peux pas rester ici et continuer ainsi.

Elle se tut, au bord des larmes. Tommy fronça les sourcils.

— Regrettes-tu que nous soyons amants ?

Elle regrettait surtout les brèches qu'il avait ouvertes dans son cœur, mais elle n'avait pas le courage de le lui avouer.

— Nous lamenter au sujet de ce que nous aurions dû faire ou ne pas faire ne nous aidera pas, répondit-elle. Nous devons simplement continuer à avancer.

— Ta présence dans cette maison va me manquer, observa-t-il, posant une main sur son bras. Tu vas me manquer affreusement.

Elle aussi souffrait le martyre à l'idée de partir. Mais c'était la vie et l'on n'y pouvait rien.

— Nous avons toujours su que notre relation se terminerait un jour, rappela-t-elle.

— Oui, je sais, convint-il. Mais il me semble que nous aurions pu nous quitter d'une façon moins douloureuse.

Il n'imaginait pas à quel point elle souffrait, songea-t-elle, surtout si ses craintes se confirmaient et qu'elle soit bel et bien tombée amoureuse de lui.

— Je vais commencer tout de suite à rassembler mes affaires, conclut-elle.

— J'ai promis à Kara d'aller voir mon médecin pour une prise de sang, afin que le laboratoire puisse procéder à de nouvelles analyses, mais je pourrais t'aider à déménager ensuite.

— Je préfère qu'un membre de ton personnel s'en charge. Merci de l'avoir proposé, cela dit.

Il la dévisagea un instant, une expression de désolation totale sur le visage. Elle aurait voulu pouvoir le rassurer, mais elle ne pouvait même pas se rassurer elle-même.

— As-tu parlé de nous à Kara ? Sait-elle que je suis enceinte et que tu as été le donneur pour mon bébé ?

— Bien sûr que non. Je ne ferais jamais une chose pareille sans ton consentement. Et cela n'aurait rien changé. Ses problèmes à elle seraient restés entiers.

Sophie avait de la peine pour Kara, qui risquait de perdre l'homme qu'elle aimait si les résultats des tests ne faisaient pas de lui le père de cet enfant à naître. Mais, au fond, était-ce réellement si important ?

— Penses-tu que Dan aime Kara autant qu'elle l'aime ?

— Je l'ignore, répondit Tommy en haussant les épaules. Je suppose que oui.

— Dans ce cas, il devrait accepter la mère et l'enfant. Même si ce bébé n'est pas de lui, il pourrait aider Kara à l'élever. Et toi aussi, tu pourrais continuer à être son père.

— J'aimerais beaucoup que tu réévalues mon rôle dans la vie de Petit Pois, remarqua-t-il.

L'usage de ce sobriquet augmenta encore son chagrin et elle se leva pour répondre d'une voix tendue :

— Ton rôle demeure inchangé. Je suis désolée, mais je dois vraiment rentrer chez moi.

— Quand te reverrai-je ? s'enquit-il, se levant à son tour.

— Appelle-moi ou passe chez moi lorsque tu auras le résultat des tests, suggéra-t-elle.

— En principe, ils ont besoin d'une semaine, mais ils ont promis d'accélérer les choses. Brandon est d'avis que nous intentions un procès à ce laboratoire pour le préjudice moral que nous avons subi, mais je n'ai pas envie d'en rajouter à la pagaille.

— Essaie de te détendre jusqu'à ce que tu aies reçu ces résultats, conseilla-t-elle, faute de meilleure réponse.

— Toi aussi, tu dois prendre soin de toi.

— Je m'en sortirai, assura-t-elle en se dirigeant vers le placard pour en sortir ses valises.

Lorsqu'elle se retourna vers Tommy, elle lut clairement un adieu dans son regard fixé sur elle.

Le lendemain, Sophie éprouva réellement ses premières nausées matinales. Au début, elle se sentit simplement un peu barbouillée. Elle croqua donc quelques biscuits salés. Mais ils restèrent sans effet. Alors elle renifla un citron qui ne fonctionna pas davantage. Sa nausée gagna en intensité et elle n'eut d'autre choix que de courir jusqu'aux toilettes pour y vomir jusqu'à l'épuisement.

Plus tard, lorsque ses haut-le-corps eurent cessé, elle se prépara une tasse de camomille et appela Barbara pour l'informer qu'elle ne viendrait pas au bureau. Ses nausées et les nouvelles de la veille l'avaient vidée de toute énergie.

Comme elle devait tout de même s'alimenter, elle se prépara un toast sans beurre et le croqua lentement. Son organisme ne protestant pas, elle espéra que ses nausées ne recommenceraient pas l'après-midi.

Elle retourna dans son salon et alla s'asseoir sur le canapé. Tommy lui manquait affreusement. À tel point même qu'elle se demanda si elle ne devrait pas lui permettre d'être de plein droit le père de son enfant.

Non, songea-t-elle. Sa vie n'était déjà que trop intimement liée à celle de Tommy. Elle ne pouvait se permettre d'approfondir les liens entre eux, au risque de perdre le contrôle de son cœur. Combien de temps faudrait-il pour que Tommy retourne à ses groupies et renoue avec son ancien style de vie ? Elle ne voulait pas en être témoin.

Elle devrait peut-être cesser de travailler avec lui et quitter Nashville. Elle pourrait aller s'installer à Los Angeles, où les opportunités abondaient dans l'industrie de la musique.

Tommy pourrait venir lui rendre visite là-bas. Il serait toujours son ami.

Un ami lointain. Un homme d'ailleurs.

Cela ne valait-il pas mieux que de rester ici et continuer à lutter contre les sentiments qu'elle éprouvait pour lui ? Il serait toujours son donneur. Son fils ou sa fille saurait toujours qui était son géniteur. La seule différence, ce serait qu'il ne vivrait pas près de chez eux. Cela dit, étant donné la fréquence de ses voyages, Tommy n'aurait pas été très souvent à Nashville de toute façon.

Elle tourna le regard vers ses deux chiens, couchés près de la cheminée. Hokey et Pokey semblaient en pleine déprime depuis qu'ils étaient rentrés chez eux. Ils regrettaient Tommy autant qu'elle. Tommy les gâtait et, hélas, elle ne connaissait aucun moyen de leur rendre la joie, d'autant qu'elle avait fort à faire avec son propre tumulte intérieur.

Le carillon de l'entrée résonna bruyamment. Les chiens aboyèrent et se précipitèrent vers la porte, curieux de voir qui était ce visiteur. Elle supposa qu'il devait s'agir d'un employé des écuries de Tommy qui lui ramenait ses chevaux.

Mais elle se trompait. C'était Tommy lui-même qui apparut devant elle. Et il n'était pas venu avec ses chevaux, car elle ne voyait aucun van attelé à son pick-up.

— Puis-je entrer ? s'enquit-il en s'agenouillant pour caresser les deux chiens, qui s'agitaient joyeusement à ses pieds.

— Et si je sortais, plutôt ? suggéra-t-elle, peu désireuse de se retrouver seule avec lui dans un espace confiné.

Ils allèrent s'asseoir sur les marches du porche.

— As-tu déjà reçu les résultats des tests ? demanda-t-elle aussitôt. Je ne m'attendais pas à ce que ce soit aussi rapide.

— Je n'ai encore aucune nouvelle.

— Doivent-ils t'appeler, lorsqu'ils seront prêts ?

— Non, ils les enverront par courrier comme la première fois. C'est la procédure habituelle. Ce n'est pas pour cette raison que je suis venu te voir.

— Ah ? fit-elle, sentant son pouls grimper en flèche. Et pourquoi, alors ?

— J'ai appelé Kara pour lui demander le numéro de Dan, précisa-t-il. Je désirais lui parler de ce que tu m'avais dit.

— De ce qu'il ressentait pour Kara ? s'étonna-t-elle.

— Pas exactement en ces termes, mais oui. Qu'il soit ou non le père de ce bébé, je lui ai fait remarquer qu'il pouvait faire partie de sa vie s'il désirait vraiment rester avec Kara. Je lui ai dit aussi que j'espérais que tout s'arrangerait pour eux.

— Et comment a-t-il réagi ? s'enquit-elle, s'efforçant de garder un ton serein.

— Il a semblé apprécier ma démarche, mais je ne suis pas sûr qu'elle l'ait beaucoup aidé. Il désire ardemment que cet enfant soit le sien. Et tu sais ce que je désire, moi ? Je désire que tu me permettes d'être le père de ton bébé, répondit-il sans attendre qu'elle ait ouvert la bouche.

— Personnellement, je pense qu'il est préférable que tu restes le donneur. Je vais sans doute déménager. Je songe à aller m'installer à Los Angeles.

— Quoi ? fit-il, le souffle coupé.

— J'ai besoin de nouveaux horizons. De commencer une nouvelle vie avec le bébé.

— J'ai senti que quelque chose s'était brisé, au Texas, reprit-il d'une voix tremblante. Je savais que j'allais te perdre. Que cela allait être la fin de notre amitié. Pourquoi m'évitais-tu, au ranch de Matt ? Que se passe-t-il, Sophie ? Cette affaire avec Kara ne peut pas être la seule raison.

Elle ne pouvait lui avouer qu'elle avait peur de tomber amoureuse de lui. Ou qu'elle aurait tout donné pour qu'il l'aime, lui aussi. Pour qu'il s'engage totalement avec elle. Depuis que leur relation avait commencé, Tommy lui était resté fidèle, mais cela ne signifiait pas qu'il se soit métamorphosé en militant de la monogamie.

— Nous serons encore amis, rappela-t-elle. Tu pourras me rendre visite. D'ailleurs, tu seras bientôt à nouveau en tournée, à mener l'existence que tu adores.

— Je n'arrive pas à croire que tu penses à quitter la région, répliqua-t-il. C'est à Nashville que tu as grandi. Tu es chez toi, ici. Tu fais partie de ce lieu.

— Je peux aussi m'intégrer ailleurs.

Elle savait qu'elle n'avait pas d'autre choix. Accablée par la confusion qu'elle lisait dans ses yeux, elle ajouta :

— Excuse-moi, mais je vais devoir retourner à l'intérieur pour me reposer. J'ai eu des nausées, ce matin, et je suis à bout de forces.

— Puis-je faire quoi que ce soit pour t'aider ? s'enquit-il, plongeant son regard dans le sien.

Tu pourrais m'aimer...

— Non, rien, répondit-elle. Mais contacte-moi lorsque tu auras reçu les résultats de ton test de paternité.

— Je ne veux pas que tu partes t'installer ailleurs, dit-il d'une voix tendue, tout en l'aidant à se remettre debout.

— Je ne peux pas en parler maintenant, répliqua-t-elle. J'ai besoin de m'allonger.

Et, surtout, d'essayer de ne pas fondre en larmes.

Tommy faisait les cent pas dans le bureau de Brandon, luttant contre une peur panique. Deux jours s'étaient écoulés depuis qu'il avait vu Sophie et il était obsédé par l'idée de la perdre.

Il ne supportait pas qu'elle parte s'installer à Los Angeles et qu'elle élève son bébé là-bas.

Quant à l'autre bébé, il ne savait toujours pas à quoi s'en tenir. Les résultats des analyses devaient lui parvenir le lendemain par courrier spécial, mais, à cet instant, cette délivrance semblait à des années-lumière.

— Tu as besoin de te calmer un peu, observa Brandon.

— Me calmer ? répliqua-t-il en le fusillant du regard. Et comment ? J'ai parlé avec Matt au téléphone, hier, et je lui ai raconté ce qui se passait ici.

— Fais-tu allusion à la décision de Sophie de quitter la région ou bien au bébé de Kara ?

— Je pensais que Matt serait de bon conseil sur le sujet des femmes et des enfants. Mais, lorsque j'ai mentionné Sophie, il m'a semblé qu'il devenait soudain très prudent.

— Prudent ? répéta Brandon, fronçant les sourcils. Dans quel sens ?

— Je ne suis pas très sûr. C'était quelque chose dans sa voix. Ensuite, j'en ai conclu qu'il devait être embarrassé d'être entraîné dans cette histoire. L'unique conseil qu'il m'a donné, c'était de me montrer patient avec Sophie.

Mais comment pouvait-il se montrer patient avec elle si elle quittait la région ? Il ne la verrait même plus.

— Je n'essaie pas de prétendre que ce nouveau problème avec Kara soit sans importance, reprit-il, mais Sophie se comportait déjà étrangement avant cela. Et, sais-tu ce qui rend cette situation encore plus pénible ? Le fait que papa ait vu juste. Il m'avait averti que notre arrangement pour le bébé serait une source de problèmes.

— Tu n'as pas encore informé papa de ces derniers développements, n'est-ce pas ?

— Bien sûr que non ! se récria Tommy. Il m'était déjà pénible d'en parler avec Matt et avec toi. Je ne veux surtout pas m'entendre répondre qu'il me l'avait bien dit.

— J'aurais dû t'avertir, moi aussi, déclara Brandon en se

levant pour faire le tour de sa table de travail. J'aurais dû te conseiller d'y réfléchir à deux fois avant de signer cet accord. Mais, à vrai dire, je ne m'attendais pas à ce que tu changes d'avis et que tu aies soudain envie de devenir père. Je n'imaginais pas non plus que Sophie parte s'installer à l'autre bout du pays. Compte tenu de votre longue amitié, votre arrangement aurait pu fonctionner. Pourtant, quoi qu'il en soit, je suis très fier de toi, mon frère.

— Ah bon ? fit Tommy en le dévisageant, étonné. Et pourquoi ?

— Pour avoir essayé de te comporter en homme d'honneur avec ces deux bébés. Et pour avoir respecté la relation de Kara et Dan.

— Je regrette seulement que Sophie m'ait exclu de sa vie. Elle a commencé à s'éloigner de moi dès qu'elle a su qu'elle était enceinte et elle m'a semblé encore plus préoccupée lorsque nous étions au Texas. Je lui en ai fait la remarque, malheureusement cela n'a rien changé. Je comprends que tout s'est compliqué à notre retour et, maintenant, ce nouveau problème avec Kara aura eu raison de sa patience. Je déteste l'idée que mon passé soit une source d'anxiété pour elle, poursuivit-il après une pause. Je me sens affreusement coupable. Mais je sens qu'il y a aussi autre chose, un souci qu'elle ne me dit pas. Elle prétend que nous resterons toujours amis, sauf que ce n'est pas l'impression que j'ai.

— Il s'est peut-être passé un événement au Texas dont tu n'es pas conscient, suggéra Brandon. Cela pourrait expliquer que Matt se soit montré aussi prudent. Lui, il saurait peut-être ce que c'est.

— J'ai besoin de parler à nouveau avec lui, décida Tommy, le cœur battant.

— Nous pourrions l'appeler tout de suite, suggéra Brandon retombant aussitôt dans son personnage d'avocat. Mieux encore, nous utiliserons la webcam. Je pense que nous aurons plus de chances qu'il nous dise ce qu'il sait si nous lui parlons face à face.

— Et toi, tu pourras lui faire subir un interrogatoire en règle, renchérit Tommy, bien décidé à avoir le fin mot de cette histoire.

Ils arrangèrent une conférence vidéo pour l'heure suivante. Lorsque Matt apparut sur l'écran de l'ordinateur, il était couvert de poussière, comme s'il rentrait tout juste d'une chevauchée dans les collines.

Brandon le prit aussitôt à partie, le soumettant à un feu roulant de questions. Matt prit un air embarrassé.

— Il ne m'appartient pas d'en parler, marmonna-t-il.

— Parler de quoi ? le pressa Brandon.

— De ce que Sophie a confié à Libby. Et je dirais même que Libby a eu tort de me le répéter.

— Je comprends que tu essaies de protéger la vie privée de Sophie et de t'éviter des ennuis avec ton épouse, répliqua Brandon, poussant Tommy devant l'écran. Mais regarde ce pauvre gars. Si tu ne lui dis pas ce qui se passe, il va devenir fou.

Matt repoussa son Stetson sur sa nuque, pour dévisager Tommy un instant.

— Tu vas devoir poser la question à Sophie, mon vieux, déclara-t-il. C'est à elle de te le dire.

— Je lui ai déjà demandé ce qui la tracassait, et sa seule réaction a été de s'éloigner davantage de moi, répondit Tommy. Je t'en prie, répète-moi ce qu'elle a confié à Libby.

— D'accord, capitula Matt avec une grimace. Mais, si cela me retombe dessus, je t'en tiendrai pour responsable.

— Vas-y, répondit Tommy. J'assume tout.

— Très bien, consentit son demi-frère texan avec un soupir las. Voilà. Sophie a peur de ses propres sentiments.

— De ses sentiments ? répéta Tommy, de plus en plus perplexe. À quel sujet ?

— Toi.

— Moi ? fit Tommy qui ne comprenait toujours pas. En tant que donneur pour son bébé, en tant que père ou quoi ?

Matt secoua la tête. À l'évidence, il le trouvait un peu lent d'esprit. Brandon était-il du même avis ? Lorsqu'il tourna la tête vers lui, Tommy ne fut pas très étonné de constater que son frère secouait la tête, lui aussi.

— Ai-je manqué quelque chose ? s'enquit-il.

— Elle a peur de tomber amoureuse de toi, finit par lâcher Matt. Est-ce assez clair ?

Tommy s'affala dans un fauteuil, le souffle coupé. Il n'aurait pas dû insister pour que Matt lui fasse cette révélation.

Car, à présent qu'il savait, il avait peur, lui aussi.

Il était terrifié à l'idée de ce que cela signifiait pour lui, pour elle et pour leur avenir.

12

Tommy rentra chez lui, se changea en short de bain et fit un plongeon dans sa piscine. L'air de l'hiver était frais et l'eau merveilleusement tiède.

Malgré lui, il ne cessait de penser à l'amour et à ce qu'il signifiait. Il ignorait tout de ce sentiment, n'ayant jamais été amoureux, mais il savait qu'il pouvait être bon ou mauvais, un paradis ou un enfer. Il l'avait observé chez une foule de gens, les avait vus s'épanouir ou s'éteindre selon les cas. Il avait assisté au phénomène de loin, en tant que spectateur et, à présent, il se noyait dans la peur de Sophie, qui déclenchait ses propres terreurs.

Il nagea jusqu'à la seconde chute d'eau, où, plongeant sous la cascade, il entra dans son refuge souterrain.

À l'intérieur, il se sécha en pensant à Sophie. Il la revoyait dans cette même pièce après la soirée masquée. Ce soir aussi, une lune d'argent brillait dans le ciel, mais il était seul. Et l'expression de son visage était aussi sombre que celle du masque qu'il portait au bal.

Tout lui rappelait Sophie — sa maison, sa musique, sa famille, son enfance. Sophie avait été liée à pratiquement tous les aspects de sa vie. Si elle quittait Nashville, il ne savait vraiment pas ce qu'il ferait.

À l'évidence, elle souffrait à cause de lui. Et lui aussi souffrait à cause d'elle. Il traversait un véritable enfer émotionnel. Il lui avait maintes fois répété qu'il allait composer un album inspiré par leur relation, mais, à ce stade, ses chansons ne seraient que des ballades d'une tristesse déchirante.

Comment pourrait-il continuer à affirmer qu'il ignorait ce que ressent un homme amoureux ?

Sophie avait toujours été la personne la plus importante dans sa vie, il ne pourrait pas fonctionner sans elle.

Il avait connu bien d'autres femmes au cours des années, mais il ne s'était jamais attaché à aucune d'elles. Sophie et lui étaient comme des siamois soudés l'un à l'autre, corps et âme.

Le lien entre eux n'était pas seulement physique, et, de quelque façon qu'on l'analyse, il se résumait en un mot : « amour ». Tommy l'aimait, tout simplement.

Non, songea-t-il. Il n'y avait là rien de simple. Courir la rejoindre à cet instant précis pour lui déclarer son amour et lui demander de l'épouser, ce serait exiger d'elle qu'elle accepte le résultat des tests de paternité, quels qu'ils soient.

S'il s'avérait qu'il était bien le père du bébé de Kara, il ne faisait aucun doute que la presse se déchaînerait contre lui pour lui reprocher d'avoir semé sa graine à tous les vents. Et, si Sophie restait avec lui, elle aussi serait traînée dans la boue. Elle serait constamment attaquée sur les réseaux sociaux et les enfants ne seraient pas épargnés non plus. Il savait par expérience ce que vivaient les enfants d'une célébrité. Malgré cela, il avait, lui aussi, recherché la gloire et la fortune.

Il sortit une bouteille d'eau pétillante du réfrigérateur et la serra un long moment dans sa main sans la déboucher, fronçant les sourcils. Il comprenait pourquoi Sophie luttait contre les sentiments qu'elle éprouvait pour lui. Quelle qu'ait été leur attirance mutuelle, il n'avait jamais possédé les qualités qu'elle attendait d'un homme. Elle avait refusé de sortir avec lui autrefois parce qu'il ne savait pas se fixer. Parce qu'il était trop instable, trop sauvage, trop entouré de femmes.

Mais aujourd'hui, tout était différent. Il aimait Sophie et il ne désirait aucune autre femme. Elle était l'amour de sa vie. Celle auprès de qui il désirait finir ses jours.

Toutefois, dans la situation précaire où ils se trouvaient, que pouvait-il faire pour que leur relation fonctionne harmonieusement ? Et il n'y avait pas que le problème de Kara. Il y avait aussi la question de son travail. Comment réagirait Sophie lorsqu'il devrait repartir en tournée ? Exigerait-elle qu'il renonce à sa carrière et reste à la maison avec elle ?

Il allait devoir réfléchir, ramener la paix dans son esprit tourmenté et soulager les souffrances de son cœur.

Jeudi après-midi, Sophie reçut un texto de Tommy lui demandant de passer chez lui. Il avait reçu les résultats des tests de paternité, mais il avait besoin de sa présence avant d'ouvrir l'enveloppe. Supposant qu'il se sentait trop nerveux pour le faire seul, elle accepta de le rencontrer dans le jardin de sa résidence. Pour elle, c'était un cadre neutre. Elle ne supportait pas l'idée de retourner dans sa suite. La proximité de la chambre ne ferait que raviver ses souffrances. Il lui manquait affreusement, le jour et la nuit.

Quelle autre solution lui restait-il, à part quitter Nashville ? Elle devait trouver un moyen de survivre loin de lui, sans que quelque chose vienne lui rappeler son existence à chaque instant.

Elle avait pris une semaine de congé au bureau, mais n'avait pas encore présenté sa démission. Elle n'avait pas non plus mis sa maison en vente. Pas encore. Cela dit, dès qu'elle aurait parlé une dernière fois avec Tommy, elle réglerait ces deux dernières questions.

Elle coupa à travers la pelouse et s'engagea sur le sentier qui traversait le jardin. Dépassant la sculpture du tigre aux yeux d'ambre, elle se dirigea vers le bassin des carpes japonaises où Tommy était censé l'attendre.

Elle ne tarda pas à apercevoir sa haute silhouette mince. Il était vêtu d'un jean et d'une chemise western noire brodée de roses rouges qu'elle reconnut aussitôt. C'était celle qu'elle lui avait offerte à son dernier anniversaire, mais elle ne s'attendait certes pas à ce qu'il la porte aujourd'hui.

Il se tourna vers elle et le cœur de Sophie manqua un battement. Il tenait l'enveloppe fermée dans sa main.

— Bonjour, lança-t-il.

— Bonjour, répondit-elle en s'approchant de lui.

Ils prirent place côte à côte sur le banc de fonte aux motifs délicats, mais lorsqu'elle le vit plier l'enveloppe et la glisser dans sa poche de poitrine, elle le dévisagea, perplexe.

— Ne comptais-tu pas l'ouvrir dès mon arrivée ?

— Je ne veux pas connaître les résultats tout de suite, dit-il, s'efforçant visiblement de maîtriser sa nervosité. J'ai d'abord besoin de te parler.

— Si j'étais dans ta position, je tiendrais à les connaître le plus vite possible, observa-t-elle.

— Quels que soient les résultats de ces tests, je m'y suis préparé, répondit-il. Ce que je ne peux pas supporter, c'est l'idée de te perdre.

— Que veux-tu dire ? s'enquit-elle, le cœur battant.

— La souffrance que j'éprouve depuis que tu as quitté ma maison m'a fait beaucoup réfléchir. Et voilà à présent que tu envisages de quitter Nashville. De tous les événements qui se bousculent en ce moment dans ma vie, c'est celui-là qui m'affecte le plus. Je n'avais jamais éprouvé une telle souffrance de toute ma vie.

— Je devine que mon départ précipité t'apparaît comme une lâcheté, mais je ne peux pas rester ici et n'être que ton amie, Tommy. Cela me fait trop de mal.

— C'est précisément ce que j'essaie de t'expliquer, protesta-t-il. Je ne peux pas vivre sans toi et j'ai enfin compris ce que cela signifie. Je t'aime, je veux que nous restions ensemble pour toujours. Toi, moi et notre bébé. Ma seule inquiétude, c'est la façon dont tu pourrais réagir s'il s'avérait que je suis aussi le père de l'enfant de Kara, l'impact émotionnel que cela pourrait avoir sur toi si la presse s'emparait de l'affaire. Et puis il y a d'autres facteurs à prendre en compte, à commencer par mes tournées. J'ai trouvé une solution partielle à cette dernière question, mais je ne suis pas certain qu'elle te convienne.

Encore abasourdie par sa première déclaration, elle se trouva encore plus incapable de se concentrer sur le reste.

— Tu... m'aimes ? balbutia-t-elle. Depuis quand ?

— Depuis toujours, sauf que je l'ignorais. Je ne l'ai compris que lorsque j'ai été sur le point de te perdre. J'avais tenu pour acquis que tu serais toujours auprès de moi et j'ai eu tort. Tu mérites mieux qu'un individu comme moi.

— Et qu'essaies-tu de me dire ? Tu désires que nous soyons ensemble, mais tu es persuadé que cela ne fonctionnera pas ?

— Seulement que je ne souhaite pas rendre ta vie plus difficile. Je désire être l'homme qui t'apportera le bonheur, pas l'incertitude et la souffrance.

— Ton amour compte beaucoup pour moi, murmura-t-elle.

Il comptait même davantage qu'elle n'aurait su l'exprimer. Elle n'aurait jamais cru qu'elle l'entendrait prononcer ces mots un jour. Elle en restait éblouie.

— Y a-t-il la moindre chance que tu m'aimes aussi ? s'enquit-il d'un ton plein d'espoir.

— Oui, mille fois oui, répondit-elle d'une voix brisée d'émotion. Mais les problèmes que tu as évoqués m'inquiètent encore. Es-tu certain de désirer que nous soyons ensemble, Tommy ? Ce n'est pas seulement à cause de la situation avec Kara ou de notre bébé ?

— Je sais parfaitement ce que je ressens, assura-t-il. Mais cela ne change rien à tous les désagréments auxquels tu seras soumise si nous sommes ensemble.

Elle lisait une telle sincérité dans son regard que des larmes lui brouillèrent la vue.

— Personne n'a jamais prétendu que l'amour était une sinécure, répondit-elle, souriant à travers ses larmes.

— Je sais, convint-il, mais je ne suis pas ce que j'appellerais une belle prise. Quelle femme voudrait épouser un type comme moi ?

Le cœur de Sophie cessa de battre.

— Dois-je comprendre que la question du mariage est désormais sur la table ?

— Oui, confirma-t-il, si c'est ton souhait. Mais il faut que tu en sois vraiment sûre. Sûre et certaine.

Malgré la tension qui régnait entre eux à cet instant, elle éclata de rire.

— C'est la proposition de mariage la plus troublante que j'aie jamais entendue, remarqua-t-elle entre deux hoquets.

— Je sais, convint-il, riant à son tour. Je suis désolé, mais je suis resté éveillé toute la nuit pour préparer mon discours. Je veux me battre pour toi, poursuivit-il, redevenu sérieux. Je veux te convaincre que je suis l'homme de tes rêves. Mais comment puis-je te faire rêver, alors que je n'ai jamais été ton genre ?

— Je t'ai toujours désiré, corrigea-t-elle. C'est seulement que je n'avais pas envie de te partager avec un million d'autres femmes.

— Il n'y aura jamais plus personne d'autre, Sophie. Uniquement toi et moi. Désormais, tu seras la seule femme dans ma vie. J'avais toujours eu peur de m'engager, mais avec toi, cela me semble tout naturel. Me crois-tu, Sophie ? As-tu confiance en moi ?

— Oui, Tommy.

Il ne lui aurait jamais demandé de l'épouser s'il n'avait pas été sûr de ses sentiments. Il avait été le témoin des mensonges de son père et de ses liaisons extraconjugales, or il n'était pas dans son caractère de feindre un engagement auquel il ne croyait pas.

— J'ai confiance en toi, confirma-t-elle.

— Reste cette histoire du bébé de Kara, lui rappela-t-il, sortant l'enveloppe de sa poche de chemise. Si cet enfant est de moi, tu seras concernée aussi. Les médias vont me mettre en pièces en découvrant que je suis le père de deux enfants avec deux femmes différentes. Et l'on te reprochera ta relation avec moi.

— Je devrai simplement apprendre à gérer les critiques.

— Ce sera dur pour les enfants aussi.

— Je ne permettrai jamais que l'on s'en prenne à un bébé, répliqua-t-elle en posant la main sur son ventre. Le sien ou le mien. Le fils de Kara serait un peu le mien. Et j'attendrais de Dan qu'il se montre aussi protecteur envers les deux bébés, quel qu'ait été leur géniteur.

Il la contempla un instant en silence, comme si elle avait été la femme la plus extraordinaire au monde, avant de murmurer, plein d'adoration :

— Tu penses réellement ce que tu dis, n'est-ce pas ?

— Chaque mot, oui.

Elle n'avait plus envie de le fuir. Elle désirait rester et lutter pour leur amour. Elle lui prit l'enveloppe des mains, sans l'ouvrir pour autant. Au lieu de cela, elle la fourra dans sa propre poche, afin de leur donner le temps de terminer leur conversation.

— Pour commencer, tu vas me parler de cette fameuse solution partielle que tu as trouvée pour t'éviter d'être constamment en tournée.

— Je songeais que je pourrais peut-être accepter la proposition des producteurs de l'émission de téléréalité dont tu me parlais, expliqua-t-il avec un sourire très doux. Cela me permettrait de rester ici, avec le bébé et toi, durant les quelques années à venir. Ensuite, lorsque le moment de la grande tournée de *Music Mentors* sera venu, j'espère que vous m'accompagnerez tous les deux. Je sais que tu désapprouves que l'on emmène des jeunes enfants en tournée, mais ces voyages font partie de mon métier. Et si nous les effectuons en famille, cela pourrait devenir une formidable aventure.

— Ce serait un merveilleux compromis, convint-elle.

Elle comprenait qu'ils seraient tous deux amenés à faire quelques sacrifices, mais elle désirait plus que tout au monde que Tommy, elle et le bébé forment une famille. Plongeant la main dans sa poche, elle en retira l'enveloppe.

— Dois-je l'ouvrir ? s'enquit-elle. Ou préfères-tu le faire toi-même ?

— Vas-y.

Elle déchira l'enveloppe et, dépliant la feuille qu'elle contenait, elle la parcourut des yeux. Puis, elle releva le regard vers lui.

— Tu n'es pas le papa, Tommy.

— Vraiment ?

Il la dévisagea une seconde, puis il prit le rapport qu'elle lui tendait et le lut lui-même. Ensuite, il la serra doucement contre lui et ils restèrent ainsi un long moment, blottis dans les bras l'un de l'autre.

La bouche de Tommy trouva enfin la sienne et ils s'embrassèrent, un baiser interminable, un serment d'amour.

Et aussi d'amitié, songea-t-elle.

Tommy était son ami et il le resterait toujours. Son ami le plus cher. La seule différence, c'était que, désormais, il serait aussi son mari.

Tommy prit Sophie par la main, pour la conduire dans sa maison, là où était sa vraie place et où ils pourraient vivre ensemble.

Ils grimpèrent l'escalier privé qui donnait accès à sa suite. Il se sentait si impatient d'entrer dans ce nouvel avenir qu'il désirait commencer à préparer leur mariage sans perdre une minute. Pourtant, en premier lieu, ils devaient se fiancer dans les règles.

— Il y a quelque chose que j'aimerais t'offrir, déclara-t-il lorsqu'ils furent dans sa chambre.

Il ouvrit le tiroir de la table de chevet, sortit de son écrin la bague qu'il lui avait achetée et se retourna. Il ne l'avait pas emportée avec lui, tout à l'heure, n'osant supposer qu'elle accepterait de l'épouser, même s'il l'espérait de tout son cœur. Elle ouvrit de grands yeux lorsqu'il mit un genou à terre devant elle.

— Je t'aime, Sophie Cardinale, déclara-t-il. Et je vais faire tout ce qui est en mon pouvoir pour être le meilleur mari et le meilleur père possible. Accepterais-tu de m'épouser ?

— Oui ! s'écria-t-elle, les yeux brillants de larmes de bonheur. Sans aucune hésitation !

Il glissa le solitaire de cinq carats à son doigt, puis il se releva, avant d'ajouter :

— Lorsque j'ai déclaré à mon bijoutier que je désirais un diamant aussi brillant qu'une étoile, il m'a répondu que les anciens Romains croyaient que les diamants étaient des éclats d'étoiles tombées du ciel. C'est exactement ce qu'est ce diamant. L'éclat de l'une des étoiles que nous avions renommées, dans le ciel du Texas.

— Elle est magnifique, murmura-t-elle, contemplant la bague d'un regard émerveillé. Je suis impatiente de t'épouser. Mon père t'appréciait beaucoup, Tommy. Et je crois que ma mère t'aurait adoré. Papa m'a souvent répété qu'elle était une incorrigible romantique.

— Je regrette de n'avoir pu la connaître. J'aurais adoré qu'elle fasse partie de ta vie et de la mienne. Mais elle sera là-haut à te regarder, le jour de notre mariage. Tes deux parents seront avec toi.

— Serais-tu très fâché si je demandais à ton père de me conduire à l'autel à la place du mien ? s'enquit-elle.

— Il en sera ravi, j'en suis sûr. Et ma mère sera folle de joie, elle aussi, lorsqu'elle apprendra que nous allons nous marier.

» Veux-tu que la cérémonie ait lieu ici, à la résidence, aussitôt que possible ? Je ne tiens pas vraiment à prolonger nos fiançailles plus longtemps que nécessaire.

— Moi non plus, avoua-t-elle. Que dirais-tu d'un mariage en mars ? Nous n'aurions que quatre mois à attendre, juste à temps pour ma première échographie.

— C'est une excellente idée. Ce sera un véritable marathon,

mais nous pouvons y arriver. Brandon pourrait être mon garçon d'honneur, et Matt l'un de mes placeurs.

— Moi, j'inclurai Libby parmi mes demoiselles d'honneur, suggéra-t-elle en souriant. Chance sera chargé des bagues et nous pourrions choisir l'une des filles de Mack et Jean comme bouquetière.

— Je commence à avoir le pressentiment que Petit Pois sera une fille, observa-t-il, posant sa main sur son ventre.

— Vraiment ? Pourquoi ?

— Je ne sais pas. Une intuition de père, peut-être. Je veux absolument que notre mariage soit un événement familial. Je pourrais faire appel à une agence de nounous pour aider les mamans à s'occuper de leurs enfants. Plus tard, nous aussi allons avoir besoin d'une nounou, tout spécialement lorsque nous serons en tournée.

— Tout cela me semble parfait, répondit-elle en lui enlaçant la taille. Je suis très excitée à l'idée de devenir ton épouse.

— Avec la cérémonie des prix de la musique country, puis Noël, le nouvel an et notre mariage, ces prochains mois vont être une véritable folie.

— J'avais presque oublié cette fameuse remise des prix.

— Elle est organisée un peu plus tard que de coutume, cette année. Cette fois-ci, je ne suis pas nominé, mais on m'a demandé d'être l'un des présentateurs.

— Mon pauvre garçon ! le taquina-t-elle. Tu avais raflé tous les prix ces deux dernières années. Il était temps de laisser sa chance à quelqu'un d'autre.

— Eh bien, lorsque je produirai mon prochain album, avec des chansons parlant de toi et du bébé, tous ces prix me reviendront à nouveau. Hier encore, mon esprit n'était rempli que de chansons tristes et cela m'inquiétait. Mais, aujourd'hui, je sais que ce seront les meilleures que j'aie jamais écrites.

— Toujours aussi sûr de toi, remarqua-t-elle en riant. C'est sûrement fou, mais j'adore cette facette de ton caractère.

— Je fais seulement semblant, l'as-tu oublié ? répliqua-t-il en souriant. Mais je suis heureux que tu aimes mon ego démesuré autant que le reste de ma personne.

Sur ces mots, il la souleva dans ses bras et l'emporta jusqu'au lit. Lui aussi aimait tout chez cette femme parfaite, qui avait accepté de devenir son épouse.

Sophie se délectait du contact des mains de Tommy sur son corps. Brûlantes. Passionnées. Il la déshabillait, effleurait sa peau, et elle soupirait sous ses caresses, ronronnant comme une chatte.

Comment avait-elle pu croire qu'elle pourrait vivre sans lui ? Son absence était comme une blessure et, à présent, il était là, avec elle. Tommy. Son Tommy. Il était à elle, désormais. Comme elle était à lui.

Il descendit sa bouche vers le centre de sa féminité et elle leva les hanches pour aller à sa rencontre, cramponnée à ses épaules, tandis qu'un flot de sensations inouïes la parcourait comme un feu liquide.

Le diamant à son doigt scintillait dans la lumière. Tommy avait capturé un éclat d'étoile pour le lui offrir. Lui aussi était une étoile. Une superstar qui apportait de la joie à des millions de gens avec sa musique. Et elle était sa plus grande admiratrice.

Il leva les yeux vers les siens, ses yeux noisette qui changeaient de teinte avec le temps. Elle essaya de faire durer ce moment, mais, déjà, elle était entraînée dans la spirale ascendante d'un orgasme éblouissant.

Il lui sourit alors comme un petit garçon facétieux, puis il la fit basculer dans un abîme sans fond de jouissance.

Tremblant de tout son corps, elle ferma les yeux et glissa les doigts dans ses cheveux courts tandis que la chambre se mettait à tourbillonner autour d'elle.

Lorsqu'elle rouvrit les yeux, il s'allongeait sur elle. À présent son cher visage était tout près du sien, comme une douce tentation. Elle resserra les bras autour de lui et ils roulèrent ensemble sur le lit en s'embrassant, se caressant et gémissant de désir. Elle déboutonna sa chemise, exposant son large torse aux muscles durs, puis elle glissa les mains dans son jean pour empoigner son érection monumentale.

— Que me fais-tu ? murmura-t-il en frissonnant.

Sa peau picotait encore de son dernier orgasme et elle était toute trempée des dernières caresses de sa bouche, mais elle le supplia :

— J'ai envie de te sentir en moi tout de suite.

— À vos ordres, madame, répondit-il en faisant glisser son jean sur ses hanches.

Il ne l'enleva pas tout à fait, mais cela ne la gênait pas du tout. C'était plus coquin, de cette façon. Cette hâte désespérée augmentait encore son désir. Il entra en elle d'un vigoureux coup de reins tandis qu'elle enfonçait les ongles dans la partie exposée de son fessier.

Il entreprit alors un lent va-et-vient entre ses hanches, la légère abrasion du jean sur ses jambes nues augmentant encore la sensation. À chacun de ses coups de reins, cette douce invasion devenait plus profonde, plus délicieuse. Chair contre chair, tourbillonnant dans un vortex de volupté.

Et d'amour, songea Sophie, les yeux fermés. Tant d'amour...

Un corps-à-corps volcanique, mais doublé d'un doux engagement mutuel. Ils prirent tout leur temps pour le savourer.

— Ensemble, lâcha-t-elle dans un souffle.

— Toujours, murmura-t-il, s'enfonçant plus profondément dans sa chaleur brûlante.

Elle l'embrassa encore, et ils roulèrent à nouveau sur le lit, leurs deux corps étroitement unis, froissant les couvertures, projetant les oreillers sur le tapis.

Tandis qu'elle frissonnait de tout son corps sous ses assauts, il cessa de lutter et céda à un orgasme explosif. Il sentit alors qu'elle basculait à son tour, en parfaite synchronie avec lui.

Après, ils restèrent très longtemps blottis dans les bras l'un de l'autre. Elle ignorait combien de temps s'était écoulé, mais le soleil illuminait encore la chambre. Peu à peu, leurs souffles avaient repris un rythme normal et la transpiration s'était évaporée sur leur peau. Lorsqu'ils se séparèrent enfin, ils ramassèrent les oreillers et se rallongèrent en les glissant sous leurs têtes.

— Si tu n'avais pas déjà accepté de m'épouser, je te demanderais immédiatement en mariage, déclara-t-il enfin.

— Et j'accepterais encore une fois, répondit-elle avec un sourire.

— Je n'arrive pas à croire que nous ayons failli nous perdre l'un l'autre, observa-t-il en se redressant sur un coude.

— Je suis heureuse que cela ne soit pas arrivé. Allons-nous tout de même inclure cette histoire de donneur dans la biographie de ton père ?

— Bien sûr. Pourquoi pas ? Seulement, cette fois-ci, ce sera l'histoire de deux amis qui ont conçu un bébé ensemble et qui, ce faisant, sont tombés amoureux l'un de l'autre. Vas-tu me permettre d'assister à tes consultations prénatales, à présent que nous sommes un couple ? ajouta-t-il en effleurant délicatement son ventre.

— Oui, naturellement, et je me fiche de savoir qui nous verra ou ce qu'on racontera de nous sur les réseaux sociaux. Si je suis ton épouse, je vais devoir m'habituer à être plus aimable avec tes fans. Je pourrais même adopter le hashtag *#Mme Tommy Talbot*.

— Tu deviendrais célèbre, c'est sûr, opina-t-il, continuant à caresser son ventre. À ce sujet, tu vas aussi devoir t'habituer à la présence de ton propre garde du corps. Et à marcher sur des tapis rouges. Vas-tu m'accompagner à la cérémonie de remise des prix ?

— J'en serais honorée. Ce sera notre première soirée à visage découvert.

— Puis-je annoncer nos fiançailles à la presse, lors des réceptions qui vont suivre ?

— Oui, bien sûr, répondit-elle. Je ne veux plus rien cacher

après tout ce que nous avons traversé. Tu peux même leur annoncer que tu vas être papa.

— Vraiment ? s'étonna-t-il. Ne souhaites-tu pas attendre la fin de ce trimestre ?

— Je n'ai plus envie d'attendre du tout.

Elle désirait que le monde entier sache que Tommy et elle allaient devenir parents.

— Je n'ai plus peur de tenter le sort, désormais, ajouta-t-elle. Je suis trop heureuse pour cela.

— Qui aurait pu deviner que nous serions aussi heureux ? remarqua-t-il d'un air pensif. Je me demande si Brandon trouvera bientôt la femme de sa vie.

— Es-tu inquiet de voir ton frère rester célibataire ?

Elle le considéra avec étonnement. D'abord, il avait tout fait pour que Dan et Kara restent ensemble et maintenant, il se souciait du bonheur de son frère. Elle ne put s'empêcher d'esquisser un sourire. Tommy, l'entremetteur.

— Si j'étais toi, je ne me mêlerais pas de la vie amoureuse de Brandon, observa-t-elle. Je ne pense pas qu'il apprécierait beaucoup ton intervention.

— Je n'en ai aucune intention, assura-t-il. Mais toi et moi, nous allons bientôt nous marier, et Matt et Libby aussi. Brandon risque de se sentir bien seul.

— Si sa destinée est de rencontrer l'amour de sa vie, cela se produira un jour.

— Oui, tu as raison, convint-il. Et si, quelque part, une femme est destinée à l'aimer, Brandon la rendra folle, comme je l'ai fait avec toi.

— Vous, les frères Talbot, vous êtes une tribu dangereuse, remarqua-t-elle d'un ton enjôleur, fixant le devant de son jean, qu'il avait enfilé mais pas encore boutonné.

Elle effleura le denim du bout des doigts, avant de murmurer :

— Je crois que je vais avoir à nouveau envie de toi.

— Cela peut facilement s'arranger, déclara-t-il en la recouvrant de son corps.

Ils s'embrassèrent et l'érection qu'elle sentit presser contre son sexe ne lui laissa plus aucun doute quant à la réalité de son désir.

Un rêve brûlant, songea-t-elle.

Qui durerait tant que dureraient leurs vies.

Épilogue

Leur mariage avait été magnifique, exactement comme Sophie et Tommy l'avaient espéré, et elle en avait adoré chaque instant. À présent, ils en étaient à la réception, circulant parmi leurs invités dans l'immense résidence.

Ils avaient échangé leurs vœux sous un chapiteau dressé dans le jardin, avec le grand tigre aux yeux d'ambre qui semblait monter la garde devant l'entrée. Elle portait une robe de soie blanche très semblable à celle que sa mère avait portée pour épouser son père. Elle sentait distinctement la présence de ses parents, comme des anges lui souriant depuis le ciel.

Toute la famille de Tommy s'était mobilisée. Kirby avait fièrement conduit Sophie à l'autel et Melinda avait allumé une bougie dorée au parfum romantique.

Chance, le responsable des bagues, s'était magnifiquement acquitté de sa tâche. Hokey et Pokey, les deux chiens, lui avaient servi d'acolytes, et le petit garçon était très fier de s'être gagné leur loyauté.

Matt et Libby avaient fait leur part, eux aussi. Sans oublier Brandon, suprêmement élégant dans son smoking, en sa qualité de garçon d'honneur de Tommy.

Tommy, mon mari, songea Sophie.

Elle tourna le regard vers lui, en pleine conversation avec un groupe d'invités, à l'autre extrémité de la pièce. Elle posa la main sur son ventre. Tommy avait vu juste au sujet de leur enfant.

Ils allaient avoir une fille. Comme ils ne s'étaient pas encore accordés sur un prénom, ils l'appelaient encore Mlle Petit Pois.

— Comment va ma belle-sœur ? s'enquit une voix derrière elle.

Pivotant sur les talons, elle se trouva face à Brandon. Le frère de Tommy avait amené une cavalière au mariage, une jeune femme de la bonne société qu'il voyait occasionnellement. Mais rien de sérieux. Avec Brandon, cela ne l'était jamais. Pour le moment, sa cavalière sirotait du champagne avec un autre groupe.

— Merveilleusement bien, répondit Sophie. Et toi ?

— Tout est parfait, déclara-t-il en se penchant un peu vers elle, ses cheveux d'ébène luisant dans la lumière des chandeliers au-dessus de leurs têtes. Une superbe réception. Tommy a toujours su organiser des fêtes.

— Il a ses propres points forts, mais toi aussi, rappela-t-elle en serrant sa main dans la sienne. La famille Talbot ne serait pas ce qu'elle est sans toi.

— C'est vrai, convint-il en lui rendant son étreinte. C'est moi qui passe tout mon temps à leur éviter des ennuis. En tout cas, je n'ai plus besoin de me faire du souci pour Tommy. Désormais, il est ta responsabilité. Mais je suppose qu'il en a toujours été ainsi. Vous étiez inséparables. J'aurais dû deviner que vous finiriez par vous marier un jour. Mais j'étais trop occupé à voir Tommy comme le rebelle qu'il était à l'époque.

— Nous l'étions tous, observa-t-elle en riant.

— Tu es ce que la famille pouvait rêver de mieux pour s'agrandir. Je suis très heureux que mon frère et toi soyez unis, aujourd'hui.

— Merci.

Elle songea à la remarque de Tommy, qui espérait voir Brandon trouver un jour l'amour de sa vie. Mais elle se garda bien d'y faire allusion. Elle avait déjà averti Tommy de ne pas se mêler des affaires de cœur de Brandon.

Et, justement, son mari se frayait un chemin vers elle à

travers la foule. Elle sourit à son homme par-dessus l'épaule de Brandon.

— Il est temps que je me retire élégamment, observa-t-il. Voilà le marié qui arrive, tout charme dehors.

— C'est vrai qu'il me charme, reconnut-elle en riant.

En partant, Brandon croisa Tommy et lui assena une claque amicale sur l'épaule.

Incapable d'attendre davantage, elle se précipita dans les bras de son mari. Rien ne semblait plus naturel, plus beau, plus juste.

— Jusqu'ici, cette journée a été la plus belle de toute ma vie, déclara-t-elle, sachant déjà qu'ils avaient beaucoup d'autres jours merveilleux devant eux.

— Pour moi aussi. J'ai écrit une chanson tout spécialement pour toi, ajouta-t-il après l'avoir embrassée avec une lente douceur.

Il travaillait sur l'album qu'ils lui avaient inspiré, elle et le bébé, mais elle avait supposé que ces chansons n'étaient encore qu'un projet.

— As-tu l'intention de me chanter une sérénade ?

— Oui, murmura-t-il, laissant glisser ses mains sur le dos de sa robe. Mais ce sera une chanson très érotique. Tu vas devoir attendre que nous soyons au lit pour l'entendre.

— Oh ! roucoula-t-elle en se blottissant tout contre lui. Une chanson de lune de miel ?

— Oui, confirma-t-il en lui enlaçant la taille pour la serrer tout contre lui. *Ballade pour mon épouse nue*.

— Je ne suis pas encore nue, rappela-t-elle en riant.

Mais, ce soir même, elle ôterait sa robe devant lui, la star du country qu'elle venait d'épouser, l'ami et l'amant à qui elle confiait son cœur à tout jamais.

CATHERINE MANN

Une relation sous tension

Traduction française de
FLORENCE MOREAU

PASSIONS

HARLEQUIN

Titre original :
THE BILLIONAIRE RENEGADE

Ce roman a déjà été publié en 2019.

1

Il était de retour.

Felicity Hunt n'avait pas besoin de voir plus que son stetson couleur chamois posé sur ses genoux pour savoir que Conrad Steele n'avait pas respecté sa demande, à savoir qu'il ne cherche plus à la voir. Cet homme menaçait en effet l'équilibre qu'elle avait eu tant de mal à retrouver en reprenant une vie professionnelle, après son divorce.

Mais le magnat du pétrole alaskien avait la réputation d'être déterminé et de toujours tenter d'amadouer autrui pour l'emporter.

Qu'à cela ne tienne, avec elle, il ne gagnerait pas !

Même s'il mettait tout en œuvre pour attirer son attention aujourd'hui, dans le jardin d'hiver de l'hôpital.

Il était actuellement en train de faire la lecture à des petits patients rassemblés autour de lui en forme de cœur.

En revenant de sa visite à un enfant de trois ans dans un état critique, qui venait juste d'être pris en charge par les services sociaux, Felicity se rappela fermement sa résolution de rester à distance de cet homme. Plus facile à dire qu'à faire : en tant que travailleuse sociale à Anchorage General Hospital, elle éprouvait une tendresse spéciale pour ses jeunes patients.

Les enfants, calés dans des fauteuils roulants ou allongés sur des matelas à même le sol, écarquillaient les yeux, concentrés sur le cow-boy qui leur racontait l'histoire d'un cheval aux pouvoirs magiques. De sa voix de baryton, il faisait rouler les mots, le livre semblant disparaître dans ses larges mains. Il le laissait néanmoins ouvert pour que son jeune public puisse admirer l'aquarelle qui représentait le cheval, avec une selle et une couverture sur le dos.

Une petite fille leva la main.

— Qu'est-ce qui pend au bout de la selle ? questionna-t-elle.

— Ce sont des étriers, c'est là que le cavalier pose ses pieds, répondit Conrad, en tapant ses bottes sur le sol.

Et il poursuivit l'explication avec aisance, montrant combien étaient vastes ses connaissances en matière d'équitation.

Levant soudain les yeux, il se heurta à ceux de Felicity, appuyée contre un pilier. L'air crépita entre eux, avec une intensité à laquelle elle aurait dû être à présent habituée, mais chaque fois, le phénomène la surprenait. Il suffisait d'un coup d'œil de Conrad, le temps de trois battements de cœur, pour qu'elle en tremble longtemps après qu'il avait reporté son attention vers son livre.

Bon sang ! Il avait la beauté ravageuse d'une star de cinéma avec ses mâchoires carrées et ses pommettes hautes. Ses cheveux noirs, soigneusement peignés, laissaient apparaître de menus fils argentés au niveau des tempes, que ses doigts la démangeaient de caresser. Et puis, il y avait ses yeux, d'un bleu clair à se damner.

Ses larges épaules remplissaient sa chemise blanche à en faire craquer les coutures, et la veste de son costume était posée au dos d'un fauteuil roulant. Sa cravate rouge attirait l'attention sur son solide cou.

Conrad était définitivement un homme sur qui les autres pouvaient compter.

Assez ! Elle s'efforça de retrouver une respiration régulière, de maîtriser les battements de son cœur… La fragrance des plantes et des fleurs se mêlait aux odeurs d'antiseptiques de cet espace des plus stériles.

Jouant avec le cordon argenté auquel était accroché son

badge, Felicity savait que, dès qu'il aurait terminé sa lecture, elle sortirait du jardin d'hiver sans demander son reste.

Mais en attendant, elle ne pouvait s'empêcher de repenser à sa première rencontre avec Conrad, la façon dont il l'avait poursuivie avec un empressement flatteur. En tant que travailleuse sociale, elle avait été amenée à fréquenter souvent cet hôpital. En outre, le neveu de Conrad sortait avec une de ses amies, qui effectuait du volontariat aux soins intensifs en néonatalogie. Elle avait fini par céder et accepté quelques invitations à dîner de la part de Conrad, ce en quoi elle avait eu tort, puis elle avait rompu juste avant Noël, au moment où elle avait pris ses fonctions dans son nouvel emploi.

Ce poste, c'était comme un rêve devenu réalité : désormais, elle exerçait en effet sa profession au sein du département pédiatrique de l'hôpital – ce qui constituait une raison supplémentaire de se focaliser sur sa carrière et non sur une idylle. Son mariage raté l'avait littéralement brisée, et son chagrin s'en était ressenti dans le poste qu'elle occupait alors, l'empêchant de se concentrer. Elle avait depuis mené une lutte acharnée pour se reconvertir et il était hors de question qu'elle revienne en arrière, tant sur le plan professionnel que personnel, d'ailleurs.

Après que Conrad eut terminé la dernière page du livre, il laissa la place à une volontaire qui avait les bras chargés de marionnettes. Aussitôt, Felicity relâcha son cordon, le doigt engourdi pour l'avoir trop étroitement enserré avec. Tout comme elle avait trop attendu, perdue dans ses pensées ! Encore que si elle s'esquivait prestement, elle avait une chance de lui échapper...

Mais n'était-ce pas remettre l'inévitable à plus tard ?

Elle ne pourrait pas le fuir toute la journée, elle devait finir par l'affronter et lui demander pourquoi il refusait de la laisser tranquille. À cette pensée, son cœur se mit à battre plus fort...

Conrad renfila sa veste puis, reprenant son stetson et son pardessus, il se fraya un chemin parmi les enfants, passa devant les géraniums qui se déployaient généreusement dans des pots en terre, les arbres plantés dans d'immenses bacs et une fontaine en pierre qui gargouillait. Tandis que la marionnettiste montait son estrade portative, les enfants s'étiraient et remuaient, les matelas crissaient et les potences pour intraveineuses cliquetaient. Conrad s'arrêta pour répondre, en se penchant vers elle, à la question d'une petite fille dont un bandana masquait le crâne chauve, avant de poursuivre son chemin vers la sortie.

Ce fut alors qu'il porta le regard sur elle...

Felicity poussa un lourd soupir et sentit malgré elle les battements de son pouls redoubler, car il venait de foncer droit sur elle, ses longues jambes dévorant littéralement l'espace qui les séparait, ses bottes martelant le carrelage.

— Bonjour, dit-il tout simplement.

Et il pencha la tête au point qu'elle sentit son souffle lui caresser la joue.

— Je suis heureux de te revoir, ajouta-t-il.

Se mordant la lèvre, elle s'efforça de ne pas baisser le regard vers sa bouche, mais de soutenir le sien, tandis que les souvenirs des brefs instants passés ensemble affluaient.

— Nous ferions mieux de nous éloigner pour ne pas perturber le spectacle, poursuivit-il.

De la musique de flûte s'éleva à cet instant d'une enceinte et la marionnettiste s'installa sur l'estrade : le silence se fit parmi les enfants, prêts pour assister à la suite des réjouissances.

Conrad ouvrit alors la porte qui menait hors du jardin d'hiver et conduisait dans le hall bruyant, son manteau sur le bras. Le personnel s'y mêlait aux visiteurs, et le flot humain s'écoulait dans les deux sens, de façon fluide, chacun veillant à contourner l'autre quand ils se croisaient. Derrière les larges baies, un chasse-neige se dirigeait vers le parking à étages.

Passant son bras sous le sien, Conrad l'entraîna dans un recoin, au bout d'une rangée de distributeurs automatiques. Ce simple contact la mit en feu. En outre, son regard brûlant lui donnait l'impression d'être une sirène irrésistible, en dépit de sa jupe crayon à fines rayures et de son chemiser blanc bouffant.

Il posa alors la main contre le mur, ses larges épaules les isolant du reste du vestibule : tel un magicien, il venait de transformer un lieu public en un espace intime.

— Félicitations pour ton nouveau poste, lui dit-il.

Il était donc au courant ! Sans doute grâce à son neveu, Marshall Steele, qui sortait avec Tally Benson, l'une de ses amies, pensa Felicity. Du même coup, il lui confirmait qu'il n'était pas venu ici de manière fortuite, mais dans le dessein de la voir.

Un sentiment de frustration, pimenté malgré elle d'un frisson de plaisir, la gagna aussitôt.

— Tally te l'a donc dit ?

— C'est Marshall, reconnut-il. J'ignorais que tu voulais changer de travail.

Elle devait fournir de gros efforts pour se concentrer sur ce qu'il lui disait car elle inhalait, au rythme de sa respiration, les fragrances épicées de son après-rasage.

— Mon dernier poste ne me déplaisait pas, mais ici, c'est vraiment le travail de mes rêves.

— Ils ont de la chance de t'avoir parmi eux.

Sa main était si proche de sa chevelure qu'il aurait pu la caresser, mais il n'en fit rien.

Le contact fantôme, la promesse, n'en fut que plus puissant... *Assez de blabla poli !* trancha-t-elle alors pour bâillonner ses pensées qui s'égaraient.

— Pourquoi es-tu ici ? Je ne crois pas un instant que tu avais envie de lire des histoires à voix haute à des enfants malades.

— Tu n'as pas voulu accepter mon invitation au gala de charité des célibataires, le mois dernier, alors je viens rattraper ici l'argent que j'ai dépensé.

Elle avait été furieuse qu'il ait acheté un billet pour elle, lors du gala de charité. Elle avait horreur qu'on la manipule, une autre raison qui nourrissait sa colère de le voir ici aujourd'hui, en dépit de la façon dont sa proximité faisait monter en flèche sa température intérieure.

Néanmoins, elle ne pouvait nier qu'il venait d'accomplir une bonne action pour ces enfants dont la plupart effectuaient de longs séjours dans le service d'oncologie.

— C'est très altruiste de ta part, répondit-elle. Qu'est-ce qui t'a donné envie d'opter pour une lecture à voix haute, plutôt que, disons, pour du volontariat dans une boutique de souvenirs ?

— J'aime les enfants, même si moi-même je n'en ai pas. J'ai toujours été très investi dans mon rôle d'oncle et je suis fier de ce titre. En outre, la fondation caritative de ma famille est à l'initiative d'un certain nombre de projets ici, à Anchorage General.

Était-il possible qu'elle ne soit pas au courant ? Ou bien la faisait-il marcher pour la punir d'avoir osé dire « non » à un Steele ?

— Quel genre de projets ?

— Nous commençons par une donation de livres aux patients, répondit-il sans hésitation.

OK, elle le croyait, du moins sur ce point.

— C'est formidable, mais je dois d'abord m'assurer que tu as bien compris qu'on n'achète pas mon intérêt.

Son sourire, qui lui venait si facilement aux lèvres, s'évanouit.

— Je ne brade pas non plus mon honneur, répliqua-t-il. Ma famille a toujours soutenu cet hôpital en remerciement des soins hors pair dont elle a bénéficié ici. Mes nièces et neveux y sont tous nés, ma nièce Naomi y a été soignée lorsqu'elle a eu son cancer et elle y a ensuite accouché de ses jumeaux. Cette donation de livres n'est que le début d'un nouveau programme pilote.

— Un programme pilote ? reprit-elle malgré elle, mue par son sens professionnel.

Et tant pis pour son envie de la jouer aussi calme et majestueuse que la toundra alaskienne.

— La nouvelle fondation caritative des familles Steele et Mikkelson cherche à transformer cet hôpital en un établissement qui se démarquera des autres. Pour commencer, elle donnera aux enfants des livres qu'ils pourront garder, afin d'éviter tout risque de contamination comme c'est le cas avec des documents prêtés.

Qu'aurait-elle pu objecter à un tel projet ? Absolument rien.

— C'est vraiment très attentionné, reconnut-elle. Et je suis certaine que parents et enfants t'en seront fort reconnaissants.

Les longues hospitalisations finissaient par grever sérieusement les budgets familiaux de sorte que même l'achat de livres devenait un luxe.

— Aujourd'hui, après la lecture, les enfants ont chacun reçu un exemplaire de l'histoire qu'ils venaient d'entendre, lui précisa-t-il.

Et un petit sourire releva le coin de ses lèvres, tandis que ses yeux, typiques des Steele, reflétaient mille promesses.

Le récit avait été captivant, c'était indéniable, surtout lu par un cow-boy plus vrai que nature.

— Tu as parlé de plusieurs projets, reprit-elle. Qu'est-ce que la fondation envisage d'autre ?

Certes, il avait piqué sa curiosité, mais elle avait aussi besoin d'en savoir davantage, afin de l'éviter à l'avenir : elle ne tenait pas particulièrement à ce qu'il teste constamment sa résolution à lui résister en la croisant tous les jours.

— Comme nous avons voté le programme hier, je peux t'en faire part avant le communiqué de presse qui paraîtra demain.

Et sur ces mots, son sourire s'élargit et elle sentit sa détermination fléchir.

— OK, tu as capté tout mon intérêt. Sur le plan professionnel, s'entend.

Il fronça les sourcils de manière imperceptible.

— Naturellement, renchérit-il avec un sourire à la fois confiant et sensuel. Nous faisons une donation au service d'oncologie en l'honneur de ma nièce, lequel sera rebaptisé de façon officielle à l'occasion d'un dîner entre les cadres de l'hôpital et le conseil d'administration de la fondation.

Elle commençait à comprendre… Il ne s'agissait pas juste d'un simple don de livres ou d'un plan concocté à la va-vite par ses soins, dans l'intention de la revoir. Sa famille et lui nourrissaient un réel intérêt pour l'hôpital et souhaitaient faire partie de ses bailleurs de fonds.

Et elle saisit aussi ce que cette initiative impliquait immanquablement. Elle ne put retenir un frisson d'excitation.

— Tu restes dans le coin, n'est-ce pas ? lança-t-il alors.

Son stetson à la main, Conrad regarda Felicity s'éloigner d'un pas précipité dans un couloir de l'hôpital.

Il venait incontestablement de marquer un point, et c'était une bonne chose, songea-t-il. Pour sa part, il avait la ferme intention de rester dans le coin. Il l'avait désirée dès l'instant où ses yeux s'étaient posés sur elle et depuis, il avait vaillamment tenté de la conquérir, ce qui n'était pas tâche aisée, étant donné qu'elle n'était pas encore remise de son divorce. Mais il n'était pas le genre d'homme à s'avouer vaincu.

Tout en laissant son regard s'attarder sur ses reins, il se rapprocha des distributeurs, puis regagna le hall d'entrée bondé, son pardessus toujours sur le bras. Il la suivit à travers les vitres, sa chevelure châtain attachée en un chignon bas où le soleil de midi dévoilait des mèches couleur miel.

Sa jupe à fines rayures était à la fois classique et très sexy car elle moulait élégamment ses formes, l'ourlet arrivant juste à la hauteur de ses bottes hautes en cuir. Les frous-frous de son chemisier avaient attiré son œil sur son cou et ses poignets. Mais il lui en fallait peu pour être captivé par Felicity.

Il choisissait soigneusement les femmes avec qui il sortait, de préférence celles qui n'attendaient pas une demande en mariage. Lui-même, après un bref mariage raté, avait failli réitérer l'expérience, à ceci près que sa fiancée l'avait quitté alors qu'il se tenait déjà devant l'autel. Ces vaines tentatives de bonheur conjugal l'avaient complètement découragé.

Et puis son frère aîné avait perdu sa femme et un enfant dans un accident d'avion : il en était demeuré inconsolable et ce chagrin avait renforcé Conrad dans sa décision de rester célibataire. Il s'était alors dévoué corps et âme à ses nièces et neveux. Comme il adorait les enfants, ce n'avait été en rien une corvée pour lui que de délester son frère, Jack, de certaines tâches. Conrad avait quinze ans de moins que lui, ainsi que de l'énergie et du temps à revendre. Aussi ne pouvait-il s'empêcher de se demander si le fait que les enfants de Jack soient désormais grands n'était pas la raison pour laquelle il ressentait une certaine agitation intérieure...

De nouveau, il se concentra sur Felicity qui entrait à présent dans un ascenseur vitré. Elle avait su capturer son attention, c'était indiscutable, et il ne doutait pas que ç'aurait été le cas à n'importe quelle période de sa vie. Il aurait préféré que les choses se soient un peu mieux passées entre eux, aujourd'hui, mais il aimait aussi relever les défis.

Il s'apprêtait à se diriger vers la rangée d'ascenseurs lorsque la double porte automatique s'ouvrit, de sorte que de l'air froid entra dans le hall. Son regard tomba alors sur un visage familier, en l'occurrence celui de Marshall, son neveu : le cadet des enfants de Jack Steele était un peu solitaire, préférant gérer le ranch de la famille plutôt que travailler pour leur société pétrolière. Il ne manifestait jamais le moindre intérêt pour le fonctionnement de l'entreprise.

Toute la famille toutefois s'était retrouvée impliquée lorsque Jack Steele s'était fiancé à la veuve qui se trouvait à la tête de la société rivale possédée par les Mikkelson. Peu après, il avait fait une chute de cheval dont il réchappa de justesse. Il avait dû subir une opération de la colonne vertébrale, dont il lui avait fallu plusieurs mois pour se remettre.

Après le mariage de Jack et Jeannie Mikkelson, la famille avait encore connu une période difficile lors de la fusion des deux compagnies, à savoir l'Alaska Oil Barons Inc. Tous s'étaient serré les coudes et chacun espérait que la fondation caritative, dirigée à la fois par les Steele et les Mikkelson, contribuerait à une collaboration plus étroite entre les deux camps, ce qui rassurerait les investisseurs.

Marshall s'avança vers lui en secouant la neige sur son chapeau.

— Que fais-tu ici ? s'enquit-il. Quelque chose ne va pas ?

— Non, tout va bien, lui assura-t-il.

Ils étaient tous encore un peu marqués par l'accident de Jack et l'anévrisme de Shana Mikkelson : une famille élargie apportait certes plus de bonheur mais également davantage de soucis.

— J'ai apporté les livres aux enfants du service pédiatrique, et je viens de terminer une lecture à voix haute.

— Vraiment ? Toi, je te soupçonne d'avoir des arrière-pensées.

Marshall plissa alors ses yeux marron. L'air avisé qui se reflétait dans leurs profondeurs rappela à Conrad la mère de son neveu, décédée dans l'accident d'avion.

— Felicity travaille ici à plein temps, désormais, si je ne m'abuse, ajouta-t-il.

Conrad botta en touche.

— Je me souviens que je te faisais la lecture quand tu étais enfant.

— Et moi, je me souviens que c'était en vue d'obtenir un bonus pour ton cours d'anglais, au lycée.

Il prit un air dédaigneux.

— C'est ce qu'on appelle faire d'une pierre deux coups. Je suis multitâche, tu sais.

— Exactement, comme aujourd'hui, renchérit Marshall avant d'ajouter en levant les deux mains : Mais il n'y a pas de souci, si tu n'as pas envie de parler de Felicity. Je suis venu chercher Tally pour l'inviter à déjeuner. Tu me ramènes bien Nanuq et Shila demain, comme prévu ?

Il avait en effet hébergé deux chevaux appartenant à Marshall depuis que l'une de ses écuries avait pris feu, en attendant sa reconstruction. Les travaux de finition n'étaient pas encore terminés, mais les box sécurisés et chauffés pouvaient à nouveau accueillir Nanuq et Shila.

— Absolument. À demain, alors.

Nul doute qu'il aurait grand besoin de chevaucher pour évacuer la tension qu'il éprouverait après la confrontation imminente qui l'attendait avec Felicity : avant la fin de la journée, celle-ci aurait en effet appris qu'ils allaient être amenés à travailler étroitement ensemble, pour la fondation.

Traversant les couloirs pour regagner son bureau, Felicity aurait aimé se délester au premier étage de toutes ses pensées et surtout de l'énorme distraction sensuelle que représentait un stetson.

Elle avait les nerfs en pelote depuis qu'elle était tombée sur Conrad, or, il était impératif qu'elle se ressaisisse avant le rendez-vous avec son nouveau patron. Elle salua une infirmière qui poussait un chariot et quelques visiteurs absorbés par leur conversation.

Son nouveau patron avait été mystérieux quant à la raison du rendez-vous, se contentant de préciser que cela représenterait une étape dans sa carrière. Son intérêt en était donc piqué et elle avait hâte de le rencontrer. Fouillant dans son sac pour en sortir ses notes, elle faillit bousculer quelqu'un.

Tally Benson, plantée devant elle, lui adressa un grand sourire.

— Salut, toi ! s'exclama son amie d'un ton surpris. Je viens juste de terminer mes heures de volontariat. Je ne pensais pas te voir aujourd'hui. Comment se passe ton nouveau travail ?

— Je suis ravie de l'opportunité qu'il représente, répondit-elle alors, consciente que sa réponse sonnait faux.

Pourquoi masquait-elle ses sentiments devant son amie ?

Au lycée, elle avait fait des essais pour *Le Roi Lear* parce que sa mère d'accueil adorait Shakespeare : elle s'était alors rendu compte que jouer avec ses émotions requérait un travail bien plus grand que les acteurs ne le donnaient à penser.

Curieusement, dans sa vie professionnelle, elle n'avait jamais eu à falsifier ce qu'elle éprouvait. Sa profonde empathie naturelle lui procurait la force nécessaire pour ne pas achopper sur les difficultés liées au domaine social.

Mais aujourd'hui, elle avait de nouveau l'impression d'être

la lycéenne qui lisait son texte sans le ressentir au plus profond de son être.

— Dans ce cas, pourquoi fronces-tu les sourcils ? demanda Tally en plissant le nez.

Felicity réajusta le cordon de son badge et, incapable de résister plus longtemps, s'enquit :

— Savais-tu que Conrad faisait des lectures au service pédiatrie ?

La question était neutre et ne sous-entendait en rien qu'elle était intéressée par Conrad.

— J'ai entendu que la fondation caritative de la famille avait de grands projets pour l'hôpital, répondit Tally.

Il ne s'agissait définitivement pas d'un stratagème de la part de Conrad en vue de la séduire, pensa-t-elle alors. Si l'hôpital avait décidé de renommer une aile entière en hommage aux Steele-Mikkelson, cela signifiait que la fondation avait versé une somme considérable. Elle se sentit soudain mesquine d'avoir accusé Conrad de faire la lecture aux enfants pour impressionner la galerie.

Elle se força à sourire.

— L'hôpital a de la chance d'avoir un bienfaiteur si généreux.

— Pour être honnête, je suis un peu submergée par cette famille, ils sont si nombreux, déclara la belle rousse. Mais cette fondation caritative m'a permis de mieux les connaître.

Depuis la fusion des deux entreprises, le nom du nouveau directeur général de l'Alaska Oil Barons Inc. n'avait pas encore été communiqué, mais selon certaines rumeurs, l'annonce ne devait plus tarder.

— À propos, se rappela Felicity en plongeant la main dans son sac, j'ai une lettre de recommandation pour toi.

Elle avait convaincu Tally de remplir une demande de bourse en vue de passer un diplôme de travailleuse sociale, un métier taillé sur mesure pour elle.

Tally afficha un beau sourire et les larmes lui montèrent aux yeux.

— Merci, dit-elle en prenant l'enveloppe pour la glisser dans son sac. Ton soutien et tes encouragements comptent énormément pour moi. J'ai tellement peur d'être déçue et de ne pas être prise. Et encore moins d'obtenir une bourse.

L'espoir pouvait parfois être effrayant, c'était indéniable. Elle-même avait dû déployer d'immenses efforts pour envisager de nouveau l'avenir de façon positive après son divorce.

— Je croise les doigts pour toi, préviens-moi dès que tu connais la réponse.

— Tu peux compter sur moi, promit Tally en la serrant brièvement dans ses bras. Déjeunons bientôt ensemble pour nous voir plus longuement. C'est moi qui t'invite.

— Génial. On s'appelle...

Un sourire aux lèvres, Felicity lui fit un petit signe de la main avant d'entrer dans son nouveau bureau dont la grande baie donnait sur les montagnes enneigées, de sorte que toute la lumière qu'offrait une courte journée d'hiver alaskienne s'y déversait. Des cartons étaient encore empilés dans un coin, même si elle avait sorti ses affaires les plus importantes, à commencer par un tableau où figuraient les lettres de remerciement des parents ou de nouveaux patients, ainsi que des dessins d'enfants. Cela comptait bien plus pour elle que n'importe quelle marque d'approbation de sa hiérarchie : c'étaient autant de preuves concrètes que, par son travail, elle contribuait à améliorer la vie des enfants en difficulté.

Il était vrai qu'elle les comprenait si bien...

Ravalant un nœud dans sa gorge, elle se mit à fouiller dans ses dossiers en quête de celui sur lequel figurait un bison du Texas. Soudain, elle regarda l'heure et poussa un petit cri. Elle devait se presser !

Quelques instants plus tard, elle courait vers la rangée d'ascenseurs, ses bottes en cuir martelant le sol carrelé. Les portes d'un appareil étaient en train de se refermer.

— Attendez, s'il vous plaît ! s'écria-t-elle.

D'une main preste, quelqu'un empêcha l'ascenseur de se refermer, et elle poussa un soupir en entrant à l'intérieur.

— Merci, lâcha-t-elle tout essoufflée. Je suis en retard à un rendez-vous.

Un rire masculin résonna tout à coup de l'autre côté de l'ascenseur bondé.

Un rire familier. Conrad !

Elle ferma les yeux.

Était-ce fortuit ?

Se ressaisissant, elle rouvrit les paupières : il se trouvait tout près d'une jeune infirmière qui le dévorait littéralement des yeux. Toutefois, il ne prêtait nulle attention à ce comportement flirteur, ce qui la réconforta : il sortait avec de nombreuses femmes, mais elle devait reconnaître que jamais elle n'avait entendu des paroles négatives à son sujet de leur part.

Bon sang, pourquoi nourrissait-elle de telles pensées ?

— Cinquième étage, s'il vous plaît ! dit-elle.

Elle repensa alors à la proposition qu'elle comptait soumettre à son chef concernant une nouvelle playlist de titres et de films pour les enfants du service d'oncologie.

Les portes de l'ascenseur s'ouvrirent à nouveau. Les autres passagers sortirent, la laissant seule avec Conrad. Il aurait été trop beau qu'il sorte avec tous les autres, songea-t-elle, tandis qu'une petite voix lui murmurait que sa présence n'aurait pas dû l'importuner ainsi.

Il se rapprocha d'elle.

— Tu accepterais une invitation à dîner ?

— Tu es tenace, je dois le reconnaître.

— Tu veux en savoir plus sur le programme de la fondation ?

Elle lui jeta un coup d'œil vif et se heurta à l'impact de son regard. Un frisson la parcourut quand son odeur épicée pénétra ses poumons, dans l'espace exigu de l'ascenseur. Bref, Conrad était tout simplement à croquer et offrait par ailleurs de lui révéler des informations qu'elle mourait d'envie d'apprendre.

— Je suis fort curieuse d'en savoir davantage, mais je dois

décliner, pour le dîner. Ce n'est pas en te moquant de moi que tu vas arriver à tes fins ! le prévint-elle, quand il lui eut répondu par un petit rire.

— Je ne me moque pas de toi, au contraire, je te trouve drôle, spirituelle et sexy en diable. Est-ce que je m'améliore ? questionna-t-il avec un sourire.

Elle poussa un soupir et le regarda droit dans les yeux. Il était décidément beau à se damner.

— Je ne comprends juste pas pourquoi tu continues à me poursuivre de tes assiduités.

— Parce que tu es fascinante.

Et sur cette déclaration, il soutint son regard, ce qui fit courir des frissons le long de son dos. Que ressentirait-elle si elle se lovait contre lui, juste une seconde ? En tout état de cause, l'attirance était indéniable entre eux.

Les portes de l'ascenseur s'ouvrirent bientôt, elle en sortit alors que d'autres entraient ; une fois à l'extérieur, elle s'aperçut qu'il l'avait suivie. Alors même qu'elle se rendait à un rendez-vous avec son nouveau patron... Le jour précis où il lui avait appris les engagements de sa fondation familiale à Anchorage General, au département pédiatrique... Un curieux pressentiment la saisit.

Lui faisant signe d'avancer, Conrad lui sourit.

— Ça va être un plaisir de travailler ensemble, déclara-t-il.

2

Conrad était bien conscient qu'il ne devait pas forcer le destin.

Il tint la porte à Felicity alors qu'une heure plus tard, ils sortaient de leur réunion. D'autres étaient prévues pour discuter des meilleures initiatives possible dans le cadre de la fondation caritative Steele-Mikkelson, et ils devaient à présent trouver des horaires qui convenaient également à Isabeau Mikkelson, qui était la responsable officielle des relations publiques de la fondation.

Leur objectif premier consistait à concevoir une brochure qui serait dévoilée lors d'un banquet du conseil d'administration, le mois suivant. Ce qui lui laissait quatre semaines pour conquérir Felicity.

Et si elle s'entêtait à le repousser ? Non, il refusait de croire à une telle éventualité. Certes, ils n'étaient pas deux amoureux transis, mais il demeurait persuadé qu'ils pourraient avoir une formidable liaison, elle et lui.

Quand ils montèrent dans l'ascenseur, il comprit, à la façon dont ses épaules étaient tendues, qu'il ne devait pas trop insister, pour aujourd'hui. Sortant son téléphone portable, il consulta ses mails non sans qu'elle ne lui lance un regard surpris. Il réprima un petit sourire.

Une heure plus tard, il arpentait les couloirs de l'Alaska Oil Barons Inc. Il faisait en effet partie du conseil d'administration de la société de son frère, tout en ayant sa propre activité.

D'un côté du couloir, la baie offrait une vue sur le port gelé, tandis que sur l'autre mur étaient affichées des photos artistiques du paysage alaskien. Cet établissement, qui accueillait depuis toujours les bureaux des Steele, était demeuré le siège de la société depuis la fusion. La décoration avait intégré au chrome initial du teck avec embout métallique, typique de la tour Mikkelson.

Il ouvrit la porte de la salle de conférences : la longue table était déjà à moitié occupée. Au bout se tenait son frère Jack, à côté de sa nouvelle femme, Jeannie Mikkelson-Steele, dont l'influence s'étendait bien au-delà d'un simple changement d'ameublement.

Jack lui adressa un signe de la main quand il entra.

— On attend encore Naomi, lui dit-il. Comment ça s'est passé, à l'hôpital ?

Il prit place autour de la table en bois poli et aux lignes pures.

— Les enfants étaient très reconnaissants pour les livres et la lecture à voix haute.

Jack lui adressa un sourire.

— Je parlais de ta réunion avec Felicity Hunt. De sa réaction quand elle a découvert que tu serais son interlocuteur référent.

Conrad retarda alors sa réponse sous prétexte de sortir des dossiers de son attaché-case : il n'avait certainement pas besoin que sa famille effraie Felicity par sa curiosité !

— J'ai apporté ça pour Fleur, dit-il.

Et il tendit à Glenna Mikkelson-Steele, la fille aînée de Jeannie, un exemplaire du livre qu'il avait lu à l'hôpital.

À la surprise de tous, Glenna avait épousé le fils aîné de Jack, que tout le monde voyait déjà aux commandes de l'entreprise familiale. Mais Broderick avait tenu à partager les tâches de directeur financier avec sa femme afin qu'ils aient tous les deux plus de temps à consacrer à leur famille qui ne cessait de s'agrandir.

Aussi le comité se réunissait-il en vue de trouver un nouveau directeur général, l'actuel ayant préféré rejoindre une autre société dans le Dakota du Nord, et tous avaient en vue Ward

Benally. Celui-ci travaillait pour une entreprise concurrente et le convaincre de prendre la tête de la société familiale constituait un défi que les Steele-Mikkelson tenaient à relever. Ward représentait certes une aubaine, mais se révélait également un farouche négociateur, d'où la raison pour laquelle les pourparlers s'éternisaient.

Conrad s'efforçait d'aider au mieux sa famille durant cette période de fusion. Il fit glisser un autre exemplaire du livre à l'autre bout de la table, en direction de Trystan Mikkelson, le mouton noir de la famille, assis à côté de sa femme enceinte jusqu'aux dents, Isabeau, la consultante chargée des relations publiques au sein de la société. Elle posa alors une main sur son ventre, l'autre reposant sur la tête de son labrador.

Jack s'empara directement d'un autre exemplaire dans l'attaché-case de son frère.

— Alors, cette réunion ? s'enquit-il tout en le feuilletant.

— Je ne vois pas trop ce que tu veux savoir, répondit Conrad, évasif, en sortant sa tablette. J'y ai assisté, nous avons discuté du programme et espérons qu'Isabeau sera présente à la prochaine réunion.

— Et Felicity n'a rien objecté au fait que tu sois son interlocuteur référent ? insista Jack.

Son frère n'aurait-il donc pas pu lui poser cette question en privé ?

— Elle sait faire preuve de professionnalisme et, en l'occurrence, il s'agit de travail.

Jack fit la grimace.

— Te serais-tu porté volontaire pour intégrer le conseil d'administration de la fondation, si elle n'avait pas été impliquée ?

Conrad referma d'un geste brusque son attaché-case.

— J'ai toujours été loyal envers ma famille, décréta-t-il avant d'aborder de front le sujet brûlant. Et je ne nie pas que j'ai envie de passer plus de temps avec elle. C'est curieux comme la vie fait bien les choses, parfois.

Par chance, Naomi Steele-Miller entra alors dans la salle,

lui épargnant d'autres questions. Sa nièce avait frôlé la mort, adolescente, et beaucoup avaient cru qu'elle ne survivrait pas à son cancer. Pour sa part, il s'était demandé comment son frère accuserait le choc de perdre un autre enfant, après Breanna. Par chance, cela ne s'était pas produit.

Encore que, comme chacun avait pu le découvrir, il n'avait pas non plus perdu cette dernière.

Se levant, Conrad tira une chaise pour sa nièce. Brea et Naomi se ressemblaient tant, enfants, songea-t-il. Comment était-il possible que personne n'ait remarqué cette ressemblance quand Breanna, se faisant passer pour une certaine Milla Jones, avait occupé incognito un poste de réceptionniste ? Bien sûr, elle s'était teint les cheveux en blond platine, mais comment avaient-ils pu tous être trompés par un stratagème aussi simple ? D'accord, Brea et Naomi étaient de fausses jumelles, mais tout de même !

Cette dernière s'assit en disant :

— Merci pour votre patience et désolée pour ce retard. Mettre les filles au lit m'a pris plus de temps que prévu.

Conrad sortit un nouvel exemplaire de l'album qu'il tendit à sa nièce. Avocate à l'Alaska Oil Barons Inc., elle venait depuis peu au travail sans ses jumelles dans leur double poussette. Son mari et elle travaillaient autant que possible de la maison. Royce était chercheur scientifique au sein de la société.

Jack avala un trait d'eau avant de déclarer :

— Nul besoin de t'excuser, Naomi. Tout le monde vient juste d'arriver.

Tout le monde ?

Curieux, constata alors Conrad, pourquoi ceux qui ne faisaient pas partie de la famille n'avaient-ils pas été conviés ? S'agissait-il d'une réunion particulière ?

Jack prit son verre dans ses mains, mâchoires tendues.

— Shana a appelé pour dire qu'il y avait du nouveau, dans l'enquête, dit-il.

Conrad se raidit et tous les yeux se tournèrent vers lui.

— Milla Jones, Brea donc, a pris contact avec un avocat, car elle tient à avoir, si elle nous rencontre, une présence légale à ses côtés.

Conrad constata alors l'effet délétère de l'information sur son frère aîné, qui avait de gros cernes et des rides autour des yeux depuis le début de l'affaire.

Jack secoua la tête et se passa la main dans les cheveux.

— Notre Brea veut être représentée par une avocate pour nous parler ? C'est complètement surréaliste.

Jeannie posa la main sur le bras de son mari.

— Elle a été absente pendant très longtemps. On ignore ce qu'elle a traversé. Concentrons-nous plutôt sur le fait qu'elle ait redonné signe de vie.

Broderick émit un rire sarcastique.

— Parce qu'elle a eu vent que notre enquête se resserrait autour d'elle.

— Ne sois pas cynique ! lui ordonna Jack.

— Ce sont juste des faits objectifs, papa. Peu importe qui elle est, on ne peut pas oublier qu'elle a divulgué des secrets de la société avant de s'enfuir, sans un mot pour aucun de nous.

Jack repoussa son verre.

— Peu importe ce qui s'est passé quand elle a travaillé pour nous en tant que Milla Jones, c'est avant tout *notre* Breanna et rien n'est plus important.

On acquiesça autour de la table, certains avec moins d'empressement que d'autres.

— Faisons une petite pause pour retrouver nos esprits, proposa Jeannie. Nous reparlerons ensuite des dernières négociations en cours avec Ward Benally.

Voilà qui était une sage proposition, eu égard à la tension ambiante : récemment, certains avaient avancé qu'un membre de la famille Mikkelson était peut-être impliqué dans la disparition de Brea. Cela semblait inconcevable, mais la possibilité que celle-ci ait encore été en vie l'avait été tout autant.

Désormais, tout était possible.

Une fois dans le couloir pour la pause, Conrad sortit son portable et, immédiatement, une avalanche de messages en absence et de textos s'afficha. Et quel nom figurait en haut de ceux qui l'avaient appelé ?

Celui de Felicity Hunt.

Felicity s'efforçait de ne pas regarder son téléphone posé sur le comptoir de la cuisine.

Elle avait tenté de joindre Conrad sur une impulsion, ce qui était d'autant plus surprenant qu'agir dans l'urgence du moment ne lui ressemblait pas. Mais lorsqu'une de ses collègues lui avait envoyé un texto la questionnant sur une rumeur qui courait actuellement sur Breanna Steele, elle s'était souvenue d'avoir eu une discussion avec Conrad au sujet de sa nièce et de combien sa disparition l'avait affecté. Aussi avait-elle appuyé sur son nom dans ses contacts sans même réfléchir.

L'immobilier était cher en Alaska et les travailleurs sociaux ne gagnaient pas de salaires mirobolants. Comme elle vivait seule et passait le plus clair de son temps au travail, elle avait estimé qu'un deux-pièces lui suffirait amplement, d'autant qu'elle n'avait rien rapporté du Texas, préférant laisser ses meubles et les mauvais souvenirs qui y étaient associés derrière elle.

Son salon était petit mais confortable, meublé d'un canapé dans des tons d'ocre, d'un siège en rotin qui occupait peu d'espace, ainsi que d'un gros fauteuil de lecture couleur framboise, tout près de la fenêtre, petit luxe qu'elle s'était octroyé et qui lui assurait une vue sur la ligne d'horizon. Le soleil de son Texas natal lui manquait, mais ici, la majesté des paysages était inégalable, c'était indéniable.

Elle avait recherché un lieu de vie loin des souvenirs douloureux liés au passé et elle avait trouvé un havre.

Revenant à sa cafetière, elle appuya sur le bouton « Eau bouillante » pour se faire du thé et sortit du placard un mug en grès qu'elle avait acheté dans une brocante locale. En laissant toutes ses affaires au Texas, elle avait eu l'opportunité d'explorer de nouveaux styles et de se réinventer.

De fait, elle avait juste gardé les choses les plus importantes pour elle, à savoir les lettres qu'elle avait reçues des personnes qui s'étaient occupées d'elle, des enfants placés, comme elle, et de sa dernière famille d'accueil, où la mère était une travailleuse sociale qui avait complètement transformé son existence.

Son travail représentait désormais toute sa vie, sa vocation étant de venir en aide aux enfants sans défense. Chaque jour, elle se répétait ce mantra. Et récemment, plus souvent encore, depuis que Conrad Steele était entré dans sa vie.

Elle souffla sur son thé avant d'en avaler une gorgée : la chaleur lui calma les nerfs.

Brusquement, la sonnerie de son téléphone retentit et elle s'en empara tout en portant de nouveau le mug à ses lèvres, mais elle s'immobilisa dans son geste après avoir lu le nom qui s'affichait sur l'écran.

Conrad Steele.

Son cœur avait bondi un peu trop fort à son goût, pourtant elle n'allait pas jouer à un petit jeu idiot en laissant l'appareil sonner plus longtemps. Ce n'aurait pas été un comportement très adulte.

— Bonjour, Conrad.

— J'ai vu que j'avais un appel de toi en absence.

Cet homme produisait sur elle un effet si puissant qu'elle en resta d'abord bouche bée. Comme il était frustrant qu'il en soit ainsi, alors qu'elle s'était juré de garder ses distances !

— Je ne voulais pas te déranger, juste voir si tout allait bien, ajouta-t-il.

— Oui, à l'hôpital, tout roule, pas de souci, de ce côté-là. C'est juste que j'ai entendu des nouvelles au sujet de ta nièce. Je ne veux pas avoir l'air indiscrète ou envahir l'espace privé de ta famille, mais j'ai pensé que vous...

— Tu n'es pas indiscrète, je te rassure, juste bien attentionnée.

Je t'en remercie. Je sais que ton amitié pour Tally te lie à ma famille et que tu es sincère.

— C'est vrai.

Il poussa un long soupir et reprit :

— Brea nous a recontactés. Nous ne savons pas très bien où elle se trouvait pendant tout ce temps, ni pourquoi elle est revenue de cette façon, en se faisant passer pour une autre. Mais au moins, nous allons bientôt obtenir des réponses.

— Ce doit être difficile, pour vous.

— Mon frère est effectivement crispé à l'extrême, admit-il d'une voix tendue.

Elle le connaissait assez pour saisir combien la situation l'affectait et le savait par ailleurs très proche de sa famille. D'ailleurs, c'était l'une des choses qui l'attiraient particulièrement chez lui.

— Et toi, tes sentiments doivent passer au second plan, car tu es simplement l'oncle.

— Tu exerces tes talents professionnels sur moi, maintenant ?

— C'est une seconde nature, je suppose.

Elle ne pensait pas être aussi transparente, à moins qu'il ne soit fort perspicace. Dorénavant, elle veillerait à s'exprimer avec plus de prudence.

— Ça va aller, ne t'en fais pas, mais merci de te soucier de moi, dit-il avec douceur avant d'ajouter : Ton appel avait-il un autre motif ?

— Eh bien, j'ai reçu le texto d'une collègue comportant des informations que je crois utile de te transmettre.

— De quoi s'agit-il ?

— La rumeur court déjà que Milla Jones serait ta nièce disparue. Des photos de Milla – alias Brea – circulent.

— Oui, nous les avons publiées au début de nos investigations.

Elle entortilla le cordon de son badge.

— Tout le monde, à la pause, parlait d'un formulaire rempli par une bénévole et concernant une livraison de fleurs à une patiente, qui aurait été effectuée par Brea. La bénévole comptait en informer ta famille, mais je voulais m'assurer que tu serais bien au courant.

— Une livraison de fleurs ? C'est curieux.

— Mon amie m'a dit qu'une bénévole lui a raconté avoir été abordée par Milla et que celle-ci lui a donné une coquette somme en échange de son uniforme. Comme ce n'est pas du tout conforme à la déontologie, elle n'est pas venue le déclarer avant.

— Quand cela s'est-il produit ?

— À l'automne dernier. Je suis certaine que ta famille en sera bientôt avisée par des canaux plus officiels.

— L'automne dernier ? C'est l'époque où sont nées les jumelles de Naomi.

Un frisson la parcourut à l'idée que Breanna Steele était venue rôder incognito à la maternité dans l'espoir de voir les nouveau-nés. La sécurité était primordiale à l'hôpital, et plus particulièrement dans ce service. Certes, tous les bébés portaient des bracelets qui provoquaient le déclenchement d'une alarme s'ils quittaient l'étage, néanmoins, l'information était un rien dérangeante.

Qu'était-il arrivé à Breanna pour qu'elle se méfie si fort de sa propre famille ? Un étrange pressentiment saisit Felicity, à cause de longues années de pratique dans son domaine : elle comprit que la réapparition de cette femme n'allait pas être synonyme de retrouvailles familiales faciles et heureuses.

Conrad s'éclaircit la voix.

— Merci de m'avoir prévenu, je vais transmettre l'info.

— J'espère que cela vous sera utile.

— Toute nouvelle pièce apportée à cet incroyable puzzle est précieuse. Y avait-il autre chose ? ajouta-t-il après une pause.

— En fait, oui. Je voudrais que toi et moi repartions de zéro dans l'intérêt du nouveau programme pour l'hôpital.

— Qu'entends-tu par repartir de zéro ?

— Une amitié qui fonctionne, un terrain neutre.

Elle ne pouvait pas être plus succincte.

— Je t'ai clairement laissé entendre que j'attendais plus. Cela te pose-t-il un problème ?

— Le fait est que nous devons collaborer et que je sais faire preuve de professionnalisme.

Du moins l'espérait-elle ! Si seulement il avait été moins séduisant.

Encore que cette attirance ne tenait pas juste à son physique : il y avait des tas d'hommes charmants avec qui elle travaillait tous les jours et ceux-ci ne la tentaient pas pour autant, du moins pas comme cet homme qui s'immisçait dans ses pensées malgré elle, au point qu'elle ne parvenait pas à le déloger.

— Est-ce que tu sais monter à cheval ? demanda-t-il à brûle-pourpoint.

Elle ne put retenir un petit rire.

— Si je sais monter à cheval ? Je viens du Texas, Conrad.

Son rire la fit frissonner.

— Parfait ! J'ai actuellement la garde des chevaux de mon neveu. Emmitoufle-toi et rejoins-moi.

Allons, c'était juste une petite promenade à cheval, pas un dîner en tête à tête ! Et pourtant, elle était bien trop excitée à l'idée de passer du temps supplémentaire avec ce séducteur qu'elle s'était promis de ne jamais revoir.

Conrad avait passé les dernières vingt-quatre heures à chasser la voix de Felicity de son esprit. L'attirance était une chose, mais l'obsession en était une autre. En l'occurrence, celle-ci était absolument inacceptable.

Il s'était précipité dans sa salle de sport personnelle juste avant son arrivée pour se libérer de la tension qui l'habitait. L'eau brûlante de la douche lui piquait encore la peau alors qu'il traversait son terrain de basket-ball fermé. Il expira plusieurs fois de longues bouffées d'air en passant fébrilement les doigts dans sa chevelure humide, chamboulé à la perspective d'une promenade à cheval avec Felicity.

Ouvrant la porte, il passa de la lumière fluorescente de sa salle de sport à celle plus tamisée du salon, et ses bottes résonnèrent sur le sol quand il regagna le portemanteau pour y prendre son épais anorak et son stetson noir. Ceux-ci portaient toujours les odeurs d'antiseptiques, en dépit du vent qui charriait des fragrances de pins.

Encore que l'odeur de l'hôpital n'était pas trop désagréable, car elle lui rappelait Felicity, la séduisante travailleuse sociale qui avait accepté de le retrouver aujourd'hui, devant la petite écurie située dans la partie nord de sa propriété. Enfin, petite, façon de parler : certes, elle l'était, eu égard aux critères familiaux, mais elle n'en abritait pas moins une dizaine de chevaux et une sellerie. Franchement, il n'était pas à plaindre.

La neige recouvrait entièrement le toit étagé et des stalactites pendaient de l'avant-toit. Il aperçut trois chevaux qui trottaient dans le paddock avant ou, plus exactement, gambadaient dans la neige. Sally, sa plus vieille jument, s'en donnait à cœur joie comme une jeune pouliche : elle débordait d'énergie.

Son frère possédait un haras bien plus conséquent, mais il était vrai qu'il avait des enfants alors que lui entretenait quelques bêtes pour que ses neveux en disposent quand ils venaient chez lui. En tant que célibataire, il menait une vie bien plus sobre que son frère.

Non qu'il n'ait un jour envisagé lui aussi d'être entouré d'une descendance aussi grande, mais, de toute évidence, les étoiles en avaient décidé autrement. Telle était la conclusion définitive à laquelle il était arrivé après l'échec de ses deux relations les plus déterminantes. En dépit de sa bonne volonté, on lui avait piétiné le cœur à deux reprises. La morsure de la trahison le faisait encore souffrir.

Aussi s'était-il mis à aider son frère de façon éperdue : il avait regardé ses enfants grandir et apporté son soutien autant que Jack le lui permettait, de sorte que sa vie était bien remplie.

La neige crissait sous ses pieds tandis qu'il se rapprochait de l'écurie. Une fois à l'intérieur, il alla chercher les accessoires nécessaires à la promenade afin de harnacher les chevaux, une routine pour lui.

Soudain, Jackson, son étalon palomino, poussa un hennissement et passa sa crinière dorée dans l'entrebâillement de la porte, impatient de se mettre en route. Jack s'avança vers lui et le gratta derrière les oreilles pour l'apaiser. Ce fut lui qu'il prépara en premier. Jamais il n'avait côtoyé une bête dotée d'une telle personnalité, tempérament qui lui correspondait tout à fait.

Réfléchissant ensuite au meilleur cheval pour Felicity, il porta son choix sur Patches. Alors qu'il finissait de s'occuper de la jument pie, il entendit un moteur approcher, puis le silence retomba.

Quelques instants plus tard, Felicity pénétrait dans l'écurie. Il fut presque surpris qu'elle soit venue au rendez-vous. Pendant une poignée de secondes, le monde lui sembla basculer de son axe, tant sa beauté naturelle le frappa. Bien qu'elle soit chaudement couverte, elle n'en demeurait pas moins élégante, avec ses courbes fort visibles.

Elle s'était fait une natte qui lui retombait sur l'épaule, et son anorak violet était accordé à son pantalon de ski. Elle n'avait pas trop resserré son écharpe autour de son cou, mais l'accessoire était suffisamment grand pour qu'elle s'en recouvre le visage, si le vent était trop cuisant.

Elle tira sur les franges de son foulard en arrivant à sa hauteur.

— Eh bien, me voici ! annonça-t-elle. Je dois avouer que je ne m'attendais pas à ça.

Et sur ces mots, elle regarda vers sa maison à un étage, qui donnait sur une chaîne de montagnes.

— Ah bon ? À quoi t'attendais-tu donc ? s'enquit-il.

Il cessa alors de brosser Jackson qui allongea le cou le plus loin possible avant de s'ébrouer.

— Je te voyais plutôt dans un grand appartement, au sein d'une résidence. Pas dans une maison.

— Ici, en théorie, c'est une écurie, répliqua-t-il en se tournant vers elle.

Elle éclata de rire. Le vent s'engouffra par la porte ouverte, porteur d'une fragrance d'agrumes, qui se mêla à celle du cuir et du foin.

— Oui, bien sûr, mais je parlais de ta maison, derrière.

Intéressant qu'elle soit impressionnée par son habitation, qu'il tenait pour modeste comparée à celle de Jack. Relâchant Jackson, il alla refermer la porte de l'écurie : inutile qu'ils soient gelés avant de partir en promenade.

— Elle n'a rien à voir avec celle de mon frère, mais comme je suis seul, j'ai besoin de moins d'espace.

— Elle n'en reste pas moins très spacieuse, surtout vu les prix exorbitants de l'immobilier en Alaska.

Elle posa alors son sac en cuir sur l'étagère où étaient alignés les casques qu'il destinait aux enfants.

— Désolée d'avoir parlé d'argent, ce n'était pas très élégant de ma part.

— Pas du tout ! Le prix de l'immobilier est effectivement très élevé, ici.

Du coin de l'œil, il avisa ses joues rougies par le vent et l'envie d'embrasser son visage avant de capturer sa bouche le saisit... Il avait encore des souvenirs très précis de leur brève relation, mais aussi tenté soit-il d'accélérer le cours des événements entre eux, il ne pouvait en aucun cas prendre le risque de la braquer. S'efforçant de respirer calmement, il se concentra sur la préparation des chevaux.

Alors qu'il s'avançait vers Patches, celle-ci agita les oreilles, comme intéressée par leur conversation. Conrad ne rechignait pas à la tâche, mais de nombreuses personnes travaillaient dur également et étaient loin de vivre dans la même opulence. Il avait tout à fait conscience de la chance qui était la sienne. Après avoir ajusté la sangle, il plaça le mors dans la gueule de l'animal, puis disposa les rênes sur son dos. Bien dressée, la jument ne bougea pas et demeura tout aussi immobile quand Conrad alla chercher Jackson.

— Au Texas, j'ai grandi dans des endroits bien plus modestes, d'abord dans l'appartement de mes parents, puis chez les familles qui m'accueillaient. C'est incroyable.

Il se réjouit qu'elle approuve si ouvertement son mode de vie, au lieu de comparer sa propriété à celle bien plus vaste de son frère. Il lui remit alors les rênes de Patches et les longues mèches de Felicity se soulevèrent sous une bourrasque quand ils sortirent. Il éprouva la subite et folle envie de plonger les doigts dans sa chevelure, mais se rappela bien vite à l'ordre : il marchait sur des œufs avec elle.

Patience !

Il l'aida par courtoisie à se mettre en selle, mais aussi pour tester son niveau de cavalière. À la façon dont elle se positionna sur son assise, il comprit qu'elle était réellement à l'aise, à dos de cheval.

Alors, assuré qu'elle n'avait pas besoin de son aide, il alla chercher Jackson. Le soleil, haut dans le ciel, brillait de tous ses feux, rendant la neige presque aveuglante. Il referma la porte de l'écurie et se hissa à son tour sur la selle.

Pressant ses chevilles contre les flancs sensibles de Jackson, il les entraîna d'abord vers le paddock afin d'éviter tout accident, au cas où Felicity perdrait l'équilibre : il préférait prendre les devants au lieu de devoir éventuellement courir derrière Patches sur les vastes étendues enneigées.

— As-tu du nouveau concernant ta nièce ? demanda-t-elle.

— Nous avons convenu avec elle de son heure d'arrivée. À sa demande il la rencontrera en présence d'un avocat.

Et il en frissonna tant les choses s'annonçaient mal.

— Cela ne doit pas être aisé pour vous.

Il se pencha sur son cheval, pour bien s'ancrer sur la selle. Le retour de Brea, ainsi que la façon dont cela se passait, était au-delà de ce qu'il avait pu imaginer.

— On pensait ne jamais la revoir, alors, on s'efforce de rester focalisés sur le fait qu'elle est en vie.

Malgré tout, cela ne l'empêchait pas de se demander ce qui

avait poussé sa nièce à infiltrer l'entreprise et à les tromper à ce point.

— J'espère que je ne me montre pas trop indiscrète, mais y a-t-il une chance pour que sa mère soit encore en vie ?

Un aigle s'élança en flèche au-dessus de leur tête et projeta sur la neige, qui s'étendait devant Felicity, une ombre correspondant à l'envergure de ses ailes déployées.

— Non, aucune, répondit-il sans la moindre hésitation. Mary a été éjectée de l'avion, lors du crash, et son corps identifié. Pour Brea, seules des dents avaient été retrouvées dans la carcasse carbonisée de l'avion.

Il ne lui était jamais aisé d'évoquer cet aspect de la catastrophe. Il la vit frissonner.

— Ta famille a été terriblement éprouvée, constata-t-elle.

— Rien ne garantit jamais que la vie sera facile.

Le reflet du soleil sur la prairie gelée était si fort qu'il mit sa main en visière.

— Nous avons eu la chance d'être une famille unie dans la tragédie, ajouta-t-il.

— C'est une façon saine d'envisager la situation.

À sa réaction, il comprit qu'elle l'écoutait d'une oreille professionnelle.

— Tu m'as dit être devenue travailleuse sociale parce que tu avais été placée, dans ton enfance. Pourquoi as-tu accepté ce poste à l'hôpital ?

Alors qu'elle lui répondait et guidait Patches autour des buissons enneigés, il remarqua qu'elle gagnait en assurance.

— Enfant, j'ai vu en quoi une personne réellement impliquée dans son métier pouvait améliorer ma vie et celles des autres. Des tas de facteurs entrent en jeu, entre les assistantes sociales, les tribunaux et les hôpitaux. Cela m'a permis de constater que là aussi, on pouvait changer les choses.

— Toi, en tout cas, c'est ce que tu fais.

Il l'admirait pour la façon dont elle se dévouait à son travail, cela faisait partie des nombreux aspects qui l'attiraient chez elle et c'était pour cette raison qu'il avait vu dans l'intérêt qu'elle portait à son métier la garantie qu'ils formeraient un excellent duo. Sauf qu'il s'était trompé, il devait imaginer une autre façon de la conquérir.

Le vent soulevait la neige autour des sabots des chevaux.

— Je suis reconnaissante à ta famille pour tout ce qu'elle fait à l'hôpital. Tu sais, les enfants du service oncologie… Enfin, je n'ai pas besoin de t'expliquer leur détresse, tu l'as vue toi-même, avec ta nièce Naomi.

— Effectivement. Selon toi, quels sont les besoins de ces enfants ? demanda-t-il.

Son opinion l'intéressait à double titre : ainsi, ils tireraient au mieux profit de leur collaboration et ce qu'elle avait à dire était toujours des plus pertinent.

— Vaste question ! répondit-elle.

Il inclina la tête, scrutant le sentier à travers le pré afin de vérifier que d'éventuelles irrégularités de terrain ne soient pas masquées par la neige.

— Dis-moi la première chose qui te passe par la tête !

— J'ai établi une liste, au bureau, où j'ai consigné les besoins structurels et ceux du personnel, éluda-t-elle.

Il comprenait sa prudence : elle souhaitait évaluer ce qui était le plus important.

— Dans ce cas, envoie-la-moi. Je suis certain que nous pourrons résoudre ces problèmes. Et sinon, insista-t-il, n'y aurait-il pas une chose que tu n'as pas osé écrire sur cette liste ?

Il fit ralentir le pas à Jackson, car le palomino avait créé un léger écart entre eux. Jetant un coup d'œil par-dessus son épaule, Conrad vit un sourire déterminé se dessiner sur le visage de Felicity.

Posant la main sur l'encolure de Patches, elle claqua la langue, l'incitant à accélérer la cadence, tout en restant parfaitement droite sur la selle : c'était décidément une excellente cavalière. Par ailleurs, bien qu'elle soit du Texas, le froid ne semblait pas l'affecter. Il en était surpris et impressionné : on aurait dit qu'elle vivait ici depuis toujours.

— En fait, une équipe spécialisée en zoothérapie serait formidable.

— Oui, on y réfléchit. Isabeau Mikkelson a déjà soulevé le sujet lors d'une précédente réunion.

— Son mari et elle habitent dans un ranch dans les environs de Juneau, n'est-ce pas ?

— Exact, mais elle vient juste d'arriver à Anchorage, afin d'être auprès de la famille durant son dernier trimestre de grossesse. Comme elle a du diabète, il y a un risque de complications. Elle souhaite donc que ce soit le même médecin que Naomi qui la suive.

— Je suis heureuse qu'elle soit si bien entourée, cependant es-tu sûr qu'elle sera à même de participer à ce programme ?

— Elle est vraiment bien surveillée et se porte à merveille. Qui plus est, le projet de zoothérapie lui tient à cœur depuis qu'elle a elle-même acquis un chien d'assistance pour diabétiques. Elle connaît les différents rôles qu'un chien peut jouer dans le domaine de la santé.

Felicity hocha la tête.

— Un chien pour diabétique est dédié à une tâche particulière et une personne à vie, alors que dans le cadre d'une zoothérapie, il apporte du réconfort à plusieurs patients, individuellement ou en groupe, déclara-t-elle.

— Tout à fait. Pour l'instant, nous pensons que deux chiens durant le temps de lecture pourraient constituer un bon début.

— Fantastique ! Visiblement, tu as bien étudié le projet.

Elle lui jeta un coup d'œil en biais.

— Et ta famille aussi, ajouta-t-elle. Ce n'est pas juste...

— Une opération promotionnelle ? Non. Même si, naturellement, on se réjouit des bons commentaires dans la presse, parce que ce succès nous ouvrira plus d'options caritatives.

— Je veillerai à ce que l'argent de la fondation soit utilisé à bon escient, déclara-t-elle.

— Ça, je n'en doute pas, dit-il.

Exerçant alors une légère pression dorsale sur son cheval, Conrad l'incita à faire demi-tour, ce en quoi Felicity l'imita avec Patches.

— Comment peux-tu en être si certain ?

— Tu as accepté de venir chevaucher avec moi bien que tu m'aies rejeté des deux mains, répondit-il avec un petit sourire effronté.

Le silence s'abattit alors entre eux, seuls résonnèrent les sabots des chevaux dans la neige.

Elle secoua la tête, un demi-sourire aux lèvres.

— Je ne te déteste pas, tu sais.

Il éclata de rire, appréciant qu'elle ne cherche pas à le flatter sous prétexte qu'il était un riche donateur.

— Je dois prendre garde à ce que mes chevilles n'enflent pas devant tant de flatteries.

— Désolée, je ne voulais pas être impolie, seulement m'assurer qu'il s'agit bien juste d'affaires entre nous.

— Je ne ferai jamais rien sans ton consentement, Felicity.

— Ce qui ne t'empêche pas de me poursuivre de tes assiduités, répliqua-t-elle dans un rire sec, les joues rougies par le vent.

— Tu es trop perspicace pour moi, inutile donc que je nie.

— Dans la mesure où tu connais ma position.

— Oui, madame, dit-il en portant la main à son stetson. À présent, il faut rentrer avant que tes racines texanes ne gèlent.

Et ils revinrent vers les écuries.

Sa relation avec Felicity progressait. Il était sincère en lui affirmant qu'il ne ferait rien tant qu'elle ne lui donnerait pas son feu vert. De nature patiente, il pouvait tout à fait profiter de sa compagnie, apprendre à mieux la connaître tout en la convaincant qu'ils avaient des choses en commun, elle et lui.

De fait, le défi à relever lui plaisait, tout comme la distraction qu'elle représentait au moment du retour compliqué de sa nièce.

3

Breanna Steele avait encore du mal à se désigner par son nom de naissance, ayant été Milla Jones pendant quinze ans. Et cette durée lui paraissait d'autant plus longue que l'époque où elle avait été Brea était très éloignée dans le temps, assombrie par tant de facteurs, depuis le crash de l'avion...

Repoussant le repas léger qu'on lui avait servi, elle pressa le bout des doigts contre le hublot. Même si l'accident remontait à des années, elle avait toujours l'estomac serré quand elle prenait l'avion, surtout dans un jet privé comme celui-ci. En l'occurrence, c'étaient les Steele qui avaient organisé son voyage. Les cimes enneigées lui mettant les nerfs à vif, elle reporta son attention sur la cabine.

Son avocat l'accompagnait, un jeune homme désireux de se faire un nom et prêt à couper des têtes pour arriver à ses fins, ce qui n'était guère rassurant sur l'issue de la situation.

Elle avait d'abord hésité à accepter ce vol, puis c'était malgré tout la solution qui lui avait ensuite paru la plus pratique. Elle avait averti la famille qu'elle avait assuré ses arrières, pour que le monde entier sache qu'elle avait été victime d'un complot, au cas où il lui arriverait malheur.

Les gens pensaient qu'elle était paranoïaque, mais elle s'en fichait. Elle considéra son dessert : l'anxiété lui coupait vraiment l'appétit. À la mort de ses parents « adoptifs », l'an passé, elle n'avait pu résister à l'envie de mener des recherches sur son passé. Dans son esprit, tout était confus...

Elle avait été élevée par un couple – Steven et Karen Jones – qui l'avait protégée des menaces que représentaient les relations malhonnêtes de sa famille.

On lui avait raconté que sa fratrie était décédée dans l'avion et l'accident s'apparentait à un tel brouillard dans son esprit qu'elle l'avait cru. Steven et Karen lui avaient affirmé qu'ils la gardaient chez eux, car des dangers la guettaient dans le monde de son père biologique.

Découvrir après la disparition de Steven et Karen que son vrai père et ses frères et sœurs étaient toujours en vie avait constitué un vrai choc. Elle avait alors commencé à se poser toute une série de questions. Cependant, sa loyauté envers Steven et Karen, qui l'avaient sauvée, était difficile à trahir. Elle s'était persuadé qu'ils lui avaient menti pour la protéger de son père biologique qui avait orchestré la mort de sa mère biologique. Elle le croyait encore, dans une certaine mesure, d'où la présence de son avocat à cette rencontre. En outre, elle n'avait pas envie de finir en prison.

Car il y avait cette affaire d'emploi sous un nom d'emprunt à l'Alaska Oil Barons Inc. et les secrets d'entreprise qu'elle avait divulgués, en vue de se venger d'eux, qui l'avaient abandonnée. À présent toutefois, elle commençait à se rendre compte que les choses n'étaient pas aussi simples, même si la prudence s'imposait.

Lorsque l'avion amorça sa descente sur Anchorage, elle frissonna, effrayée, mais résolue : l'heure était venue de faire face au passé, afin de pouvoir se libérer de l'imbroglio qui la liait aux Steele, tout comme de la douleur que suscitait en elle la pensée qu'ils n'avaient jamais réellement entrepris de recherches pour la retrouver.

Jamais elle ne pourrait faire partie de leur monde, où le mensonge régnait en maître et où le sens de la famille n'existait pas.

Démêler ses sentiments quand il s'agissait de Conrad Steele était moins aisé à faire qu'à dire. Felicity en voulait pour preuve cette simple balade à cheval, qui l'avait laissée plus confuse que jamais.

Tout en jouant avec son collier en argent, elle considéra son sandwich à la dinde et au houmous à moitié mangé, qu'elle avait posé sur une pile de guides de voyage lui ayant servi à décorer son bureau. Contrairement à ses collègues, elle avait peu de photos de famille et n'aimait pas les afficher sur les murs, au travail.

Elle préférait accrocher des cartes écrites à la main, sur son tableau en liège. Ces souvenirs-là l'aidaient à traverser les jours sombres : lorsque son travail déterminant pour de jeunes enfants pesait de tout son poids sur ses épaules, elle avait besoin de se raccrocher à ces phares lumineux du passé.

Mue par une bouffée de nostalgie, elle décrocha la lettre que lui avait écrite Angie – la travailleuse sociale qui avait entièrement changé sa vie – après qu'elle avait obtenu son premier poste dans le même domaine. Elle n'occupait pas celui-ci depuis très longtemps, mais les dossiers s'accumulaient déjà sur son bureau : la charge de travail était lourde, toutefois, chaque jour apportait de nouvelles opportunités pour changer le cours de vies peu chanceuses. Elle avait d'ailleurs ajouté récemment la petite lettre de remerciements qu'un jeune patient et ses parents lui avaient adressée, ainsi que d'autres reçues dans l'exercice de son précédent emploi.

Rassemblant ses fichiers, elle les rangea dans un tiroir, désireuse de faire du rangement avant l'arrivée de Conrad Steele et d'Isabeau Mikkelson. Nul doute que son bureau était minuscule par rapport à ceux qui existaient dans le monde professionnel de Conrad, mais elle était fière de ce lieu doté d'une fenêtre d'angle. Certes, elle n'avait pas fréquenté les prestigieuses universités de la Ivy League, mais elle avait décroché son diplôme avec les félicitations du jury et était la première dans sa famille à avoir poursuivi des études universitaires. Elle avait exercé deux emplois à la fois, pour les financer, de sorte qu'il lui avait fallu une année supplémentaire pour passer sa licence et un semestre en plus pour son master de travailleuse sociale, mais elle n'avait jamais renoncé à ses rêves.

Les gens comme Conrad ne pouvaient comprendre ce que cela signifiait, de ne pas avoir de soutien familial. Naturellement, elle ne l'en blâmait pas ni ne lui en voulait, mais force était de constater qu'ils venaient de planètes différentes et qu'il ne pourrait jamais réellement comprendre le chemin qu'elle avait accompli pour en arriver là.

Soudain, un coup frappé à la porte l'arracha à ses pensées et, lissant ses cheveux, elle alla ouvrir, l'estomac contracté à l'idée de revoir Conrad. Elle prit trois lentes inspirations, inhalant par le nez et expirant par la bouche, comme elle le recommandait à ses patients.

Pourtant, quand elle ouvrit la porte, il lui sembla manquer d'air.

La large carrure de Conrad occupait tout l'encadrement de la porte. Il portait une veste de marque, tenant son pardessus et son stetson à la main.

— Isabeau aura un peu de retard, sa gynécologue n'était pas à l'heure.

— Entre, lui dit-elle.

Puis elle s'efforça d'oublier la subite exiguïté de son bureau en raison de sa présence.

Il suspendit son pardessus et son chapeau au portemanteau, avant de pivoter pour lui faire face.

— Elle devrait arriver dans dix minutes, précisa-t-il.

Ils devaient discuter de la zoothérapie qu'ils souhaitaient renforcer pour le département pédiatrique, Felicity ayant pu constater les résultats fabuleux que le contact avec les chiens avait sur les enfants. Toutefois, elle devait s'informer, afin d'être certaine de recruter les chiens adéquats, car il ne suffisait pas que les animaux soient doux et affectueux pour constituer de bons candidats.

Or, Isabeau détenait des informations sur des organisations qui testaient les chiens et les dressaient à cet effet.

— Ces cartes et ces dessins sont fantastiques, s'exclama Conrad après avoir inspecté son tableau et ses cadres.

— Ils m'ont aidée à traverser des journées difficiles, au travail.

Il lui adressa un large sourire.

— Cela bat à plates coutures mon tableau d'honneur.

— Ce n'est pas moi qui te contredirai, ne put-elle s'empêcher de répondre, en lui rendant son sourire. Mon métier est passionnant quand il se déroule comme il le faut.

— J'entends une réelle passion dans ta voix. C'est ton empathie qui assure ton succès professionnel, ajouta-t-il en s'asseyant sur le coin du bureau, pour admirer la ligne d'horizon derrière la vitre.

Elle leva un œil dubitatif vers lui.

— Tu sais que la flatterie me laisse indifférente. Tu ne connais pas assez mon métier pour savoir si je suis bonne ou non dans ma partie.

— Ce tableau me renseigne suffisamment, ainsi que la confiance de ton supérieur en ta capacité à représenter l'hôpital auprès de notre fondation caritative.

À ces mots, elle s'immobilisa tout net, confuse. Elle avait été si certaine que c'était lui, Conrad, qui avait orchestré leur collaboration sur ce projet.

— Oh... Euh...

— Que se passe-t-il ? s'enquit-il. Quelque chose ne va pas ?

— Je suis juste surprise, car je pensais que tu avais fait pression sur mon patron pour qu'il me choisisse sur ce projet.

— Absolument pas, répliqua-t-il sans la moindre hésitation. Tu me connais assez mal, sans quoi tu n'aurais jamais dit cela : l'idée ne t'aurait pas même traversé l'esprit. Quand il s'agit d'affaires, je suis impitoyable. Mon frère, en revanche, est bien plus sensible.

— Curieux, car il a l'air ronchon alors que toi, tu es toujours souriant.

Ses yeux s'attardèrent quelques secondes de plus que

nécessaire sur le beau visage de Conrad : il exhalait la virilité et elle était loin d'être insensible à son physique.

— C'est donc ainsi que vous prenez les gens au dépourvu durant les négociations, ajouta-t-elle. Ils ne s'attendent pas à ce que ton frère soit sympathique, et que toi, tu sois impitoyable.

Il se passa une main dans les cheveux et une lueur presque candide éclaira ses traits : décidément, cet homme complexe cachait bien des mystères.

— Impitoyable, moi ? Comme tu y vas ! Comment suis-je passé de « toujours souriant » à « impitoyable » si rapidement ?

Elle l'ignorait, mais chaque fois qu'elle croyait le cerner, il lui révélait un autre visage.

— J'imagine que je suis en train de te découvrir. N'était-ce pas ton objectif, en me poursuivant de tes assiduités ?

— Sans doute, mais j'aurais aimé que tu trouves un qualificatif plus convaincant.

— L'implacabilité peut être une bonne chose, si elle est utilisée à bon escient.

Ses yeux vibraient de chaleur, au point que l'air crépitait presque entre eux.

— Et tu penses qu'elle l'a été, dans notre cas ?

En lui posant cette question, il se rapprocha encore un peu plus. Elle recula vivement, comprenant qu'il se jouait d'elle.

— C'est moi qui pose les questions, Conrad, c'est mon métier.

— Donc tu te dérobes, constata-t-il, moqueur.

— Et mon métier me fait aussi comprendre que tu insistes parce que je te dis « non ».

— Dans ce cas, je te propose qu'on teste ta théorie.

Il lui prit la main et le contact de ses doigts calleux sur sa peau la troubla.

— Dis-moi « oui » pour un rendez-vous et tu verras si mon intérêt s'évapore. Soit dit en passant, je peux t'assurer que non, mais vas-y, essaie.

— Tiens, tu vois, tu es redevenu charmant.

Elle devait retirer sa main, songea-t-elle, mais elle n'en fit rien. À la place, son imagination se déchaîna et elle se mit à fantasmer sur cette main vigoureuse la caressant, tandis qu'elle inhalait par tous les pores son odeur qui fleurait si bon l'extérieur.

Un toussotement brisa le sortilège et la ramena, glacée, à la réalité : elle retira vivement sa main, pas certaine que Conrad n'ait pas perçu son tressaillement.

Felicity accueillit alors une Isabeau enceinte jusqu'aux dents, qui avait posé ses mains délicates sur son ventre. Elle portait une robe en laine violette et ses cheveux roux retombaient en grosses boucles soignées et romantiques sur ses épaules. Même à son huitième mois de grossesse, Isabeau possédait une élégance indéniable qui la servait dans ses fonctions de responsable des relations humaines. Elle lui avait fait grande impression lorsqu'elle avait accompagné les Steele à un ballet, le mois précédent.

Pour l'heure, Isabeau les jaugea d'un air curieux.

— Désolée pour le retard et merci de m'avoir attendue.

Ouf, elle n'avait émis aucun commentaire sur… l'évidence même ! Felicity approcha une chaise pour qu'elle puisse s'asseoir.

— Votre rendez-vous s'est-il bien passé ? s'enquit-elle.

Lui adressant un sourire en guise de remerciement, Isabeau prit place en soupirant.

— On surveille le poids du bébé à cause de mon diabète, mais heureusement, tout semble en ordre. Je vais finir les plans de table pour le dîner à l'hôpital, et j'aurai encore deux semaines devant moi avant la naissance de mon fils.

Isabeau et Trystan avaient révélé le sexe de leur enfant, mais gardaient secret le prénom qu'ils avaient choisi.

Conrad lui tapota l'épaule.

— La visite chez la gynécologue est donc rassurante, conclut-il. C'est tout ce qui compte.

Ses propos étaient indéniablement sincères. Et touchants. Il se souciait de ce qui arrivait aux membres de sa famille, cela, elle le savait déjà, mais comme elle se sentait vulnérable en ce moment, cette constatation la rendit nerveuse. Elle avait besoin de prendre un peu de recul avec ses émotions. Le travail avait fait effet tampon pendant des années, aussi ne devait-elle en aucun cas baisser la garde avec Conrad : elle était attachée à sa réputation tout comme au sens des responsabilités.

Elle lui désigna une chaise.

— Nous avons beaucoup de sujets à aborder, donc commençons, déclara-t-elle.

Et alors que la peau la brûlait encore à l'endroit où il avait posé ses doigts, elle comprit qu'elle se leurrait elle-même si elle pensait qu'une telle scène ne se reproduirait pas.

Une heure et demie plus tard, Conrad refermait son attaché-case, la réunion étant terminée. Felicity était restée professionnelle du début à la fin, menant la discussion à un rythme soutenu. Isabeau était en train de regagner l'ascenseur, le laissant seul avec Felicity.

En sa présence, il oubliait instantanément les pensées qui sinon le rongeaient en permanence au sujet de Brea. Il n'avait plus l'impression qu'une nouvelle catastrophe allait frapper sa famille.

Felicity était en train d'inspecter la pile de nouveaux albums pour enfants qu'il avait apportés et qui se trouvaient sur son bureau.

— Je suis impressionnée par le sérieux de ton engagement, pour le choix des livres, dit-elle. Tout comme je suis certaine que la présence de chiens entraînés lors des séances de lecture sera bénéfique aux enfants.

— Notre famille profitera aussi de ces dons, répondit-il.

Bien malgré lui, il se sentait attiré par la forme gracieuse de ses lèvres roses, tout comme par sa beauté naturelle qui ressortait dans ses délicats sourcils qu'elle fronça en repoussant une mèche de cheveux châtains vers l'arrière.

— Les jumeaux de Naomi sont nés ici, n'est-ce pas ? demanda-t-elle.

Il hocha la tête et prit un album de la pile.

— Ainsi que la fille de Glenna et Broderick, précisa-t-il. Son adoption est presque officielle, maintenant.

— Son adoption ?

Et elle lui tendit une pile de livres, ce geste resserrant son chemisier autour de sa poitrine dont il put admirer la subtile perfection. Felicity possédait un genre de beauté peu commune, qui tenait moins à ses traits en eux-mêmes qu'à son assurance, son port.

C'était fichtrement fascinant.

— C'est compliqué, répondit-il.

Il remettait les livres dans son attaché-case, conscient de la nécessité de garder pour le moment ses distances avec elle.

— Fleur a été déposée devant la maison de mon frère, accompagnée d'un petit mot de la mère, qui affirmait ignorer qui, de Broderick ou du premier mari de Glenna, était le père de son enfant.

Elle haussa un sourcil.

— J'ai déjà géré ce genre de placements complexes et c'était difficile pour tout le monde, convint-elle.

— Il se trouve que le premier mari de Glenna l'avait trompée juste avant de mourir.

Il ne comprenait toujours pas pourquoi Felicity ne l'avait pas encore chassé de son bureau, mais il en profitait.

— De fait, poursuivit-il, le bébé est bien sa fille biologique, mais en attendant les résultats du test de paternité, Glenna et Broderick se sont énormément attachés à Fleur.

Elle se pencha un peu en avant, littéralement happée par l'histoire. Il ne manquerait aucune occasion, aucune conversation, pour établir un lien plus affirmé avec elle, pensa-t-il alors. Il lui volerait du temps s'il le fallait, un rendez-vous était toujours possible. Pour l'instant, il sentait crépiter entre eux l'intérêt que Felicity lui portait.

— Et sa mère biologique ? s'enquit-elle.

Évidemment, c'était un intérêt d'ordre purement professionnel.

— Elle a renoncé à ses droits en leur faveur, répondit-il en refermant son attaché-case d'un geste brusque. Mais on n'aimerait pas davantage Fleur si elle était la fille de Broderick.

— Et c'est ainsi que cela devrait toujours se passer.

— Entièrement d'accord avec toi ! Les jumeaux de Naomi ont été conçus par un donneur de sperme anonyme et, pourtant, Royce est impliqué à cent pour cent dans son rôle de père. C'est même lui qui est allé les chercher, malgré une tempête de neige.

Un des moments les plus fous de l'année, mais sa famille avait accueilli les enfants à bras ouverts. Lors des épreuves, cet esprit familial était ce qui le sauvait. Les Steele étant toujours à cran, il était lui-même en permanence sur la brèche. Était-ce ce qui le poussait à obtenir à tout prix un rendez-vous avec Felicity ? Peut-être, mais il ne renoncerait pas pour autant.

Elle inclina la tête, ce qui fit tomber quelques mèches sur son front et il se retint de justesse de les lui caler derrière l'oreille.

— Comment se fait-il que j'ignorais tout cela sur les Steele et les Mikkelson ?

— Nous sommes une grande famille, répliqua-t-il. Il y a beaucoup d'histoires à savoir.

Il soutint un instant son regard, avant de se tourner vers la porte : il avait fait plus de progrès qu'espéré, aujourd'hui, et il n'en était qu'aux prémices de son opération de séduction.

Quatre jours s'étaient écoulés depuis la réunion avec Conrad et Felicity commençait déjà à redouter de n'avoir plus assez de place dans son bureau pour se mouvoir avant la fin de la semaine.

La pièce croulait en effet sous les présents : des chocolats suisses, du café vietnamien fort onéreux, deux énormes compositions florales. Une odeur de roses, de lys et de freesias y flottait en permanence.

Elle allait porter les fleurs au service pédiatrie. Et plus précisément au bureau des infirmières, de sorte que les patients pourraient se servir s'ils en avaient envie, car elle se sentait mal à l'aise de garder ces cadeaux pour elle seule, alors que la semaine avait par ailleurs été fort agitée, chaque jour rajoutant au stress du précédent. Aujourd'hui, c'était pire que jamais : on avait en effet admis onze enfants à l'hôpital pour négligence. Aussi n'avait-elle nul besoin d'être choyée par Conrad, mais au contraire elle devait le chasser de ses pensées.

Prenant son portable, elle se rendit compte qu'il affichait un appel manqué d'Isabeau. Elle la rappela sans attendre et celle-ci décrocha dès la deuxième sonnerie.

— Bonjour, lui lança-t-elle. Merci de me joindre si rapidement. J'ai une faveur à te demander.

— Pas de problème, j'ouvre juste le fichier de notre projet.

— En fait, il s'agit d'un service personnel.

Et elle perçut une telle tension dans la voix de son interlocutrice qu'elle se rassit, inquiète.

— Bien sûr, répondit-elle, que puis-je faire pour toi ?

Un silence s'ensuivit. Felicity sentit son cœur cogner violemment dans sa poitrine.

— Accepterais-tu de participer à la réunion familiale, lors des retrouvailles avec Breanna ? demanda alors Isabeau d'un ton précipité et nerveux. Il y aura des avocats, comme si la situation n'était pas suffisamment stressante. Je pense que ta présence nous sera bénéfique à tous.

Certes, la présence d'un tiers professionnel serait avisée, seulement elle n'était pas certaine d'être la personne adéquate, étant donné qu'elle connaissait la famille. Sans compter qu'Isabeau était une Mikkelson, et non une Steele.

Et puis il lui faudrait gérer la présence de Conrad et l'attirance folle qu'elle ressentait pour lui.

— Qu'en dit le reste de la famille ? hasarda-t-elle prudemment.

Un soupir de lassitude s'ensuivit.

— Jeannie approuve, et elle va en parler à Jack. Généralement, il suit son avis.

Bien que comprenant ce qui motivait la démarche d'Isabeau, elle n'était toujours pas certaine de son bien-fondé.

— Il existe de bons conseillers sociopsychologiques à l'hôpital, que je peux tout à fait vous recommander.

— Mais toi, on te connaît et vice versa, ce qui n'est pas une mince affaire, étant donné la grande famille que nous sommes, reprit sèchement Isabeau. Néanmoins, si la perspective te met mal à l'aise, je peux tout à fait le comprendre.

Felicity pesa le pour et le contre, se rendant compte que ses sentiments envers Conrad compliquaient la situation.

Ses sentiments ? se répéta-t-elle en sursautant.

Pas question de se laisser détourner par ce genre de choses.

— Si Jack et les autres sont d'accord, répondit-elle, alors, je serais ravie de vous aider en cas de difficultés lors de cette réunion familiale.

— Merci ! C'est un énorme soulagement pour nous, s'exclama Isabeau, le souffle tremblant dans le téléphone. Tout est si... surréaliste. Brea en vie, de retour... Et le fait qu'elle se fasse passer pour une certaine Milla afin de nuire à la société.

— Je conçois que cela représente un immense stress, mais j'espère que tu prends soin de toi et du bébé.

— Bien sûr, répondit Isabeau d'un ton bref, ce qu'elle interpréta comme la fin de la conversation. Mon mari y veille, ainsi que le reste de la famille. Je n'ai à me préoccuper que du projet qui nous concerne jusqu'à la naissance de mon fils.

Felicity se mit à rire, mais un nœud lui serra la gorge, dès l'appel terminé. Sa main resta crispée sur le téléphone jusqu'à ce que ses doigts s'engourdissent.

Il fut un temps où elle avait rêvé de tomber enceinte d'un mari aimant, aussi ravi qu'elle à cette idée. Certes, son ex-époux voulait des enfants, mais elle avait senti que quelque chose clochait dans leur couple et pour cause : il était toxicomane, dépendant de médicaments sur ordonnance. Elle n'arrivait toujours pas à croire qu'il lui ait fallu si longtemps pour s'en apercevoir, elle, la travailleuse sociale !

Il fallait dire qu'elle avait affaire à un sacré manipulateur ! Elle l'avait néanmoins supplié de consulter et de se rendre dans un centre de désintoxication. Il avait reporté et reporté encore, jusqu'à ce qu'elle comprenne qu'il n'entreprendrait jamais la démarche. Deux semaines après qu'elle l'avait mis à la porte, il s'était installé chez une autre femme.

Elle avait bien conscience de s'être débarrassée d'un boulet et que, plus leur union aurait duré, plus son cœur en aurait été brisé. Pourtant, quand elle entendait parfois parler d'un couple heureux vivant comme dans un rêve, cela ravivait sa peine, le sentiment de trahison, et la conduisait aussi à se remettre en question, même si elle savait bien, au fond d'elle-même, qu'elle n'avait rien à se reprocher.

À part le fait, bien sûr, d'avoir fait le mauvais choix dès le départ ! Elle pouvait, à la limite, se pardonner une erreur, mais la réitérer ? Dans ce cas, elle ne pourrait s'en prendre qu'à elle-même.

L'odeur des roses attira de nouveau son attention : elle devait à tout prix s'en débarrasser, tout comme elle ne doutait pas que les chocolats feraient le bonheur des infirmières. Si seulement elle avait pu du même coup évacuer l'homme de ses pensées. Allons, ce serait au moins un début.

Les compositions florales à la main et la boîte de chocolats coincée sous le bras, elle parcourut rapidement le couloir qui menait à l'ascenseur pour regagner le service d'oncologie pédiatrique. Arrivée à l'étage, elle s'arrêta net en découvrant les enfants assis en cercle dans l'aire de jeux. Était-ce l'heure de la lecture ? Cela en avait tout l'air. Mais oui ! Elle avait oublié les discussions sur le bien-fondé de tenir ses séances ici plutôt que dans le jardin d'hiver où les patients les plus malades ne pouvaient pas se rendre.

À moins que ce ne soit son inconscient qui l'ait attirée ici.

Retenant un soupir, elle considéra les fleurs et le chocolat : si Conrad la voyait distribuer ses présents, eh bien, tant pis ! Au fond, cela l'arrangeait.

Alors qu'elle se rapprochait du petit groupe, elle se rendit compte que ce n'était pas une voix masculine qui lisait l'album, mais un timbre féminin très familier : son amie Tally, la fiancée de Marshall Steele, tenait le livre préféré des enfants et leur racontait les aventures du cheval magique.

Avec un sourire, elle remit les fleurs et le chocolat à une infirmière, reportant ensuite son attention sur les enfants, à qui Tally venait de demander de s'approcher de la fenêtre, où une surprise les attendait.

Curieuse, Felicity leur emboîta le pas, aidant au passage un petit garçon à faire rouler son fauteuil. Des exclamations et des cris de plaisir s'élevèrent subitement. Intriguée, elle plaça l'enfant tout près de la baie qui donnait sur le parking... Et le spectacle qui s'offrit alors à sa vue lui retourna le cœur bien plus que toutes les roses et les chocolats de la terre.

Derrière la vitre, Conrad Steele était assis à califourchon sur son cheval, semblable en tout point au héros de leur album, l'air assuré, resplendissant de vigueur.

Portant la main à son stetson, il salua son public.

4

Juché sur son palomino, et bien que de l'autre côté de la vitre, Conrad vit Felicity s'empourprer et foncer vers les portes automatiques. Le vent souleva sa cape quand elle contourna un monticule de neige fondue que le chasse-neige avait poussé sur le côté.

À ses sourcils froncés, il comprit qu'elle était mécontente. Terriblement sexy, c'était incontestable, mais pas satisfaite.

Il fit avancer son cheval dans sa direction, son impatience grandissant à chaque foulée de Jackson. Il n'avait pas prévu de la voir, mais il était malgré tout ravi de cette rencontre fortuite.

Arrivé à sa hauteur, il tira sur les brides de son étalon.

— Que fais-tu au juste ? demanda-t-elle d'un ton calme mais inflexible.

— Je fais plaisir, du moins je l'espère, à une poignée d'enfants malades.

Et sur ces mots, il leva son stetson pour saluer à nouveau ces derniers alignés derrière la fenêtre. Le cheval bascula le poids de son corps de son sabot avant droit au gauche, comme s'il s'apprêtait à danser et exécuter un numéro. Parfois, il aurait juré que Jackson lisait dans ses pensées au moment où elles se formaient.

Il entendit Felicity soupirer, puis elle se recouvrit de la capuche de sa cape.

— Et cela n'a bien sûr rien à voir avec ton projet de me séduire ?

— Tu crois vraiment que j'avais prévu que tu passerais par là à ce moment précis ?

Il était des plus sincères et affecté de constater qu'elle pensait le pire de lui, mais comme il n'avait rien à perdre, il ajouta :

— Toutefois, si mon petit numéro t'a éblouie, alors jouons-le gagnant-gagnant et offrons-leur le grand show.

Elle le regarda d'un air méfiant.

— Que veux-tu dire, au juste ?

Il tendit sa main gantée.

— Monte derrière moi.

Il se représenta immédiatement la scène qui susciterait les exclamations des enfants émerveillés tandis qu'il s'éloignerait avec Felicity. Le départ classique d'un cow-boy dans un film prendrait soudain vie sous leur nez : voilà qui leur apporterait un peu de lumière.

Il était plutôt fier du présent qu'il leur offrait... et s'offrait à lui-même, il fallait bien l'avouer.

Pendant un moment, elle ne bougea pas, se contentant de le scruter tandis qu'il réfléchissait à la meilleure façon de réagir si son idée impromptue tombait à plat.

Reculant d'un pas, Felicity resserra plus étroitement sa cape.

— Tu plaisantes, maugréa-t-elle.

Malgré tout, elle semblait toujours réfléchir à la proposition. Profitant de son indécision, il insista :

— Pas du tout ! Monte derrière moi.

Ce qui n'était absolument pas prévu lui apparaissait à présent comme vital.

— Le van est juste à l'angle, mais les enfants l'ignorent. Grâce à toi, ils auront vécu un moment inoubliable, sans que tu n'encoures la moindre engelure.

Elle se mordit alors la lèvre. C'était raté, elle allait faire demi-tour pour rentrer. Pourtant, elle releva soudain le menton et, la seconde d'après, plaçait déjà le pied sur l'étrier. Il voulut l'aider, mais c'était inutile, elle savait parfaitement monter à cheval : il n'aurait jamais imaginé qu'elle partageait sa passion pour l'équitation et la surprise était des plus agréables. Il entendait d'ailleurs en tirer profit le plus possible.

Une fois qu'elle fut montée, elle plaqua le dos contre son torse et il serra les dents à se faire mal, tant la sensation était douce : dès qu'il tendit les mains pour s'emparer des rênes, elle se retrouva dans le creux de ses bras – là où était sa place, songea-t-il.

Il fit avancer le cheval d'un bon pas, pressant les cuisses contre celles de Felicity. L'air se surchargea d'électricité : nul doute que sa libido le trahissait, en présence de cette femme.

Conscient que le moment ne durerait pas et qu'elle s'empresserait de refermer les barrières, il se concentra sur les merveilleuses sensations que lui procurait sa proximité. Les balancements du cheval suscitaient une friction terriblement excitante de son corps contre le sien.

Elle lui jeta un coup d'œil par-dessus son épaule et un bref sourire éclaira son visage.

— Les enfants t'apprécient énormément, lâcha-t-elle. Merci d'avoir organisé ce petit numéro avec Tally.

— Je dois avouer que c'est Marshall qui en a eu l'idée, quand il a su que Tally avait prévu de faire la lecture, aujourd'hui. Il s'en serait bien chargé lui-même, mais il avait un rendez-vous à cette heure-ci.

À propos, son neveu n'aurait-il pas tout orchestré ? Si Felicity ne l'avait pas vu par hasard sur le cheval, elle aurait forcément entendu parler de sa performance. Or, même s'il appréciait de la serrer dans ses bras, il préférait que sa famille ne se mêle pas de ses relations. Ce qui risquait toutefois d'être problématique, étant donné que la fiancée de Marshall était l'amie de Felicity... Bigre, comme tout cela était compliqué !

Il stoppa Jackson pour laisser passer une voiture et le bambin assis à l'arrière écarquilla les yeux. Finalement, les petits malades à qui son numéro était destiné n'auraient pas été les seuls à en profiter.

— Eh bien, merci d'avoir sacrifié un peu de ton temps de travail aux enfants, admit-elle.

Était-ce son imagination ou venait-elle de s'appuyer un peu plus contre lui ?

— Je le rattraperai ce soir à la maison.

Une curieuse image s'imposa alors à lui : il se vit en effet chez lui en sa compagnie, tous deux assis sur le canapé avec leur ordinateur sur les genoux. Cette scène surgie de nulle part lui coupa le souffle, car elle relevait d'une relation sérieuse, et non d'une liaison.

Jackson s'arrêta docilement devant le van et Conrad s'efforça de chasser ces pensées dérangeantes pour revenir au présent. Descendant de selle, il tendit la main à Felicity, même s'il était évident qu'elle pouvait se débrouiller seule. Sauf qu'il avait envie de prendre sa main dans la sienne, d'entremêler ses doigts aux siens.

Ils se retrouvèrent alors face à face, leur respiration formant des nuages de buée qui se mélangeaient les uns aux autres. Il aurait tant aimé l'embrasser, mais il fallait que ce soit elle qui fasse le premier pas. En outre, ils se trouvaient sur son lieu de travail et il était préférable qu'il ne se l'aliène pas en la contraignant à une démonstration publique. N'avait-il pas déjà un peu forcé les choses en lui proposant cette courte promenade à cheval ?

Par conséquent, il s'écarta, le cœur malgré tout réconforté d'apercevoir une lueur de déception dans les yeux de Felicity. Il conduisit ensuite Jackson dans le van, conscient de son regard rivé à lui : n'était-ce pas un bon signe qu'elle ne se soit pas enfuie, à peine le pied à terre ? Pas question de laisser l'opportunité passer.

— Tu veux venir te réchauffer dans la cabine de ma camionnette ? proposa-t-il aussitôt. J'ai du café chaud dans une bouteille thermos.

Sur ces mots, il referma le van et lui lança un clin d'œil.

— Du café ? Mon point faible, répondit-elle en lui adressant un sourire contrit.

— Tu vois, je n'ai pas oublié.

D'ailleurs, il se faisait fort de ne rien oublier, la concernant, car il avait l'intention de recourir à tous les moyens pour l'attirer dans son lit. Et le plus vite serait le mieux !

Tout en grimpant dans la camionnette de Conrad, Felicity se demanda si elle n'avait pas besoin de consulter un psy. La situation n'était-elle pas déjà assez compliquée, maintenant qu'elle devait assister à la réunion de famille avec Breanna ? À propos, Conrad était-il au courant ? Pourtant, elle n'avait pas envie de le questionner à ce sujet, peu désireuse de gâcher ce moment.

Encore qu'il s'agissait juste d'une tasse de café ! Sauf que rien concernant cet homme et les sentiments qu'elle ressentait pour lui n'était simple. Car avec lui, elle enchaînait les décisions téméraires. À commencer par le fait de le rejoindre sur son cheval – son corps vibrait encore de la proximité du sien —, puis d'accepter cette tasse de café dans l'exiguïté de sa camionnette, où le chauffage intensifiait l'odeur épicée de son après-rasage.

Mais la raison l'avait désertée dès qu'elle s'était placée devant lui, sur la selle. Un maelström de sensations l'avait alors saisie, son corps s'était comme réveillé au point qu'elle s'était demandé pourquoi elle tenait tant à garder ses distances avec lui : Conrad exerçait sur elle un puissant pouvoir d'attraction, enivrant et presque irrésistible…

Cette camionnette n'avait rien du luxueux SUV qu'il conduisait habituellement, c'était un véhicule de travail qui semblait rouler depuis des années : le cuir des sièges commençait à montrer des signes d'usure. La neige et la vie du ranch avaient prélevé leur dîme.

Conrad riva soudain son regard au cordon qu'elle entortillait autour de ses doigts.

— C'est très joli, la complimenta-t-il.

— Merci, répondit-elle, en s'efforçant de faire abstraction du fait que ses mains se trouvaient à la hauteur de sa poitrine.

Bien sûr, son regard n'avait rien d'irrespectueux, mais nul doute que lui aussi avait conscience de cette proximité.

— J'en ai toute une collection, ajouta-t-elle.

Puis elle relâcha son cordon quand il lui tendit une tasse de café à l'odeur grisante.

— Merci infiniment, dit-elle. J'en avais vraiment besoin.

— La journée a été longue ?

Elle hocha la tête, touchée par sa perspicacité.

— On m'a appelée avant le petit déjeuner pour une urgence.

Onze enfants avaient en effet été admis pour signes de négligence après que les services pour l'enfance les avaient retirés à une communauté. Ils seraient placés ultérieurement dans des familles d'accueil, mais l'événement avait représenté un choc émotionnel pour tout le personnel et chacun avait fait l'impossible pour apaiser tous les enfants traumatisés. Elle pensait toujours avoir tout vu et, pourtant, chaque fois, elle était ébranlée.

Conrad tendit alors la main vers la banquette arrière.

— J'ai des barres énergétiques dans mon kit d'urgence, dit-il.

— Merci, mais j'ai déjà pris des fruits à la cafétéria.

Il laissa retomber son sac.

— Tu es une femme difficile à choyer.

— Tu crois ? Continue à m'offrir un café aussi bon et je ne te demanderai rien de plus.

Ce breuvage n'avait rien à voir avec celui des distributeurs de l'hôpital. À cet instant, elle comprit pourquoi elle avait accepté de venir dans sa camionnette : elle avait besoin de faire une pause, car la journée avait été rude. Il n'était sans doute pas très sage de s'accorder ce petit répit, mais elle avait rudement besoin de cette échappée.

Qu'elle avait d'ailleurs envie de prolonger ! Aussi demanda-t-elle :

— Raconte-moi à quoi cela ressemble une enfance en Alaska.

Déployant le bras sur le rebord de la banquette, il se tourna pour lui faire face.

— Nos parents travaillaient énormément à la réussite de leur société, aussi Jack et moi étions plutôt livrés à nous-mêmes. Jack était censé veiller sur moi, ce qu'il faisait d'ailleurs. C'est lui qui m'a appris à monter à cheval, à pêcher, initié aux randonnées pédestres, au kayak. Où qu'il aille, il m'emmenait.

— Vous êtes très proches, tous les deux, constata-t-elle pour qu'il rebondisse.

Elle savait parfaitement ce que son frère représentait pour Jack, et son attachement à sa famille le rendait encore plus attirant à ses yeux.

— Effectivement, renchérit-il. Bien qu'après son mariage avec Mary, je me sois retrouvé encore plus livré à moi-même.

— C'est-à-dire ? insista-t-elle.

Elle se rappelait qu'il y avait environ quinze ans de différence entre les deux frères, de sorte que Conrad devait encore être fort jeune, quand Jack avait quitté le nid familial.

— Cela signifiait que je passais tout mon temps sur mon ordinateur. C'est là que j'ai commencé à boursicoter.

— Mais tu étais un enfant ! s'étonna-t-elle.

Un bref sourire éclaira les traits de Conrad.

— Je me connectais avec le profil de mon père.

— Et celui-ci ne s'en est jamais aperçu ?

— Si, mais bien plus tard, quand il s'est rendu compte que ses bénéfices augmentaient à un taux tout à fait inhabituel. Il m'a donc ouvert un compte à mon nom, poursuivit-il sur un haussement d'épaules. Et il m'a alloué une somme à investir – en contrepartie de quoi, j'ai dû lui livrer mes astuces.

— Et c'est ainsi que tu as fondé ta société, conclut-elle.

— Tout à fait, madame !

Un véritable self-made-man ! Elle en était aussi impressionnée que surprise.

— Il me semble avoir lu quelque part que tu avais un master en ingénierie. Comment se fait-il que cet aspect entrepreneurial de ta personnalité ne soit jamais mis en avant dans la presse ?

Elle fit alors tournoyer le café dans son mug, et des ondulations ainsi créées montèrent des effluves de cannelle et de muscade.

— Je préfère garder profil bas, par égard pour mon frère, répondit-il. Pourquoi as-tu l'air si songeuse ?

Et sur ces mots, il lui toucha doucement le front, de son poing fermé.

Elle sentit son estomac se retourner. Prudence ! Elle devait rester sur ses gardes en dépit du feu que ce simple contact venait d'allumer en elle.

— J'essaie d'évaluer si tu es honnête ou si tu me racontes ce que j'ai envie d'entendre.

Le sourire de Conrad s'évapora.

— Sache que je suis toujours sincère. Toujours.

Elle s'aperçut alors qu'elle venait de l'insulter, car il prenait son honneur très au sérieux. Ce qui le rendait encore plus séduisant.

Décidément, cette conversation censée lui permettre d'échapper au stress du travail prenait une tournure problématique, elle jouait avec le feu.

Finissant son café, elle lui rendit le mug.

— Je dois retourner au travail, décréta-t-elle.

Il glissa les doigts autour de son poignet pour la retenir.

— Felicity ?

Elle se sentait plus proche de lui que jamais, son désir en était douloureux. Incapable de résister, elle s'inclina légèrement vers lui. Juste un tout petit peu, mais cela suffit à enclencher un phénomène inéluctable.

De fait, il pencha aussitôt la tête et captura sa bouche avec détermination. Il fleurait bon le café et l'hiver, la passion et la confiance en soi, alors il enflamma ses sens rien qu'en touchant sa langue du bout de la sienne. Elle s'efforça de se rappeler qu'il ne s'agissait que d'un baiser, qu'elle réagissait de manière excessive en raison de l'abstinence qui avait été la sienne. Et pourtant, elle était conscience que cet homme avait le pouvoir, par un simple baiser, de la transporter dans un univers sensoriel inconnu d'elle jusque-là.

Elle agrippa le manteau, pour se rapprocher plus près de

lui, la chaleur de Conrad se communiquant à elle à travers les vêtements pour s'immiscer dans ses veines. Le monde extérieur s'évanouit, la camionnette se transforma en un havre de chaleur où la tentation régnait en maître. Encore un peu, et elle allait le supplier de l'emmener chez lui.

Soudain, un souffle d'air chaud passa entre eux. Elle se rendit compte qu'il s'était écarté d'elle. Rouvrant les paupières, elle se heurta à l'impact de son regard : dans ses prunelles brûlait un indubitable désir, mais il venait néanmoins de la relâcher.

Était-ce parce qu'il avait promis de lui laisser le temps ?

Cela le rendait plus désirable encore.

Il descendit prestement de la camionnette qu'il contourna pour lui ouvrir la portière passager.

— On se voit demain, lança-t-il.

Et elle crut, bien malgré elle, entendre une promesse dans ces simples paroles.

Quitter Felicity s'était apparenté à une épreuve, mais Conrad savait qu'il ne pouvait agir autrement. Outre les gens susceptibles de les voir sur le parking, il sentait bien qu'elle n'était pas encore prête pour passer à l'étape supérieure. Or, il avait réalisé trop de progrès pour risquer de revenir en arrière s'il précipitait le cours des événements.

Il saurait être patient, quitte à se sentir frustré !

Par chance, il avait une famille qui lui procurait de la distraction : il devait en effet retrouver Jack qui avait organisé une partie de cartes entre les Mikkelson et les Steele, où seuls les hommes étaient conviés. Cela lui rappellerait son enfance, puisque c'était son frère qui lui avait appris tous les jeux qu'il connaissait.

— Bonsoir, tout le monde, lança-t-il à la cantonade.

Jack Steele se tenait devant le bar, un whisky à la main, tout en s'entretenant au téléphone avec Jeannie. Conrad s'avança vers le haut comptoir qui le séparait de lui. Le personnel de maison avait disposé tout un assortiment de victuailles sur l'îlot en granit couleur bistre. Prenant une assiette, il se servit des frites toutes chaudes, ainsi que des petits pains briochés au bacon, sans oublier une bouteille de bière. Il se dirigea ensuite vers la table, tout en fourrant une frite dans sa bouche qu'il mastiqua goulûment, dans l'espoir que cela lui permette d'oublier les lèvres de Felicity sur les siennes.

Tentative ratée !

Chuck vint bientôt le rejoindre avec une assiette pleine à ras bord de frites et un bol tout aussi généreux de cacahuètes. Son frère avait néanmoins opté pour une eau pétillante, sans doute pour compenser le reste !

Conrad l'écouta mastiquer et rire en même temps au téléphone, se réjouissant de sa décontraction, vu les événements de l'an passé et la réapparition de Brea dans d'étranges circonstances. Comme il était reconnaissant à Felicity d'avoir accepté d'être présente aux retrouvailles officielles ! Il ignorait les effets que de si nombreuses années passées loin de sa famille pouvaient avoir eus sur l'enfant qu'était sa nièce, au moment de sa disparition.

La porte de la salle de jeux s'ouvrit, l'arrachant à ses pensées. Ça alors, il n'en croyait pas ses yeux ! Royce s'était joint à eux, ce soir.

Le mari de Naomi, un scientifique brillant et renommé, qui travaillait pour l'entreprise familiale, était à la fois excentrique et reclus. Il était un père formidable pour les jumeaux, mais avait tendance à consacrer son temps libre à des activités solitaires, au lieu de passer du temps dans sa belle-famille. Pour l'heure, ses cheveux étaient ébouriffés, comme s'il sortait tout juste du laboratoire après avoir passé des heures à résoudre une formule, ce qui était d'ailleurs fort probable.

— Tiens, tu es des nôtres, ce soir ? lui lança-t-il, en masquant en partie sa surprise.

Royce haussa les épaules.

— Il fait trop froid pour aller pêcher. J'espère que cela ne vous dérange pas que je m'incruste à votre soirée, ajouta-t-il en prenant une frite dans l'assiette de Conrad.

— On préfère te plumer au poker plutôt que de savoir que tu te gèles avec une canne à pêche, le taquina Conrad.

— Je suis venu pour me réchauffer à la bière, annonça Royce en faisant un signe de la tête à Jack, qui venait de raccrocher. Comment va Aiden ?

— Je n'ai pas entendu parler de lui récemment, répondit Jack.

Se dirigeant vers le bar, il servit une bière pression à son invité.

Aiden avait arrêté ses études, affirmant qu'il préférait apprendre sur le tas, au sein de l'entreprise familiale. Son père lui avait alors suggéré d'y pratiquer des stages d'été, pour se former, mais il avait décliné la proposition.

De fait, c'était ainsi que leur père avait agi avec eux, et Jack avait été très contrarié de devoir se débrouiller seul à dix-huit ans, alors qu'il était déjà amoureux de Mary. D'ailleurs, ils avaient fondé une famille bien qu'il n'ait pas encore terminé ses études.

Les choses avaient été plus faciles pour Conrad, puisqu'il était déjà indépendant grâce à ses investissements en ligne. En outre, il n'avait ni femme, ni enfants.

Jack lui jeta un coup d'œil.

— Ne lui envoie pas d'argent, s'il te plaît. Il faut qu'il se rende compte de son erreur.

Conrad leva les mains.

— Je n'en ai pas la moindre intention. Il se peut que je l'invite à dîner la prochaine fois que je le croise dans les locaux de l'entreprise, sinon, mon portefeuille lui restera fermé.

Même s'il était très présent pour les enfants de Jack et qu'il aimait s'occuper d'eux, il savait naturellement qui était leur père.

Alors que Chuck distribuait les cartes pour le poker, Conrad leva son verre de bière vers lui.

— Alors, l'achat de votre maison avance ? s'enquit-il.

— Nous allons faire construire et, si tout va bien, la maison devrait être terminée lorsque notre nom figurera sur la liste des adoptions.

— Génial ! le félicita Jack qui avait placé des cornets de frites et des bols de cacahuètes sur la table. J'espère que vous avez prévu une suite pour Jeannie, car dès que l'enfant sera arrivé, vous ne pourrez plus vous débarrasser d'elle.

Chuck sourit.

— On compte bien sur son aide.

Puis, se tournant vers son frère Trystan, il lui tendit les cartes pour qu'il coupe le paquet et ajouta :

— Comment va Isabeau ?

— Selon les docteurs, tout est sous contrôle, mais cette histoire de diabète m'effraie.

Il redonna les cartes à Chuck afin que celui-ci les distribue et poursuivit à l'adresse de Conrad :

— Garde un œil sur elle pendant les réunions, s'il te plaît, et vérifie qu'elle se ménage.

— Compte sur moi, répondit-il sans la moindre hésitation.

— Si je peux te le revaloir, n'hésite pas.

— Tu t'es fait coiffer au poteau par Marshall, annonça alors Conrad.

— C'est-à-dire ? voulut savoir Trystan en regardant son jeu.

— Il m'a envoyé chevaucher à l'hôpital pendant l'heure de lecture des jeunes patients, répondit-il.

Sur ces paroles, il posa une carte au milieu de la table qui suscita l'intérêt général, y compris celui de Marshall.

— Je me suis dit que soit Felicity te verrait, soit elle en entendrait parler, ce qui, dans les deux cas, lui donnerait une bonne image de toi, renchérit ce dernier. Et alors, ça a marché ?

— Je dois avouer qu'elle a été impressionnée, admit Conrad.

Et le souvenir du baiser échangé envahit tout son cerveau.

Un sourire aux lèvres, Marshall avala un trait d'eau de Seltz.

— J'ai toujours pensé que vous formeriez un couple formidable, tous les deux.

Broderick leva un regard choqué vers son frère.

— Toi, on peut dire que Tally t'a complètement transformé ! s'exclama-t-il.

— Oncle Conrad a toujours été là pour nous, il mérite à présent qu'on s'occupe de lui. Il doit penser à fonder une famille.

— Eh, faites comme si je n'étais pas là ! se récria Conrad. Ni Felicity ni moi ne sommes intéressés par le mariage, car nous sommes déjà mariés à notre travail. En revanche, une liaison est envisageable, puisque nous sommes sur la même longueur d'onde.

Marshall leva un sourcil amusé.

— Tiens, je t'avais pris pour une personne plus clairvoyante !

— Tu es invité pour jouer aux cartes, pas pour commérer, répliqua Conrad.

Et sur ces mots, il rafla la mise. S'il avait été aussi facile de faire disparaître cet air entendu de leur visage ! Pourtant, il était peu probable, si les choses se passaient selon ses plans, qu'ils s'affichent en public, Felicity et lui : ce qu'il souhaitait, c'était la fréquenter à huis clos, rien de plus.

5

Patientant dans l'espace réservé à cet effet près de la salle de conférences, Felicity pianotait sur son smartphone : la réunion avec Breanna Steele au sein des locaux de l'Alaska Oil Barons Inc. ne commencerait pas avant une demi-heure. Cette rencontre pouvait potentiellement guérir toutes les âmes blessées, mais elle pourrait aussi rouvrir de vieilles blessures. Elle était arrivée en avance pour ordonner ses pensées et lire sur le visage de chacun les impressions qu'il éprouvait au fur et à mesure des arrivées.

Elle sentait son estomac se nouer à l'idée de revoir Conrad, mais elle était bien résolue à faire abstraction de ce qu'elle éprouvait, dans le but d'aider la famille.

Soudain, elle entendit des bruits de bottes et leva aussitôt les yeux de son téléphone, tout excitée à l'idée qu'il se profile devant elle. Sauf que ce n'était pas lui !

Elle fut vivement déçue, tout en se félicitant d'avoir limité son intervention à la réunion d'aujourd'hui, étant donné l'état de ses nerfs, dès qu'il s'agissait de Conrad.

Elle adressa alors un sourire de bienvenue à Isabeau Mikkelson et... à Tally, qui était là au titre de fiancée de Marshall, bien sûr.

Avec leurs chevelures rousses, on aurait pu prendre ces deux-là pour des sœurs. Comme elle enviait cette grande famille qui intégrait si bien les membres par alliance ! Elle espérait que Breanna se rendrait bien vite compte de leur générosité.

Pourtant, elle éprouvait une réelle empathie envers cette

dernière qui allait devoir affronter un vrai clan, sans compter tout ce qu'elle avait vécu. *Patience !* s'ordonna-t-elle. Tout serait bientôt dévoilé.

Une fois à sa hauteur, Tally lui adressa un sourire de soulagement.

— Merci d'être venue, c'est rassurant de te savoir parmi nous.

Felicity rangea son téléphone et se leva.

— C'est un plaisir pour moi d'aider autrui dès que je le peux. Difficile toutefois de se préparer pour une réunion comme celle-ci.

Isabeau jeta un coup d'œil vers le vestibule, alors que des membres du personnel le traversaient : sa grossesse renforçait sa beauté et lui prêtait des airs de madones peintes par des maîtres anciens. Elle se retourna vers elles en poussant un soupir.

— Chacun s'est arrangé pour être présent, ce qui renforce mon inquiétude, admit-elle. Ils ont même reporté une réunion qui aura lieu juste après celle-ci pour poursuivre les négociations avec le futur directeur général retenu pour le poste.

— Il est normal que la famille se serre les coudes en cas de situation inhabituelle, déclara Felicity.

Encore qu'elle ne trouvait guère judicieux que la réunion concernant le contrat du nouveau directeur se tienne juste après celle-ci, car elle serait sans doute fort riche en émotions et épuisante.

Isabeau prit place dans un fauteuil en cuir bien rembourré et posa une main sur son ventre, se frottant les tempes de l'autre, ses jambes bien galbées déployées devant elle.

— Nous nous sentirons tous mieux dès que le nouveau directeur aura pris ses fonctions, déclara-t-elle. Si nous arrivons à passer un accord avec Ward Benally, notre famille pourra respirer, car c'est un homme à poigne et personne n'aura besoin de le former. Il connaît son domaine.

— Je crois que Marshall l'approuve aussi, intervint Tally. Et d'ailleurs, en parlant d'homme à poigne, ajouta-t-elle en se tournant vers Felicity, qu'en est-il, de Conrad et toi ? Tu peux tout à fait me répondre de me mêler de mes affaires, je ne t'en voudrais pas.

Felicity pesa ses mots et opta pour une réponse simple et succincte, espérant étouffer dans l'œuf ses instincts d'entremetteuse.

— Conrad ne recherche que des liaisons. Et pour ma part, je dois me concentrer sur mon travail, donc il n'y a rien entre nous, répondit-elle.

Tally fronça le nez.

— Disons plutôt que tu te noies à dessein dans le travail.

Isabeau se mit à rire doucement, les yeux brillants.

— D'autant que le courant qui passe entre vous deux suffit à éclairer une pièce, renchérit-elle.

Désireuse de mettre immédiatement un terme à ce genre de rumeurs, Felicity rétorqua :

— M'avez-vous demandé de venir ici pour jouer les médiatrices ou pour me marier ?

Isabeau retrouva tout de suite son sérieux et lui toucha le poignet.

— Je t'aurais priée d'assister à cette réunion, quoi qu'il en soit, assura-t-elle.

— Parfait, dans ce cas, concentrons-nous dessus.

Des voix résonnèrent tout à coup dans le couloir et toutes trois se redressèrent, tournant la tête vers les nouveaux arrivants. Des frissons la parcoururent quand elle reconnut le timbre si profond de Conrad, qui était en grande discussion avec son frère.

Les deux hommes s'arrêtèrent devant la salle de conférences, toujours happés par leur conversation. Elle en profita pour scruter Conrad de profil. Son beau visage était tendu et sa bouche crispée, et même s'il s'efforçait de prendre un air neutre, elle n'était pas dupe, ayant l'habitude de décrypter le visage des gens. En l'occurrence, elle sentait la tension sourdre de lui, à l'approche de leurs retrouvailles avec Breanna, mais il écoutait attentivement son frère, tête inclinée.

Cette solidarité la toucha de plein fouet, car rares étaient les personnes capables de mettre leurs soucis personnels de côté pour écouter la peine des autres.

Comme s'il avait senti son regard posé sur lui, Conrad tourna les yeux dans sa direction et croisa les siens. Elle vit alors luire dans ses prunelles une émotion à fleur de peau, au-delà de ce qu'elle avait imaginé : comme elle aurait aimé pouvoir le réconforter !

— Et tu prétends toujours qu'il n'y a rien entre vous ? murmura Tally.

Felicity décocha un vif regard à son amie, subitement consciente qu'elle ne pouvait tromper personne et ce, juste après avoir affirmé qu'elle se dévouait à son seul travail.

Comme elle n'avait pas été très douée pour aborder ses problèmes de couple avec son ex-mari, elle s'efforçait désormais de prendre à bras-le-corps tous ceux qui se présentaient, dans le domaine professionnel comme privé. Mais avec Conrad, elle avait d'abord cru que le problème, c'était lui, pour se rendre compte qu'en réalité, le point sensible résidait en elle, qui était en effet affreusement attirée par lui, impossible de le nier.

Par conséquent, elle indiquerait à la famille, en fonction bien sûr de la façon dont la réunion se déroulerait aujourd'hui, qu'il était préférable qu'à l'avenir, une autre médiatrice prenne le relais.

En outre, pour s'arracher au sortilège de Conrad, elle devrait affronter cette attirance, et le plus tôt serait le mieux.

Brea avait la nausée.

Bien que sachant exactement ce qu'elle attendait de cette réunion et s'y étant préparée, il lui coûtait d'entrer dans une salle remplie de Steele et de Mikkelson, et la présence de son avocat à ses côtés ne diminuait en rien le poids sur sa poitrine.

La dernière fois qu'elle avait pénétré dans ces locaux, c'était sous une fausse identité et, pour mieux échapper à la vigilance de sa famille, elle s'était teinte en blonde et avait mis des lentilles de contact colorées, ce qui lui avait aussi permis de maintenir ses émotions à distance. À présent, revenant sous son vrai nom et ayant retrouvé sa chevelure brune, elle se sentait comme nue, alors qu'elle était juste redevenue elle-même.

Quoi que cela puisse signifier.

Autrefois, elle pensait être une Steele et faire partie d'une grande famille aimante. Puis son monde s'était écroulé, avec l'accident d'avion. Selon les médecins, elle souffrait d'une grave commotion cérébrale, ce qui expliquait pourquoi elle avait eu tant de difficultés à comprendre ce qui s'était passé juste après le crash.

Toutefois, elle ne pouvait se cacher la vérité : une personne liée à sa famille avait tué sa mère et elle-même avait failli périr dans la catastrophe. Elle ne savait plus à qui se fier. La seule certitude qu'elle détenait, c'était que ses parents adoptifs étaient décédés et que, désormais, tout était sujet à caution. Or, jamais elle ne pourrait avoir l'esprit libre tant qu'elle n'aurait pas obtenu des réponses et des garanties relativement à tout ce qui la tracassait. Pour tourner la page, elle devait être en paix avec le passé.

Il lui fallait aussi s'assurer que la société n'allait pas la poursuivre pour les secrets qu'elle avait divulgués. À dire vrai, elle n'avait pas prévu d'agir ainsi, quand elle s'était fait embaucher sous une fausse identité, et elle ne comprenait toujours pas comment elle avait pu se laisser entraîner à de telles extrémités. Mais force était d'admettre qu'elle était alors animée par un besoin de revanche, car il lui semblait avoir été trahie et son cœur était brisé.

Elle avait donc laissé les émotions l'emporter sur la raison et, à présent, c'était à la fois tremblante et en sueur qu'elle allait les affronter.

Faisant appel à toute sa volonté, elle saisit la poignée pour entrer dans la salle de conférence, son avocat sur les talons, telle une sorte de princesse guerrière accompagnée de son second. De la même façon, elle s'efforça de survoler du regard tous les gens rassemblés autour de la table de conférence, ceux qui autrefois avaient formé sa famille. Elle était parvenue à les sortir de son esprit pendant de si nombreuses années : peu à peu, elle avait simplement cessé de penser à eux, aidée en cela par ses parents adoptifs qui lui répétaient que se débarrasser de ces souvenirs-là lui permettrait de guérir.

Au bout du compte, les personnes présentes aujourd'hui étaient toutes ses ennemis, même si un seul en particulier était vraisemblablement responsable de l'accident qui avait fait dérailler sa vie et tué sa mère... Assez ! Elle ne pouvait se permettre de laisser ses émotions affleurer et embrouiller son raisonnement.

Menton relevé, elle s'avança vers la table, tenant la bride haute à ses sentiments pour garder son masque de neutralité et son air supérieur. Mais elle sentait le poids des regards peser sur elle et, bientôt, incapable de résister à la tentation, elle tourna les yeux vers sa famille.

Ils tombèrent tout d'abord sur son oncle Conrad. Des images lui traversèrent l'esprit en même temps qu'elles lui glaçaient le sang, comme si les souvenirs associés à Conrad appartenaient à une autre personne : elle le revit en train de l'aider à monter sur une jument à la robe pie, lui apprenant où placer son poids sur la selle, et le rire de sa sœur jumelle retentit à ses oreilles, tout comme les secrets échangés. De tous, Naomi était la plus difficile à oublier, c'était celle dont il fallait à tout prix éviter le regard.

Une avalanche de souvenirs menaçant de lui tomber dessus, elle dirigea les yeux vers la beauté sauvage de l'Alaska, derrière l'immense baie. Une partie d'elle-même rêvait de s'enfuir, de trouver une cabane où elle vivrait en recluse, se consacrant au tricot ou à l'écriture, à l'abri des personnes susceptibles de lui causer du chagrin.

Mais elle se ressaisit bien vite, mue par la nécessité d'affronter les gens ici présents. Son regard se posa alors sur son père, dont elle croisa les prunelles bleu vif, emplies de chagrin et… de tendresse. Son cœur se serra de douleur : non, il était vraiment préférable de ne pas regarder ces personnes liées à son passé. En tant que Milla Jones, elle les avait certes déjà vues, mais à l'époque, ils ignoraient qui elle était : désormais, eux aussi la voyaient.

À vrai dire, elle n'était pas certaine qu'elle aurait eu le cran de revenir s'ils n'avaient pas demandé le test ADN qui leur avait prouvé qu'elle était bien Breanna Steele.

Son avocat, Stanley Hawkins, tira une chaise pour qu'elle s'assoie et elle s'y laissa choir. Tout le monde prit alors place et Stanley ouvrit la réunion.

— J'ai ici une déclaration écrite de ma cliente où elle détaille sa vie après le crash de l'avion, déclara-t-il en distribuant les photocopies.

À cet instant, elle vit un éclair de douleur traverser le visage de Jack. Était-ce sincère ? Feint ?

— Est-ce vraiment nécessaire ? demanda-t-il. J'aurais préféré que l'on en parle plutôt que de lire un texte.

— C'est le souhait de ma cliente qui est par ailleurs présente et prête à coopérer, en dépit de ses inquiétudes quant à sa sécurité personnelle.

Un réel étonnement se peignit sur les visages autour de la table : ignoraient-ils vraiment qu'elle était rongée par la crainte qu'on attente à ses jours ? Elle avait été si obnubilée par le besoin de se protéger qu'elle n'avait pas même envisagé que ses frères et sœurs aient été menés en bateau par leur père, eux aussi.

Visiblement contrarié, Jack agrippa le document qu'on venait de lui remettre, comme s'il se raccrochait à une ancre plantée au bord d'une falaise.

— Je ne sais pas ce qui t'est arrivé durant toutes les années où nous avons été séparés, dit-il, mais j'espère qu'avec le temps, tu te souviendras combien tu étais et combien tu es toujours aimée par ta famille. Personne ne fera jamais rien pour te nuire.

— Et pourtant, quelqu'un a bien tenté de s'en prendre à ma cliente, argua vivement Stanley. Savoir qu'un Mikkelson pourrait être impliqué dans l'accident d'avion survenu il y a fort longtemps et auquel elle a survécu ne contribue guère à la rassurer. Il serait peut-être plus sage que nous en restions là aujourd'hui.

— OK, nous allons faire une pause afin que chacun puisse respirer, déclara alors une femme dans un angle de la pièce.

Qui était-ce ? se demanda Breanna. Elle n'avait pas remarqué sa présence, quand elle était entrée. Elle se pencha vers son avocat, mais avant que celui-ci ait le temps de répliquer, la même jeune femme reprit la parole :

— Brea, je m'appelle Felicity Hunt. Je suis une amie de la famille et également médiatrice.

— Si vous comptez influencer ma façon d'aborder cette réunion, autant vous dire que vous n'y arriverez pas.

Felicity leva la main.

— Je pense que vous avez raison de gérer la situation de la manière qui vous est la plus confortable et je crois que la déclaration que vous avez écrite est une bonne manière de commencer.

Toujours sur ses gardes, Brea s'adossa à sa chaise.

— Vous avez tous déployé beaucoup d'énergie pour traquer Milla Jones, reprit-elle, et vous l'avez retrouvée, vous *m'avez* retrouvée. N'ayez surtout pas l'impression que je ne comprends pas ce que vous avez enduré.

Même s'ils auraient pu fournir des efforts comparables pour enquêter sur l'accident d'avion.

S'agrippant au document photocopié, Jack demanda :

— Y a-t-il des questions que tu souhaiterais nous poser ?

Elle en avait tant ! Mais elle tremblait si fort intérieurement qu'elle redoutait de s'effondrer si elle prenait la parole : cette réunion était bien plus difficile qu'elle ne l'avait imaginé. Tant de souvenirs lui revenaient, tout s'emmêlait : certes, elle aimait ses parents adoptifs, mais un jour, elle avait aussi aimé tous les gens assis autour de cette table. Du moins le pensait-elle.

Elle ne savait plus que ressentir, pétrie d'un unique sentiment, la peur, tout en étant déterminée à ne pas la montrer.

Elle laissa glisser les yeux vers Naomi, sa jumelle, et en dépit de tout, le lien qui l'avait unie à elle fut soudain bien tangible. Cette dernière lui adressa un regard empreint de douceur et hocha la tête.

Inspirant profondément, Brea se lança :

— J'ai une question à propos d'un souvenir, et peut-être que toi, Naomi, tu pourrais m'éclairer.

Tout le monde se pencha en avant.

— Bien sûr, je vais faire de mon mieux, assura Naomi.

D'une voix qu'elle tentait de contrôler pour ne pas chevroter, elle demanda alors :

— Quand notre mère venait nous border le soir, chantait-elle une berceuse où il était questions d'oursons qui suivaient les aurores boréales ?

Elle vit Naomi cligner les paupières, sans doute surprise par la question, mais elle avait besoin de détails concrets à quoi se raccrocher. D'instinct, elle avait compris que le lien qui les unissait était toujours vivant, c'était ce qui l'avait d'ailleurs conduite à l'hôpital, en dépit du risque encouru, la nuit où Naomi avait accouché de ses jumeaux.

— Tout à fait, répondit cette dernière d'un ton affectueux. Ensuite, maman allumait une lampe qui projetait les couleurs d'une aurore boréale sur le plafond. Nous nous endormions en la regardant.

Brea ne put répondre, redoutant que sa voix ne trahisse sa vulnérabilité. Elle donna un petit coup de pied à son avocat, comme il était convenu entre eux quand elle désirerait mettre fin à la réunion.

Immédiatement, ce dernier se leva.

— Merci d'avoir organisé cette rencontre, annonça-t-il à l'assemblée. Ma cliente est fatiguée, à présent. Nous reprendrons sous peu contact avec vous.

Là-dessus, il l'entraîna hors de la pièce, tandis que tous les autres, qui représentaient une masse confuse à présent, se penchaient sur le document remis et que leurs murmures se répandaient dans la salle.

La rédaction de cette lettre s'était apparentée à une torture, mais elle aurait été incapable d'exprimer oralement tout ce qu'elle avait à dire. Restant le plus près possible des faits, elle y avait évoqué le couple qui l'avait recueillie après l'accident, protégée et élevée dans une communauté antisystème.

Toute tremblante, elle se dirigea en compagnie de Stanley vers l'ascenseur et aperçut alors dans sa vision périphérique un homme dont le visage lui était familier, du temps où elle était Milla Jones. De haute stature, charismatique, il l'attirait irrésistiblement, mais elle ne devait pas céder à ses pulsions, car il était un homme d'influence. Le genre de personnes à éviter, comme sa famille.

Ward Benally, dont on disait qu'il allait reprendre la direction de la société, passa derrière elle au moment où elle appuyait impatiemment sur le bouton de l'ascenseur. À l'évidence, les affaires continuaient comme si de rien n'était : elle aurait dû accorder le bénéfice du doute à sa prétendue famille.

Conrad s'appuya au bar de la salle de conférences : comment allait-il pouvoir négocier avec Ward Benally, après cette rencontre avec Brea ? C'était hélas le seul créneau horaire que celui-ci leur avait proposé. S'emparant d'un pichet en cristal, il se servit un verre d'eau.

Il était complètement épuisé.

Il avait le cou raide, le corps contracté. Il revoyait la douleur évidente sur le visage de son frère et de ses enfants. Lui-même avait été fortement affecté par ces retrouvailles, alors qu'il s'enorgueillissait de ne jamais céder au pathos.

Mais aujourd'hui, personne n'avait pu échapper à la tragique réalité.

Et dire que tout aurait pu être si simple : sa nièce était en vie malgré tout ce qui avait jusqu'ici donné à penser le contraire, de sorte que la famille était à nouveau réunie. Aussi, pourquoi un événement si joyeux avait-il pris un tour aussi sombre ? Les vieilles blessures avaient été rouvertes et ils devaient à présent en gérer de nouvelles.

En abrégeant la réunion, Brea les avait tous bouleversés. Naomi redoutait que ce ne soit sa réponse qui ait déclenché cette réaction et elle s'en voulait. Jack était demeuré aussi silencieux que la mort, ce qui lui avait rappelé qu'ils avaient failli le perdre, un an plus tôt, dans un accident de cheval. Combien de stress son frère serait-il encore capable d'endurer ?

Une main sur son épaule le ramena aussitôt au présent : se retournant, il se retrouva en face de Felicity, qui le regardait d'un air soucieux. Il avait souhaité sa présence pour le bien de sa famille, mais il lui était aussi reconnaissant à titre personnel, car elle était le témoin de son tourment intérieur, et cela l'en délestait un peu.

— Merci d'avoir participé à ces retrouvailles, lui dit-il.

Une douce lueur s'alluma dans ses yeux noisette.

— Je ne sais pas si j'ai été d'une grande aide, objecta-t-elle.

— Après le départ de Brea, tu as su trouver les mots pour aider notre famille à gérer la situation.

La réunion avait été si courte et si frustrante, Breanna s'y étant à peine exprimée. Il était tellement heureux que Felicity ait pris les choses en main ensuite et leur ait prodigué des paroles rassurantes qui avaient un peu atténué la sensation de fiasco ressenti par chacun.

Elle se rapprocha de lui. Sa soyeuse chevelure châtain encadrait élégamment son visage et il dut se faire violence pour ne pas plonger la main dedans et caler une ou deux mèches derrière ses oreilles.

La fragrance citronnée qui émanait d'elle l'envahit tout entier, tandis que les manches en forme de cloche de sa robe remuaient au rythme de ses déplacements. Il n'avait vu qu'elle durant cette réunion, alors que la salle était remplie des membres de sa famille.

— Conrad, tu es très inquiet pour chacun, mais cela a dû être difficile pour toi aussi, dit-elle.

Ces simples mots lui mirent du baume au cœur, même s'il avait besoin de rester concentré sur sa famille.

— Aujourd'hui, c'était une grande étape, convint-il en soupirant. Je dois me remettre au travail. Merci encore. Je ne sais pas comment je pourrais te revaloir ce service.

— Tu peux m'inviter à dîner ce soir, par exemple, proposa-t-elle.

Stupéfait, il la considéra, s'efforçant de lire le fond de sa pensée pour y trouver une raison qui aurait expliqué cette volte-face. Souhaitait-elle juste le réconforter après la réunion stressante d'aujourd'hui ? Ou bien voulait-elle discuter avec lui du dîner organisé par sa fondation en l'honneur de l'hôpital ?

Peu importe, ce n'était pas une opportunité qui se refusait. Sa journée, si éprouvante, promettait de se finir sur une note plus agréable.

— Alors c'est entendu, approuva-t-il bien résolu à tout mettre en œuvre pour que son prochain rendez-vous soit le plus bref possible.

Dans son esprit, il était déjà sorti du travail, impatient de passer la soirée avec la femme la plus fascinante qu'il ait jamais rencontrée.

6

Lorsque Conrad frappa à la porte du bureau de son frère, il eut l'impression de l'arracher à de profondes et lourdes réflexions. Il était vrai que le destin ne l'avait guère épargné, avec la perte de sa femme et de sa fille, vingt ans plus tôt. Et aujourd'hui, alors que cette journée aurait dû être la plus belle de sa vie, il devait être bien amer après la façon dont s'étaient déroulées les retrouvailles, face au visage accusateur de Breanna.

D'autant que Jeannie n'était pas à ses côtés aujourd'hui, mais Conrad se rappela alors qu'il l'avait priée de ne rien changer à ses projets et d'accompagner comme prévu Isabeau et Trystan à l'échographie, la famille étant aussi importante pour Jeannie que pour son frère.

Sans doute devait-il avoir l'impression que la photo posée sur son bureau, où tous ses enfants, Breanna y compris, souriaient à l'objectif, relevait aujourd'hui de la fiction. Il devait forcément, comme lui, se demander ce qui était arrivé à sa fille pour qu'elle leur tourne le dos avec une telle détermination. Ainsi que Conrad avait pu le constater, elle se souvenait de tous. Aussi, comment était-il possible que sa famille ne signifie plus rien pour elle désormais ? La peur et la rage qui irradiaient de sa nièce avaient été un crève-cœur pour lui, alors pour son frère... Comment cette enfant que Marie et lui avaient tant aimée et choyée pouvait-elle se retourner aujourd'hui contre eux ? Contre Jack, son père ?

— Et moi qui pensais que tu avais écourté ta journée pour la finir avec ton adorable femme, déclara Conrad.

Il avait été si heureux que Jack retrouve l'amour auprès de la formidable Jeannie et, surtout, que celui-ci triomphe des inimitiés entre leurs familles concurrentes.

— Je vais la rejoindre bientôt.

— Je ne te demanderai pas si tu vas bien, car comment être serein après de telles retrouvailles.

— La présence de Felicity était une excellente idée, approuva Jack. Mais je regrette que Breanna ait refusé de s'adresser directement à nous.

— Donne-lui du temps. Elle est venue, c'est un bon début.

Jack posa le doigt sur l'arête de son nez, comme s'il cherchait à retenir des larmes.

— Je sais, ma petite fille est de retour, elle est en vie, c'est tout ce qui importe.

Conrad laissa alors à son frère le temps de se reprendre. Tous deux se comprenaient sans avoir besoin de formuler ce qu'ils ressentaient, en raison de l'intimité qui les unissait.

— Merci, reprit Jack, je ne sais pas comment je pourrais te revaloir le soutien que tu m'as apporté pendant toutes ces années.

— Tu aurais agi de la même façon pour moi, répondit Conrad avec un petit sourire.

Jack le considéra un instant, comme s'il en doutait, puis déclara :

— On dirait que tu vas sortir, je ne veux pas te retenir.

— Oh ! je peux encore rester un peu ! assura-t-il sans s'asseoir pour autant.

— Ça va aller, promis, répondit Jack avant d'ajouter, un petit sourire aux lèvres : Tu as des projets pour ce soir ?

Conrad tourna la tête vers la fenêtre : devait-il les dévoiler ?

— Je dîne avec Felicity, répondit-il sur une impulsion.

À ces mots, il vit une lueur de surprise s'allumer dans les yeux de Jack.

— Je pensais qu'elle t'avait donné une fin de non-recevoir.

Je suis très heureux que les choses se soient finalement arrangées entre vous.

— Merci, mais je ne suis pas venu pour parler de moi. Si tu...

— Je t'assure que tout va bien pour moi. Et tu as raison, je vais rentrer à la maison pour retrouver ma femme.

Là-dessus, il referma son portable et Conrad jugea qu'il pouvait se retirer.

Le cœur battant, Felicity se mit du mascara.

Elle n'arrivait toujours pas à croire qu'elle avait demandé à Conrad de l'inviter à dîner, après avoir systématiquement repoussé ses avances depuis le début. Mais cette réunion familiale tragique l'ayant affectée, elle avait éprouvé le besoin de passer du temps avec lui.

Alors qu'elle cherchait son fard à paupières, elle se rendit compte qu'elle ne s'en était pas remis depuis son divorce et manqua de lâcher sa trousse de maquillage.

Elle choisit ensuite des boucles d'oreilles à perles, simples mais élégantes, sa paire favorite et celle qui, parmi ses bijoux, avait le plus de valeur. Elle les réservait toujours aux occasions spéciales.

Et soudain, elle éprouva une sorte de culpabilité devant le reflet de la femme épanouie qui lui souriait dans le miroir, vu l'affreuse journée qu'avaient passée les Steele. Pourvu qu'ils suivent sa recommandation et choisissent une autre médiatrice, car ils allaient avoir besoin d'aide pour trouver une solution qui les apaiserait tous, un soutien qu'elle n'était pas en mesure de leur apporter.

Au fond, n'avait-il pas été égoïste de sa part de proposer à Conrad de l'inviter ce soir ? Sa famille avait peut-être besoin de sa présence. Alors qu'elle s'apprêtait à l'appeler pour reporter, la sonnette retentit dans son appartement.

Son cœur s'affola comme celui d'une adolescente. Passant bien vite son sautoir en argent et à petits pompons autour de son cou, elle se précipita vers la porte d'entrée, ralentissant le pas quand elle se rendit compte qu'elle courait. Elle avait failli faire tomber une pile de livres en équilibre près de sa bibliothèque ! Lissant son pull, elle retrouva une contenance, et ses talons claquèrent sur le parquet quand elle traversa le salon pour regagner la porte.

Elle n'était pas certaine que ce dîner soit une sage initiative, mais en dépit de tous ses efforts, elle n'était pas parvenue à juguler l'attirance qu'elle ressentait pour lui. Aussi avait-elle besoin de la prendre à bras-le-corps, d'affronter Conrad, de manière directe.

Après une profonde inspiration, elle ouvrit la porte.

Une boîte de chocolats à la main, il la jaugea de pied en cap, son regard s'attardant d'abord sur ses bottines rouges avant de croiser le sien.

— T'a-t-on dit récemment à quel point tu étais belle ? lança-t-il tout à trac.

Cette question la mit presque dans un état de transe ! Plus elle passait du temps avec lui, plus il l'attirait. Or, la réalité allait-elle être à la hauteur de ses attentes ?

Une bien curieuse pensée lui traversa alors l'esprit : au fond, coucher avec lui ne lui permettrait-il pas de briser le sortilège qu'il exerçait sur elle ?

Assez ! Elle lui avait certes donné l'opportunité de l'inviter et elle ne pouvait nier qu'elle éprouvait du plaisir à cette idée, mais elle n'en devait pas moins être prudente.

— Merci pour le compliment. Je vais chercher mon manteau et on y va.

Il la suivit à l'intérieur.

— Vraiment ? J'ai eu l'impression qu'il tombait à plat car tu n'as même pas souri.

— J'en suis flattée, je t'assure.

Et elle sortit son manteau du placard.

— Mais ?

Elle devait assurer ses arrières, ne pas le laisser l'approcher trop près de son cœur. Décrochant son manteau du cintre, elle répondit :

— Écoute, je préfère être honnête avec toi…

— Laisse-moi prendre soin tout seul de mon ego. Je suis un grand garçon, tu sais.

— OK.

Par ce bref échange, elle en avait dévoilé bien plus sur ce qu'il lui inspirait qu'elle n'aurait voulu. Ce dîner n'était pas une simple invitation entre amis, d'ailleurs rien n'était simple entre eux depuis leur première rencontre, deux mois plus tôt, le jour où elle avait déposé Tally à l'hôpital pour le bénévolat qu'elle y exerçait.

Rivant ses yeux bleu clair aux siens, il lui remit la boîte de chocolats superbement emballée, le nœud doré qui l'ornait étincelant sous la lumière du vestibule. Leurs doigts s'effleurèrent et l'air crépita entre eux, mais elle hésita à prendre le présent.

— Je ne sais pas si je dois, objecta-t-elle.

— Laisse-moi te séduire, répliqua-t-il d'une voix rauque.

— Je pensais que c'était par tes dons à l'hôpital que tu cherchais à me faire la cour.

Pitié ! Pourquoi avait-elle cette voix essoufflée ?

— Tu veux dire par la vente aux enchères caritative ? Oui, tout à fait, mais à présent, mon rôle dans le programme de la fondation a pris un tour officiel et professionnel. Aussi, je ne peux plus laisser les sentiments que j'éprouve pour toi interférer avec mes décisions financières.

Elle ouvrit de grands yeux étonnés, tandis qu'il poursuivait :

— Ce ne sont pas les paroles que tu attendais de moi ?

— Pas du tout, admit-elle. Mais c'est une réponse fort honorable.

Inclinant la tête, il désigna du menton la boîte de chocolats. Un éclair amusé brilla dans le bleu de ses prunelles, ce qui la fit complètement fondre.

— Donc, tu veux bien accepter ces modestes chocolats ?

Elle se mit à rire et, prenant la boîte, la serra contre elle.

— Essaie de me les reprendre et tu verras bien.

Il lui sourit.

— Tally m'avait bien dit que tu avais un faible pour le chocolat.

Elle posa la boîte sur une table en forme de demi-lune, près d'une plante grasse.

— C'est injuste, protesta-t-elle, car moi, je n'ai pas d'informateurs. Quelle est ta faiblesse ?

À cet instant, les yeux de Conrad lancèrent un éclair et il répondit :

— Toi.

Et le souffle lui manqua quand il pencha la tête vers elle pour capturer sa bouche. Parcourue de frissons, elle s'accrocha à lui, tout en savourant la sensation suave de leurs langues emmêlées. Plus elle s'abandonnait à son baiser, plus elle sentait son corps revenir à la vie : elle avait pris la bonne décision, elle ne pouvait plus faire comme si de rien n'était entre eux.

Soudain, il s'écarta d'elle et déclara :

— Allons-y afin de ne pas être en retard pour notre réservation.

Conrad n'avait pas imaginé que ce tête-à-tête avec Felicity se déroulerait aussi bien, des entrées aux desserts. La conversation avait été enjouée et divertissante, une sorte de temps suspendu qui lui avait permis d'oublier sa nièce et sa famille brisée. Nul doute que Felicity était une femme brillante et engageante.

Et elle l'excitait terriblement.

Il l'aida à enfiler son manteau et laissa ses doigts s'attarder sur le lainage satiné au niveau des épaules, avant de lui effleurer le cou. La légère odeur fleurie qui émanait d'elle était des plus tentantes...

Elle retira les cheveux de son col et lui adressa un grand sourire, par-dessus son épaule.

— Merci pour cette charmante soirée, dit-elle.

Tiens, tiens... Était-ce une promesse qu'il distinguait dans ses yeux ? Il était en train de se rendre compte que Felicity était tout à fait imprévisible. Poussant la porte du restaurant, il la suivit dans le froid mordant de la nuit. Le groom n'allait pas tarder à apparaître au volant de son SUV.

— Et si on prolongeait un peu cette fabuleuse soirée ? proposa-t-il.

Le sourire qu'elle lui adressa en guise de réponse retint toute son attention, tandis que leurs chaussures crissaient dans la neige accumulée sur le trottoir.

Troublé par l'assurance qu'ils étaient bien sur la même longueur d'onde, il s'arrêta brusquement. Elle le saisit alors par le bras, un peu trop vite, de sorte que son pied glissa sur une plaque de glace. Il la retint vivement et la plaqua contre lui, le cœur chamboulé à l'idée qu'il aurait pu la faire tomber. Ses cheveux lui chatouillèrent alors le nez et il se dit qu'il aurait pu rester ainsi toute la nuit, à la tenir dans ses bras.

Sauf qu'ils auraient gelé sur place, étant donné la température ambiante.

Repérant tout à coup son SUV rouge qui arrivait, il la souleva de terre sans la moindre hésitation pour l'emporter vers le véhicule.

— Conrad, voyons ! Tu vas glisser ! s'écria-t-elle, surprise.

— Je ne voudrais pas te voler ta spécialité, répliqua-t-il.

— Je me suis fait très mal et je t'assure que je ne te souhaite pas la même chose ! Repose-moi, s'il te plaît.

— Ah bon, tu t'es blessée ? questionna-t-il, alarmé.

Il s'en voulut de ne pas s'être assuré que tout allait bien.

— Je me suis juste tordu un peu la cheville, mais je peux marcher, je t'assure.

Il sentit à cet instant son souffle tiède dans son cou.

— Non, tu risques d'aggraver la blessure et je peux te certifier que je ne vais pas tomber.

— Tu as l'air vraiment sûr de toi.

— Et ravi que tu ne me traites pas de présomptueux. Encore que je ne te donnerais pas tort, précisa-t-il avec un petit sourire.

— Est-ce que tous les hommes de ta famille réagissent comme toi ? demanda-t-elle alors qu'ils arrivaient à la hauteur du SUV.

Le groom en sortit et, laissant le moteur tourner, ouvrit la porte passager. Conrad déposa Felicity sur le siège.

— C'est-à-dire ? Aider une personne blessée à monter dans une voiture ?

Elle émit un petit sourire qui flotta un instant dans l'air glacé du soir.

— Je n'arrive pas à croire que tu me poses cette question avec un air si sérieux, renchérit-elle.

Refermant la portière passager, il contourna son SUV et précisa, une fois derrière le volant :

— Je te l'avais bien dit, je suis arrogant.

— Tout autant que charmant, rétorqua-t-elle.

Et une gaieté contagieuse brilla dans ses yeux, bien que sa remarque l'ait époustouflé.

— Heureux de constater que mes efforts paient, lâcha-t-il, avant d'ajouter, se retenant d'enfouir les doigts dans ses cheveux et de l'embrasser : Comment va ta cheville ? Doit-on se rendre aux urgences ?

Elle ouvrit alors la fermeture Éclair de ses bottines et fléchit deux fois le pied.

— C'est un peu douloureux, mais je vais survivre.

Ce fut presque en sursautant qu'il détacha les yeux de sa jambe au galbe parfait pour les reporter sur l'asphalte et s'insérer dans le flot des voitures.

— Je suis soulagé, admit-il. J'imagine qu'au Texas, tu n'as pas eu souvent l'occasion de pratiquer le patin à glace.

— Bien vu ! Pourtant, c'est mon septième hiver ici, j'aurais cru mieux m'en sortir.

Et sur ces mots, elle lui jeta un regard en biais.

Une fois sur la route, il mit ses essuie-glaces et demanda :

— Comment se fait-il que nos chemins ne se soient jamais croisés avant que tu ne déposes Tally à l'hôpital, il y a deux mois, quand sa voiture est tombée en panne ?

Du bout des doigts, elle tapota la vitre.

— Toi et moi ne fréquentons pas vraiment les mêmes cercles, répondit-elle d'un ton sec.

Et zut ! Il venait de réinstaurer une distance entre eux, qu'il pensait avoir pourtant abolie, au cours de la soirée.

— Et je le regrette infiniment, lui affirma-t-il, sincère.

Elle se tourna sur son siège pour lui faire face.

— Tu ne laisses jamais tomber, n'est-ce pas ?

— Je suis honnête, c'est tout.

Il sentit qu'il perdait encore du terrain.

— Et moi, je suis plutôt méfiante par nature, répliqua-t-elle.

Était-ce un défi qu'elle lui lançait ?

— Dans ce cas, je vais me mettre au travail pour mériter ta confiance.

Elle se mit alors à jouer avec une mèche de cheveux et il eut la sensation qu'une nouvelle opportunité s'ouvrait entre eux.

— Vraiment ? fit-elle avant d'incliner la tête contre la vitre.

— Et sans perdre une minute ! Demande-moi ce que tu veux. Je fais confiance à tes talents de médiatrice pour voir si je te réponds la vérité.

— As-tu un jour rêvé de quitter l'Alaska ?

Pourquoi lui posait-elle une question pareille ? Mais pourquoi se serait-il dérobé ?

— La réponse est non, je n'ai aucune envie de partir d'ici. Cet État me comble, j'y suis chez moi.

— Quel est ton meilleur souvenir d'enfance, ici ?

Pourquoi s'enquérait-elle de ce genre de détail ? Bien que ne comprenant pas très bien sa motivation, il savait en revanche qu'elle regrettait de ne pas avoir de famille.

— Quand Jack m'emmenait faire de la luge. Lui-même était un expert et pourtant il se montrait d'une patience infinie avec moi.

Immédiatement, les images se bousculèrent dans son esprit : il se revit trottiner dans la neige aux côtés de son aîné, pour arriver en haut de la plus haute pente de la propriété des Steele. Dès qu'ils entendaient le cri d'un animal, Jack lui en indiquait le nom. Ils pouvaient rester des heures à faire de la luge dans le froid.

— Et tes parents, où étaient-ils ?

— Au bureau ou en voyage d'affaires. Mais ils ne nous négligeaient pas, si c'est ce que tu insinues.

— C'est donc pour cette raison que ton frère et toi êtes si proches ?

— Oui, il a toujours veillé sur moi.

« La famille est la pierre angulaire de toute chose », aimait à répéter son père.

— Et tu as l'impression que tu lui es redevable ?

— Non, il ne s'agit pas de cela. C'est juste le besoin de s'entraider. Cela te semble curieux ? demanda-t-il en lui jetant un regard oblique. Tu ne me crois pas ?

— Bien sûr que si, répondit-elle avec le plus grand sérieux, son beau visage baignant dans la lumière bleutée du tableau de bord. C'est juste que… J'ai déjà lu des articles sur ce type de lien fraternel et j'ai pu aussi le constater entre des frères et sœurs, mais, à vrai dire, je ne m'attendais pas à l'entendre de ta bouche. Tu as de la chance d'avoir ton frère et vice versa.

— C'est vrai, reconnut-il.

Il savait qu'elle avait été une enfant placée, mais il ignorait tout de sa famille biologique.

— As-tu des frères et sœurs ?

— Oui, enfin, des demi-frères et sœurs. Nous avons été séparés avant même la fin de l'école primaire.

Puis elle se mit à gratter l'accoudoir de son siège, signe que la discussion la troublait, elle qui gardait pourtant toujours ses sentiments sous clé.

— On a essayé de rester en contact, mais à part quelques mails occasionnels, chacun a poursuivi son chemin de façon indépendante. En fait, j'ai gardé plus de contact avec ma dernière famille d'accueil.

La façon dont elle avait construit sa vie, en dépit de toutes les entraves qui s'étaient dressées sur sa route, était admirable et témoignait d'une force de caractère rare.

— Tu es tellement incroyable que j'en ai le souffle coupé, murmura-t-il.

Un grand sourire éclaira le visage de Felicity.

— Tu m'en vois ravie, car j'ai eu beau me voiler la face concernant l'attirance qui existe entre nous, je ne suis arrivée à rien.

Il eut soudain du mal à suivre le cours de leur conversation : comment étaient-ils passés de la famille, de sa force de caractère à l'attirance qu'ils ressentaient l'un pour l'autre ?

— Felicity...

Elle posa un doigt sur sa bouche.

— Il est temps que nous cessions de parler et que tu m'emmènes dans ton lit, souffla-t-elle.

7

Dès que Felicity avait proposé à Conrad de l'inviter à dîner s'il voulait la remercier de son intervention lors des retrouvailles avec Breanna, elle avait eu la quasi-certitude qu'ils finiraient au lit, elle et lui. Et à présent qu'ils pénétraient chez elle, enlacés l'un à l'autre, elle ne regrettait pas du tout sa décision.

Il la plaqua contre le mur, elle enfonça les doigts dans ses épaules et, du pied, lui caressa la cheville, soucieuse qu'il n'y ait plus la moindre barrière entre eux. Quand il pressa le poids de son corps musclé contre le sien et qu'elle perçut aussi celui de son désir, le sien en fut décuplé, tandis que l'odeur de santal qui émanait de lui, une fragrance si masculine, l'enivrait littéralement.

Coulant les mains sous sa veste, elle explora son dos musclé par-dessus sa chemise en soie fine. Dans son empressement, son coude heurta la table sur laquelle se trouvait la boîte de chocolats qu'il lui avait offerte plus tôt et qui roula à terre.

Au bruit qu'elle fit dans sa chute, il tourna la tête et un large sourire fendit son visage : reculant d'un pas, il se pencha adroitement pour la ramasser.

— C'est un plaisir pour moi de combler tes points faibles. Je suis impatient de découvrir les autres.

La promesse contenue dans ces paroles et dans le bleu de ses yeux la mit en feu. Elle aussi eut envie de découvrir ses faiblesses. À nouveau, il pressa sa bouche sur la sienne, et leurs langues dansèrent ensemble pendant qu'ils traversaient son appartement. Il avait le goût du café qu'ils avaient bu au restaurant, ce qui lui rappela leur conversation et combien Conrad était un homme brillant.

Sans lâcher sa bouche, elle lui retira son manteau et fit glisser sa cape par terre : cette couche en moins ne diminua en rien sa température intérieure et, déterminée, elle poursuivit son chemin jusqu'à sa chambre, son havre. Lorsqu'elle trébucha contre le tapis, le désir qu'il lui inspirait traversa tout son être en un éclair : l'attirance qu'ils éprouvaient l'un pour l'autre les consumait littéralement et il n'y avait aucune raison pour qu'ils n'y cèdent pas. Et tant pis si elle n'évoluait pas dans le même luxe que lui et si sa chambre était plutôt exiguë, c'était l'endroit où elle décompressait après une journée de travail à s'occuper des malheurs d'autrui. Sur son épaisse couette couleur bordeaux étaient alignés trois coussins aux motifs assortis, comme dans un hôtel sélect, tandis que sur sa table de nuit au design élégant se trouvait un livre ouvert à la page où elle avait arrêté sa lecture : bien que sa vie n'ait rien d'un roman sentimental, elle adorait se plonger dans des livres où les héros finissaient par surmonter les obstacles qui les séparaient, cela lui redonnait le moral pour affronter le stress d'une nouvelle journée de travail.

Mais pour l'instant, sa chambre douillette, avec ses draps en soie et ses diffuseurs d'essences, allait servir de cadre à de nouvelles activités.

Conrad jeta en effet la boîte de chocolats sur le lit et elle se laissa à son tour tomber dessus en douceur. S'agenouillant devant elle, il abaissa la fermeture Éclair de ses bottines rouges avant de soulever délicatement son pied et d'embrasser sa cheville. Quand il lui ôta sa chaussure, elle sentit toute retenue la déserter. Écartant les bras, elle ferma les yeux et imagina Conrad sur le reste de son corps.

Ce qui aviva encore son désir.

Il prit son temps pour la dévêtir, embrassant ses épaules, lui murmurant des mots doux. Elle appréciait chaque seconde de cette étreinte, chaque caresse, mais son impatience croissant, elle commença à le déshabiller d'une main fébrile et fut bientôt soufflée par la beauté virile de sa nudité. L'instant d'après, il s'agenouillait à nouveau pour plonger cette fois la tête entre ses jambes et lui donner le plus intime des baisers.

Elle en eut alors le souffle coupé et un léger gémissement lui échappa. Paupières closes, elle s'abandonna à la magie de sa langue et de ses doigts qui s'affairaient sur ses mamelons. S'accrochant au drap, elle sentit la tension monter en elle et, bientôt, un ouragan sensuel l'emporta.

Quelques instants plus tard, tandis qu'elle s'efforçait de reprendre ses esprits, elle l'entendit lui ordonner :

— Ne bouge pas !

Et il lui fourra une truffe dans la bouche.

Quand avait-il ouvert la boîte ? Elle avait dû rester alanguie bien plus longtemps qu'elle ne le pensait après l'incroyable orgasme qu'il lui avait donné. Elle sentit le chocolat crémeux, mâtiné d'une pointe de framboise, fondre dans sa bouche, saturer ses papilles.

Soudain, il se leva. Immédiatement, elle lui saisit le bras.

— Où vas-tu ? demanda-t-elle.

— Chercher des préservatifs dans la poche de ma veste.

— J'en ai dans le tiroir de ma table de nuit.

— Ah, tu avais donc tout prévu ! ironisa-t-il.

— Je pressentais que c'était bel et bien dans le domaine du possible.

— Felicity, juste pour qu'il n'y ait pas de malentendu entre nous, il faut que je sache si tu en as vraiment envie.

S'appuyant sur un coude, elle fourra une nouvelle truffe dans sa bouche et lui adressa un regard oblique.

— Dois-je réellement te rafraîchir la mémoire ? C'est moi qui t'ai demandé de m'inviter à dîner, non ? Et oui, j'en ai envie.

— En effet. Loin de moi l'idée de t'offenser.

Elle coupa alors une truffe en deux avec ses dents et lui présenta l'autre moitié, qui fondit dans leur bouche en même temps que le baiser qu'ils échangèrent après qu'il eut roulé sur elle.

De ses mains, elle explorait ses muscles solides, son corps qu'il entretenait si bien, au-delà de ce à quoi elle s'attendait, même s'il lui avait déjà donné un aperçu de sa force, en la portant jusqu'au SUV tout à l'heure.

— Comment sais-tu ce qui me fait fondre aussi vite que ces truffes ?

— Je suis juste à ton écoute, à l'écoute de ton corps.

Un homme attentif, voilà qui était rare, constata-t-elle, et cette seule idée était des plus excitantes. Glissant la main entre eux, elle se mit à caresser son érection aussi dure que veloutée. Il déchira alors la boîte de préservatifs.

L'intensité de son regard, l'urgence qu'elle lisait dans ses mâchoires serrées faisaient écho à son tourbillon intérieur. Caressant au passage ses chevilles, elle enroula les jambes autour de la taille de Conrad pour s'offrir pleinement à lui et, quand il la pénétra, un déchaînement de sensations l'inonda en même temps, sensations qu'elle n'avait plus connues depuis fort longtemps.

D'ailleurs, elle ne se rappelait plus avoir été si incroyablement proche d'un homme. Or, de manière paradoxale, elle en voulait encore plus.

Ses grognements s'accordèrent bientôt à ses gémissements, leur concert formant une symphonie qui les enveloppa de sensualité. Elle sentit ses doigts dans sa chevelure, tout comme une autre vague de jouissance monter en elle, qu'elle s'efforça de retenir le plus longtemps possible, mais comment réfréner la passion ? Un puissant orgasme la happa sans prévenir, plus époustouflant que le précédent, et un cri de pur plaisir lui échappa, alors qu'elle enfonçait ses ongles dans les épaules de Conrad, y laissant des demi-lunes.

Le souffle lourd, il la suivit de peu, et son corps trembla dans l'abandon, lui procurant de nouveaux frissons de plaisir.

L'odeur de leurs fiévreux ébats flottait encore dans la chambre quand elle commença à se demander ce qu'elle venait de faire. Car ce qui s'était passé n'avait rien à voir avec une nuit sans lendemain et, face au choc de cette constatation, elle se rendit compte qu'il était urgent de mettre un peu d'espace entre eux.

Déposant un baiser sur son front, elle se dégagea de son étreinte.

— Je vais nous faire du café avant que tu t'en ailles, déclara-t-elle.

Il se redressa, le corps nimbé de la lumière dorée qui tombait de la table de nuit et la peau encore moite de leurs étreintes.

— En gros, tu me chasses de ton lit.

— Je pensais que tu en serais soulagé.

— Sache que c'est tout le contraire ! protesta-t-il en s'asseyant sur le rebord du matelas, les yeux plissés. Je crois que toi et moi, on pourrait avoir une formidable liaison.

— Entièrement d'accord, mais nous savons tous les deux que les sentiments ne doivent pas s'en mêler.

Elle cherchait ses mots, pour lui expliquer pourquoi il était préférable qu'il s'en aille.

— Or, à continuer ainsi, nous pourrions sans nous en rendre compte passer à l'étape supérieure. Et je dois dire que l'idée me met mal à l'aise.

— Compris, dit-il. Cependant, je ne vois pas très bien comment oublier ce qui vient de se passer entre nous, nuança-t-il en lui saisissant les mains pour l'attirer entre ses genoux. D'autant que nous sommes censés organiser ensemble le dîner de la fondation pour l'hôpital.

Elle le regarda fixement.

— Que suggères-tu, au juste ?

— Je te propose que, pour les deux semaines qui viennent, nous nous accordions une fenêtre de temps pendant laquelle nous nous verrons et nous passerons de bons moments ensemble, sans pression.

Et de son pouce, il se mit à caresser l'intérieur sensible de son poignet, là où battait son pouls.

— Et quand l'événement sera passé, chacun reprendra son chemin ? voulut-elle savoir.

— Si c'est ce que tu souhaites, alors oui.

Pouvait-elle lui faire confiance ? Elle en avait envie, bien sûr, car elle mourait de revivre des soirées comme celle-ci, tout en gardant son cœur à l'abri.

— Partons sur cette base, alors, tout en avisant au jour le jour, finit-elle par consentir.

— Parfait pour moi ! Je me damnerais pour une nouvelle nuit dans tes bras.

Et l'attirant encore plus étroitement contre lui, il prit l'un de ses seins en coupe.

— Et si l'on vidait un peu ton stock de préservatifs avant de boire ce café ? suggéra-t-il.

Bien que consciente qu'elle le regretterait sans doute plus tard, elle se glissa de nouveau sous les couvertures avec lui, se noyant déjà dans les délices d'un autre baiser au chocolat framboise.

Le lendemain, au volant de son SUV, Conrad remontait l'allée qui menait à la maison de son frère. Nichée au pied d'un lac gelé, la structure était impressionnante et en imposait d'autant plus que la surface du lac se reflétait dans ses parois de verre. Le vent menait à mal les arbres tout autour, qui ployaient sous son souffle impitoyable.

À 4 heures du matin, alors qu'il buvait du café avec Felicity, il lui avait demandé de se joindre à leur réunion familiale. À sa grande surprise, elle avait accepté, même si elle avait par ailleurs campé sur sa position qu'il ne passe pas la nuit chez elle.

Il était rentré se doucher, puis était revenu la chercher un peu avant midi. Il n'aurait su décrire le bonheur qui était le sien de l'avoir aujourd'hui à ses côtés pour ce repas autour de la piscine intérieure, chez Jack. Nul doute que celui-ci avait besoin du soutien de toute sa famille et, d'ailleurs, tous avaient besoin de se serrer les coudes après cette réunion des plus stressantes avec Brea.

Alors qu'il se garait, Felicity rassembla son fourre-tout et son sac de piscine.

— Merci d'être venue, lui dit-il.

— J'aime beaucoup ta famille, répondit-elle avant d'ajouter, après un bref baiser sur la bouche : Seulement, pas de démonstration en public, s'il te plaît.

— Compris.

L'amour avec Felicity avait vraiment été incroyable et, pourtant, les exigences de Conrad étaient élevées en la matière. Heureusement qu'il avait eu l'idée de cette fenêtre de temps qui leur laissait un petit répit, sans quoi, elle l'aurait sans doute définitivement refoulé de son lit.

Ses pas crissaient dans la neige quand, une fois descendu de son SUV, il alla lui ouvrir et, lorsque leurs regards se croisèrent, une sorte de courant électrique passa entre eux. Comme il regrettait que tout le monde puisse les voir derrière la paroi vitrée qui donnait sur la piscine chauffée. Au lieu de lui donner un baiser, il dut se contenter de tenir sa main gantée.

L'intérieur résonnait du vacarme lié aux jeux d'eau auxquels se livraient quelques membres de sa famille. Sa plus jeune nièce, Delaney, était assise sur les galets qui flanquaient la piscine, les pieds dans l'eau, et l'écho de ses grands éclats de rire rebondissait entre le verre et le vestibule en bois.

Un buffet impressionnant trônait sur une immense table : houmous, pita, olives de Kalamata, tranches de pamplemousse et fraises, burgers à l'orignal et poulets au citron vert. Jack était en train de tendre une assiette rouge à Jeannie qui souriait aux paroles qu'il venait de lui murmurer à l'oreille. De l'autre côté de la piscine, près de la baie qui s'élevait du sol au plafond et derrière laquelle se déployait un majestueux paysage de montagnes enneigées et de pins alourdis de flocons, Isabeau s'éventait sur une chaise longue. Un sourire aux lèvres, elle avait la main posée sur son ventre imposant tandis que Trystan lui apportait une assiette bien remplie ainsi qu'un verre d'eau. Son chien était couché sous sa chaise longue, tête entre les pattes, mais oreilles en alerte.

— Ah, tu es venu ! s'exclama Jeannie à l'adresse de Conrad avec un sourire accueillant.

Marshall lui donna une tape sur l'épaule, alors qu'il se dirigeait vers le buffet. Felicity salua tout le monde d'un petit signe de la main et s'éclipsa vers le vestiaire.

Conrad ouvrit une bière, puis considéra Royce et Naomi qui riaient avec leurs jumeaux dans la piscine, avant que son regard ne se porte sur Broderick, Glenna et leur petite Fleur dans une bouée pour bébé. La fillette riait aux éclats en donnant de petits coups de pied sous l'eau.

Toute son attention se reporta sur Felicity quand elle ressortit des vestiaires, telle une apparition féerique dans son maillot de bain une pièce couleur émeraude qui moulait à la perfection ses superbes courbes : elle lui évoquait une sirène, prête à le piéger de son chant mélodieux. Elle ondula vers lui et, prenant une assiette, y déposa du houmous et de la pita, ainsi que des tranches d'ananas et des fraises. Conrad plaça un burger dans la sienne, sentant qu'elle l'observait de près.

— Quelque chose ne va pas ? demanda-t-il.

— Je suis juste intriguée, car je n'avais pas l'impression que tu appréciais ce genre de réjouissances.

— J'aime passer du temps en famille. Et toi, pourquoi es-tu ici ?

— Un ami m'a invitée.

Tiens donc, il était devenu son ami ! Il progressait sur toute la ligne, vu qu'ils étaient aussi amants.

À cette pensée, il eut envie de l'attirer à lui et, jetant un regard alentour pour vérifier que personne ne les regardait, il fut arrêté dans son geste par les aboiements du chien d'Isabeau. Aussitôt,

Trystan bondit, Jeannie accourut : le travail commençait pour Isabeau, de façon prématurée.

Un plateau rempli de tasses de café et une boîte de pâtisseries à la main, Felicity se fraya un chemin parmi ses collègues pour atteindre la salle d'attente où elle distribua ces petits réconforts à la famille de Conrad. Chacun hocha la tête et murmura des remerciements en se servant.

Évidemment, ni le café ni les pâtisseries ne réduiraient le risque qu'encouraient Isabeau et son bébé qui avait décidé de venir au monde un mois à l'avance. Il n'empêche que Felicity ne pouvait se contenter d'attendre sans rien faire.

Elle était de tout cœur avec cette famille qui s'inquiétait pour l'une des leurs. Trystan ne cessait de se maudire pour ne pas l'avoir obligée à garder le lit même si, lors de la dernière visite, la gynécologue leur avait assuré que tout allait bien.

Tout le monde respirerait mieux quand le bébé serait né et Isabeau déclarée en bonne santé.

Marshall prit la dernière part de tarte aux pommes, et Felicity se laissa tomber sur une chaise à côté de Conrad. Sans le vouloir, elle se rappela alors son propre mariage et ses envies de fonder un foyer. Hélas, son couple battait déjà de l'aile et elle avait compris plus tard que c'était aussi l'époque où son ex-mari avait commencé à se droguer. Des larmes lui montèrent aux yeux. Comment elle, une travailleuse sociale, ne s'en était-elle pas aperçue ? Il fallait dire qu'elle avait eu affaire à un sacré menteur.

Son regard erra alors sur les photos de bébés accrochées aux murs, des nouveau-nés en bonne santé, entourés de parents heureux, et elle espéra que la famille Steele partagerait ces mêmes joies à la fin de la journée.

Conrad souffla sur son café.

— Merci, lui murmura-t-il. C'est très gentil à toi d'être restée avec nous et de nous apporter du réconfort.

Involontairement, elle passa la main derrière l'oreille de

Conrad pour le caresser et il ne broncha pas, bien au contraire, en dépit de tout ce qu'ils s'étaient promis pour éviter les complications si la famille découvrait leur relation. Mais elle avait beau se raisonner, elle était incapable de s'en aller, de tourner le dos à cet homme aussi affable que complexe.

Elle lui massa gentiment la tempe, traçant des cercles sur ses cheveux noirs.

— Je l'ai fait avant que tu ne t'en charges, car tu aurais peut-être manqué les dernières nouvelles.

À cet instant, un carillon sonna pour annoncer la naissance d'un bébé : toute la famille tourna la tête vers la double porte, mais aucun médecin n'entra et les conversations reprirent.

Felicity en profita pour poursuivre la leur.

— Le sort de tes neveux te tient tant à cœur ! En fait, je me suis toujours demandé pourquoi tu...

— Pourquoi je ne suis moi-même pas marié ? acheva-t-il devant son hésitation.

— Je ne veux pas avoir l'air impolie ou trop curieuse...

— Rassure-toi, ce n'est pas une question indiscrète et étant donné le tour que les choses ont pris entre nous, tu as tout à fait le droit de savoir. J'ai failli me marier. En fait, je suis même allé jusqu'à l'autel. Nous avions réservé la salle des fêtes, et puis... la mariée s'est décommandée.

Elle avait entendu dire qu'il avait eu une relation sérieuse, par le passé, mais elle n'imaginait pas que c'était allé aussi loin. De manière égoïste, elle pensait être la seule des deux à avoir cruellement souffert.

— Oh ! je suis désolée ! Que s'est-il passé ?

— Est-ce important ?

— Navrée, c'est un réflexe professionnel : je pose des questions de façon automatique.

Confuse, elle trempa un croissant dans son café.

— À moins que ce ne soit une façon d'empêcher les gens de t'en poser, renchérit-il. Si je m'étais davantage renseigné sur toi, je te comprendrais sans doute mieux.

Elle mastiqua un instant son croissant en silence : certes, il n'était pas inquisiteur, mais c'était un homme attentif, de sorte qu'il devinait bien plus que ce qu'elle aurait voulu lui livrer.

Elle avala un trait de café, consciente qu'elle devait répondre.

— Il me semblait t'avoir dit ce qu'il en était à Noël, quand j'ai mis un terme à notre relation naissante. Mon premier mariage a été un fiasco. Depuis, je me concentre sur ma carrière, et ce, d'autant plus que j'ai un nouveau poste à l'hôpital.

Il étendit les jambes devant lui, puis les croisa au niveau des chevilles.

— Tu n'assimiles tout de même pas tous les hommes à ton ex-époux ? Par ta profession, tu dois bien te rendre compte que nous ne sommes pas tous pareils.

— Et si tu ne me plaisais tout simplement pas ? renchérit-elle, un rien provocatrice. Nous ne sommes pas sortis très longtemps ensemble, tu sais, l'an dernier.

Il se mit à rire et plongea ses yeux dans les siens.

— Tu parles d'une époque révolue. Nous n'en sommes plus à ce stade, toi et moi.

Elle se sentit rougir.

— Touché.

Il se tapota le torse au niveau du cœur.

— C'est l'une des plus gentilles choses que tu m'aies dites, déclara-t-il avec un sourire.

— Il est vrai que tu es plus habitué à mes rebuffades, admit-elle.

Et elle sentit les regrets lui mordre le cœur : elle ne l'avait guère ménagé, en raison des ombres du passé qui planaient encore sur sa vie.

— Dans ce cas, rachète-toi en me laissant te ramener chez toi, tout à l'heure.

Alors qu'elle hésitait à répondre, le carillon sonna : *un nouveau bébé,* pensa-t-elle. Une seconde après, la double porte s'ouvrit, livrant le passage à une infirmière qui arrivait d'un pas résolu.

— Le médecin m'a chargée de vous annoncer qu'Isabeau

se porte bien, et que son petit garçon va très bien, lui aussi, pour un prématuré.

Un concert d'acclamations s'ensuivit et Felicity, happée par l'enthousiasme familial, enlaça non seulement Conrad, mais tous les autres. Si elle n'était pas prudente, elle risquait de se laisser prendre au piège de cette famille, comme elle était tombée dans celui de Conrad.

8

Trois heures plus tard, quand Felicity entra chez Conrad, elle ne pensait même plus à endiguer le sentiment de griserie qui était le sien. La journée avait été si belle qu'elle ne pouvait se refuser ce moment, d'autant qu'il y avait des lustres qu'elle n'avait pas connu un tel bonheur, car elle était en permanence sur ses gardes, dans la crainte du nouveau coup du sort que la vie allait lui réserver.

Cet abandon, cet état de grâce en était presque étrange, mais elle était résolue à le savourer pleinement. Demain arriverait bien trop vite.

Pour l'heure, elle se réjouissait que le bébé soit en bonne santé et l'après-midi passé en compagnie de Conrad avait été des plus agréables.

Retirant son manteau en lainage rouge, elle passa discrètement en revue la décoration toute en sobriété, où elle reconnaissait aisément la signature de Conrad.

Au fond du salon, le mur constitué d'une rangée de fenêtres offrait un panorama spectaculaire sur les montagnes enneigées, ce qui éliminait d'emblée la nécessité d'œuvres d'art, la pièce étant dominée par la nature. Derrière les vitres, de fines falaises argentées faisaient également saillie et les branches de hauts arbres bougeaient au vent. La vue était à couper le souffle.

— C'est un appartement qui en impose, s'extasia-t-elle.

Et elle pensa au sien qui aurait pu tenir dans le salon !

Conrad accrocha son stetson à une patère.

— Va-t-on encore devoir discuter de ma vie d'ultra-privilégié ? renchérit-il.

— Non, j'ai bien compris que tu étais un self-made-man, répondit-elle.

Elle lui donna son manteau et posa son sac à main sur le canapé.

— Qui a malgré tout des avantages dont tu ne bénéficies pas, c'est bien cela, non ? enchaîna-t-il en lui adressant un regard prudent.

Même s'il possédait un charme fou, Conrad affichait une certaine méfiance envers les femmes, tout comme elle envers les hommes.

Toutefois, aujourd'hui, elle n'avait pas envie de s'étendre sur cet aspect-là, préférant prendre le moment comme il venait.

— Et si nous vivions dans le présent ? suggéra-t-elle.

— Cela me convient parfaitement, répondit-il.

Il posa alors les mains sur ses épaules, commençant à la masser légèrement.

Elle se rapprocha de lui, attirée par la chaleur qui émanait de sa personne.

— Nous allons devoir travailler en collaboration encore plus étroite à la préparation du dîner, maintenant qu'Isabeau a accouché, remarqua-t-elle. Raison de plus pour oublier le passé.

Il lui caressait doucement le haut des bras, à présent.

— Je ne vais pas faire comme si la nuit d'hier n'avait pas eu lieu.

— Moi non plus, assura-t-elle.

Comment aurait-ce été possible ? Ils avaient vécu une expérience rare et tout à fait inoubliable. Cependant, une mise au point s'imposait avant qu'elle ne cède de nouveau à ses charmes.

— Cela dit, tu comprends bien que je ne reviendrai pas sur ce que j'ai dit concernant une relation durable, précisa-t-elle.

— Je n'oublie pas tes propos, affirma-t-il en prenant son visage en coupe. Et je me souviens aussi que tu as accepté qu'on sorte ensemble pendant les trois semaines où l'on ne pourra de toute façon pas s'éviter, avant le dîner de gala.

Elle ne le niait absolument pas. Il était si facile de venir se blottir dans ses bras. Si naturel. Elle se hissa sur la pointe des pieds au moment où il baissa la tête, et chacun pressa sa bouche contre celle de l'autre avec la sensation d'une heureuse légitimité. Leurs corps s'accordaient à merveille, l'attirance étant si forte entre eux que ni l'un ni l'autre ne semblaient en mesure de résister.

Elle ignorait combien de temps durerait leur idylle, mais elle était déterminée à la vivre entièrement.

Il avait le goût de la tarte aux fruits accompagnée d'une boule de glace à la vanille qu'ils avaient mangées en dessert, au dîner. Et celle-ci était délicieuse, leur famille ayant érigé les menus plaisirs en art de vivre, non par prétention, mais parce qu'ils étaient privilégiés. Rapidement, elle repoussa la pensée qui menaçait de l'assombrir.

— Viens ! lança tout à coup Conrad en emmêlant ses doigts aux siens.

— Quelle idée as-tu derrière la tête ?

— Fais-moi confiance, répliqua-t-il, en dardant sur elle ses yeux bleus absolument irrésistibles.

Serrant plus étroitement la main de Felicity, Conrad l'entraîna à travers sa maison, vers l'endroit où il avait rêvé de se retrouver seul avec elle durant toute la soirée chez son frère, c'est-à-dire dans sa piscine personnelle, où ils pourraient tranquillement s'adonner au naturisme.

Il n'avait cessé de fantasmer sur ses courbes, sa longue chevelure brune glissant sur ses seins… Et en ce moment encore, ces images le hantaient au point que les battements de son cœur s'accélérèrent. Avant d'arriver aux portes coulissantes qui donnaient accès à sa piscine chauffée, ils traversèrent sa salle à manger et passèrent devant la grande table qui n'avait servi que l'année où il avait hébergé son frère, après la disparition de sa femme et de sa fille. Mais, rejetant bien vite ces pensées, il fit coulisser les parois de verre.

Les carreaux étaient tous d'une même couleur et la pièce offrait une vue imprenable sur une falaise et le sommet enneigé d'une chaîne de montagnes, dans le lointain. Personne ne pouvait s'approcher de ce côté-ci.

Felicity pivota sur elle-même pour apprécier les lieux...

— Cette pièce dépasse l'imagination, dit-elle.

Son sourire lui procura une grande satisfaction et, les yeux rivés aux siens, il répliqua :

— Non, c'est toi qui dépasses l'imagination.

À ces mots, une lueur incandescente s'alluma dans ses prunelles et, reculant d'un pas, elle retira lentement sa robe avant de la jeter avec nonchalance par terre, puis de secouer sa chevelure soyeuse pour la remettre en place. Elle irradiait littéralement dans la lumière du soir, avec ses dessous noirs et ses bottines en cuir rouge qu'elle n'avait pas encore retirées.

Son pouls tambourina bientôt à ses tempes et tout son sang afflua vers un endroit précis de son anatomie : le désir le saisit comme un coup de fouet, le clouant sur place.

Passant les mains derrière le dos, elle dégrafa son soutien-gorge qui tomba dans un doux froufroutement sur les carreaux. Puis elle fit glisser sa culotte et, une fois celle-ci à terre, l'enjamba.

Il retint sa respiration. La beauté, l'assurance et la sensualité de Felicity illuminaient la pièce. Comme aimanté, il s'avança vers elle et, prenant ses seins en coupe, il en titilla les pointes qui se hérissèrent promptement, ce qui l'encouragea à poursuivre. Bientôt, il glissa une main entre ses cuisses : elle était aussi excitée que lui. S'agrippant à ses épaules, elle ferma les paupières et il l'entraîna alors vers une chaise longue pour lui retirer ses bottines.

— Je ne pourrai jamais me rassasier de toi, murmura-t-il.

À ces mots, elle ouvrit grand les yeux, et l'ombre qu'il vit au fond de ses prunelles couleur noisette lui rappela la limite de temps qu'elle avait fixée à leur relation. C'était bien la dernière chose à quoi il voulait penser !

Posant un doigt sur sa bouche, il lui intima le silence, avant de se déshabiller à une vitesse record. Il enfila de la même façon un préservatif et s'allongea sur elle, qui s'offrit tout de suite à lui. L'instant d'après, il était en elle.

Ses petits soupirs, son déhanchement sensuel et la caresse de sa peau contre la sienne avivèrent tous ses sens que renforçaient encore le clapotis de l'eau et l'enivrante fragrance fleurie qui était la sienne. Sous leur température interne conjuguée à celle de la pièce, leurs corps transpiraient. Il avait l'impression d'avoir attendu une éternité avant de lui faire l'amour pour la première fois, alors qu'en réalité, seuls deux petits mois s'étaient écoulés depuis leur rencontre initiale. Mais le temps avait basculé dès l'instant où ses yeux s'étaient posés sur elle et, dès lors, il n'avait eu de cesse de la conquérir.

Assez rêvé, le temps de l'action était arrivé ! Cette femme était unique, un mélange d'élégance totale et de folle sensualité qui lui donnait le vertige. Il la pénétra plus profondément et elle referma les jambes autour de sa taille, pour rapprocher encore leurs corps... Soudain, elle laissa retomber la tête sur l'oreiller, la tournant d'un côté puis de l'autre, et son orgasme montant fit surgir en lui un regain de désir. Ses gémissements se transformèrent bientôt en petits cris et, quand il la sentit se contracter autour de lui, il perdit le contact avec la réalité, emporté par des sensations indescriptibles...

Une fois qu'ils eurent retrouvé leur souffle, il se redressa et la prit dans ses bras. Elle noua les bras autour de son cou et lui sourit, visiblement prête à le suivre là où bon lui semblerait de l'emmener.

En l'occurrence, il descendit les marches de la piscine et tous deux s'immergèrent dans ses eaux chaudes, surplombées par une fontaine en pierre, à l'autre extrémité.

Sans mot dire, il rejeta ses cheveux bruns d'un côté de son visage et se mit à les caresser, appréciant la douceur du moment après ces journées plutôt intenses : le retour de Brea, ses premières étreintes avec Felicity, l'accouchement prématuré d'Isabeau...

Il était indéniable que la présence de Felicity l'avait énormément aidé, elle avait été d'un indéfectible soutien ce qui était une expérience nouvelle pour lui, car il était en général le pivot sur qui on prenait appui. À vrai dire, il ne savait que conclure de tout cela, il était bien incapable de démêler ses pensées.

Felicity exerçait un ascendant sur lui comme aucune autre femme avant et, en réalité, cela l'effrayait terriblement.

Felicity regardait son amant en train de dormir, tête enfoncée de profil dans l'oreiller à côté d'elle. Après avoir fait l'amour dans la piscine, ils avaient nagé tout en se taquinant, puis s'étaient douchés ensemble. Son corps était saturé de plaisir.

Elle n'avait pas l'intention de rester dormir chez lui, mais le temps lui avait glissé entre les doigts quand ils avaient refait l'amour après la douche, puis discuté jusqu'aux premières lueurs de l'aube. Les longues nuits de l'hiver alaskien avaient contribué à lui faire perdre la notion de l'heure.

Conrad paraissait paisible, tout autant que sexy. La veilleuse, qui prêtait à ses traits un air plus doux, était propice aux plus suaves vagabondages et rêveries de l'esprit. Aussi, durant quelques instants, elle imagina un avenir avec lui, ici, dans cette maison qui se déclinait dans un camaïeu de gris et de beige, au sein d'un paysage grandiose. Elle se vit partager un lit, une existence avec cet homme ensorceleur. La vie aurait alors le goût des baies sauvages, de l'air de la montagne imprégné de l'odeur de pins, celle d'étreintes ardentes et de leur passion commune d'aider autrui.

Sans compter qu'il avait le visage et le corps d'une star de cinéma.

Seulement voilà, il avait une vie déjà bien remplie où il n'y avait pas de place pour elle.

Vraiment ? lui susurra une petite voix.

Affolée, elle se laissa glisser hors du lit et ramassa bien vite ses vêtements épars sur le tapis épais où ses orteils s'enfonçaient si agréablement.

Qu'est-ce qui l'attirait, chez elle ? Il pouvait avoir qui il voulait, à commencer par une femme bien plus jeune qu'elle. En toute logique, après avoir obtenu ce qu'il attendait d'elle la première fois, il aurait dû l'éviter, or, c'était le contraire qui s'était produit : il l'avait invitée dans sa famille, puis chez lui.

Enfilant sa culotte en dentelle noire, elle lui jeta un bref coup d'œil : son torse montait et descendait doucement. Que devait-elle faire ? Le mieux, malgré tout, était de maintenir une certaine distance avec lui. Et même s'il était difficile de s'enfuir telle une voleuse, elle devait s'en tenir à sa décision, ne pas s'attarder pour un petit déjeuner romantique.

Elle enfila sa robe, remit de l'ordre dans ses cheveux que depuis son divorce elle portait longs et détachés, son mari ayant toujours préféré un carré sage. Quand on songeait à la sagesse dont il faisait preuve, lui ! Désormais, personne ne l'entraverait plus.

Soudain, elle entendit un froissement de draps en guise d'avertissement, avant que la voix de Conrad ne s'élève :

— Et si tu prenais un café avant de partir ? Je ne voudrais pas que tu t'endormes au volant. Mieux ! s'exclama-t-il en s'asseyant sur le rebord du lit. Je vais t'appeler un taxi.

Il avait les cheveux ébouriffés et une barbe de deux jours, mais il était aussi séduisant au lever du lit que sur son trente et un. Elle devait se bouger, et vite, avant de se glisser à nouveau sous ses draps pour y finir sa nuit, voire s'y attarder au-delà.

— Inutile, souffla-t-elle. Je ne voulais pas te réveiller.

— Oui, puisque tu filais en douce. Mais ce n'était pas nécessaire, tu sais, puisque tu m'avais prévenu dès le début que tu ne resterais jamais dormir chez moi.

Elle lui donna bien vite un baiser sur la bouche.

— Tu verras, cela rendra l'organisation du dîner bien plus excitante encore, car ainsi, nous aurons encore plus hâte de nous retrouver.

— Tu as sans doute raison.

Du menton, elle désigna son téléphone.

— Pourrais-tu regarder si tu n'as pas reçu de message concernant Isabeau et le bébé ?

— Naturellement... Tout va bien, ajouta-t-il, après avoir obtempéré. Il est encore sous oxygène, mais il tète bien et s'avère réactif. Tu veux voir des photos ?

— Volontiers.

Elle s'agenouilla alors près de lui et se pencha sur l'écran : le nouveau-né était entouré de tubes dans sa couveuse. Un battant, déjà, pensa-t-elle. Il pesait deux kilos et soixante-quinze grammes, ce qui n'était pas si mal, et il était plutôt grand. Son cœur se serra à l'idée des enfants qu'elle avait pensé avoir un jour.

— Ils l'ont appelé Everett, ce qui signifie « fort ».

Elle effleura l'écran.

— Il est beau. Félicitations, oncle Conrad.

— Grand-oncle, rectifia-t-il en riant. Voilà qui ne me rajeunit pas.

Décidément, il n'y avait pas en lui une once de vanité !

— Tu es bien plus jeune que ton frère ! renchérit-elle. Tu peux toujours avoir des enfants.

Aïe ! Pourquoi cette remarque lui avait-elle échappé ? D'autant plus qu'elle s'était juré de faire en sorte que cette relation reste simple, de ne pas aborder de questions délicates, avec lui. Cependant, c'était plus fort qu'elle, elle se demandait comment il prenait le fait de ne pas être père.

— Et qu'en est-il de toi ? renchérit-il, le visage impénétrable.

Elle hésita avant de répondre, puis opta pour la vérité.

— Je voulais adopter un enfant, mais ce n'était pas le bon moment.

Il repoussa une mèche qui lui était tombée sur le front et entoura son visage en coupe.

— Pourtant, tu ferais une mère formidable.

— Merci, mais cette conversation prend un tour bien trop sérieux et outrepasse nos règles de base.

Il la saisit alors par les hanches et l'attira à lui, dardant sur elle un regard pénétrant.

— Tu as raison, ne nous égarons pas.

Elle se mit à rire, appréciant qu'il n'insiste pas.

— Bon, je veux bien un café.

— Ça tombe bien, je sais parfaitement comment tu l'aimes.

Était-il vraiment si attentionné ou se moquait-il ?

Elle détestait être suspicieuse, mais elle s'était déjà tant fourvoyée, dans le domaine des sentiments, qu'elle était désormais incapable de baisser la garde.

Il était plus sûr de prendre le moment comme il venait, sans spéculer sur l'avenir. Elle lui donna un autre baiser sur les lèvres.

— Merci, souffla-t-elle.

Jack se frotta le cou, épuisé.

Entre Brea, l'accouchement et le contrat à finaliser avec Benally, il atteignait ses limites. Heureusement que le paysage qu'il contemplait tout en discutant avec ce dernier l'apaisait, ainsi que le bureau où il se trouvait. C'était son grand-père qui en avait fabriqué les bibliothèques et, ici, il avait presque l'impression que tout était comme avant ou du moins qu'il pourrait trouver des réponses à la disparition et réapparition de Brea. Cet endroit était par ailleurs leur refuge cosy, à Jeannie et lui, quand leur grande famille envahissait toute la maison et qu'ils avaient besoin de se retrouver.

À l'autre bout du fil, Benally prenait à présent congé de lui.

— Merci, répondit Jack. On se rappelle sous peu.

Il contempla alors le plafond peint en bleu : il avait tenu à cette couleur pour garder foi en la vie, après l'inimaginable tragédie.

— Jack ? Tout va bien ? s'enquit Jeannie qui était assise sur le canapé, entourée de boîtes remplies de papier. Ce n'était pas Trystan, au moins ?

— Mais non ! répondit-il en s'avançant vers elle pour la rassurer. Détends-toi, tout va bien pour le bébé.

Le feu craqua dans l'âtre. Sa chaleur et sa vue étaient un

réconfort, d'autant que la neige tombait plus fort, à l'approche de la nuit.

Il se sentait un peu coupable de ne pas être aux côtés de Trystan et Isabeau, mais la nouvelle crise qui les guettait était de taille.

De la lettre que Brea avait écrite, il ressortait clairement qu'après le crash, elle avait été recueillie par une famille de marginaux qui, en réalité, l'avait volée à sa propre famille, et cette idée suffisait déjà à lui briser le cœur.

Il se laissa tomber à côté de Jeannie, préférant parler de tout sauf de Brea.

— C'était Ward Benally, ajouta-t-il. Il avait encore des questions. C'est un sacré négociateur. Nous avons de la chance d'être tombée sur lui, il saura défendre nos intérêts.

Jeannie lui adressa un sourire chaleureux.

— Es-tu certain que cela te convient de remettre le contrôle de notre société à un étranger ?

— Et toi, cela te dérange-t-il ?

— Puisque aucun de nos enfants n'en avait envie, avions-nous le choix ?

— Bah, c'est admirable qu'ils aient chacun trouvé leur voie par leurs propres moyens ! Mais qu'est-ce que c'est, tout ça ?

Et il désigna les boîtes à ses pieds.

— De vieilles lettres de mon frère et ma sœur, répondit-elle en lui lançant un regard empli de souffrance. L'idée que Lyle et Willa aient quelque chose à voir avec ce qui est arrivé à ta famille m'est intolérable, mais je ne peux pas non plus pratiquer la politique de l'autruche.

Une peur panique le saisit. Certes, il avait besoin de réponses sur l'accident, mais il avait conscience qu'elles risquaient d'être explosives.

Se penchant vers une boîte, il se rendit compte que les lettres qu'elle contenait étaient quasi friables. Comme leur avenir, pensa-t-il alors.

— Qu'espères-tu trouver, là-dedans ? questionna-t-il.

— Je ne sais pas vraiment. Peut-être des indices qui prouveraient qu'ils ont menti. Ou bien des allusions montrant qu'ils connaissaient le mécanicien impliqué dans le crash.

Découvrir que le père de la fiancée de Marshall était le mécanicien qui avait préparé l'avion, lors de ce vol fatal, avait été un choc. Rongé par la culpabilité, le père de Tally s'était ensuite donné la mort. On ne pouvait donc plus l'interroger pour savoir s'il avait délibérément provoqué le crash ou s'il s'agissait d'un accident.

Si l'acte avait été délibéré, quel en était le motif ? Pour qui travaillait-il alors ?

— Et tu as trouvé quelque chose ? interrogea-t-il.

— Rien de concret, hélas ! Mais il y a tant de lettres.

— Puis-je t'aider ?

— C'est gentil, seulement, tu ne les connais pas aussi bien que moi et tu pourrais ne pas lire entre les lignes. Certains détails de notre passé risqueraient de te sembler anodins, alors qu'ils pourraient m'apparaître déterminants.

Le frère et la sœur de Jeannie avaient indubitablement des passés tortueux, l'un ayant eu maille à partir avec la justice, l'autre des problèmes avec la drogue et les hommes. C'était pour cette raison qu'elle avait confié son fils, Trystan, à la garde de sa sœur qui l'avait élevé comme le sien.

Dans tout cet imbroglio, Jack possédait une certitude : Jeannie n'était en rien mêlée à l'accident d'avion, il avait une entière confiance en elle. Malheureusement, il ne pouvait en dire autant au sujet du frère et de la sœur de son épouse, et encore moins de son premier mari.

Toutefois, si sa famille était impliquée, comment allaient réagir les enfants de Jeannie ?

Et dire qu'il avait cru la querelle du passé enterrée avec leur mariage ! Jamais il n'aurait pu prévoir un tel coup de tonnerre.

Il sentit sa gorge se nouer : la vie lui avait donné une deuxième chance de bonheur, une chance à laquelle il ne s'attendait pas du tout. Et il en avait été extrêmement reconnaissant au destin.

Mais comment aurait-il pu deviner que le fossé existant entre les Mikkelson et les Steele cachait peut-être des profondeurs plus noires encore que les anciennes méfiances, pires même que l'espionnage industriel ?

Tout simplement parce qu'il n'avait pas imaginé un instant que le retour de sa fille si longtemps disparue puisse représenter une menace pour son mariage.

9

Conrad avait l'intention de profiter au mieux du temps qui lui restait avec Felicity dans le cadre de l'organisation du dîner caritatif pour l'hôpital. Coucher avec elle n'avait en rien apaisé le désir qu'elle lui inspirait lors de ces sessions de travail. En réalité, il en était même intensifié, puisqu'à présent, il savait combien ils s'accordaient merveilleusement bien, tous les deux.

Assis à côté d'elle autour de la table de conférence de l'Alaska Oil Barons Inc., il vérifiait la page des comptes tandis qu'elle finalisait le plan de table, maintenant que tous les retours pour les invitations leur étaient parvenus. Une fois par semaine, Felicity quittait son travail un peu plus tôt afin de régler avec lui certains détails plus précis liés à l'événement, le reste s'effectuant par textos ou mails. Or, c'était le dernier soir où ils travaillaient sur le projet, car le dîner était prévu pour la fin de la semaine.

La fragrance de son shampoing lui parvenait au rythme de la soufflerie du radiateur et lui rappelait l'odeur qui imprégnait son oreiller, chaque fois qu'elle lui avait rendu visite.

Durant les deux semaines qui s'étaient écoulées, il s'était efforcé de la voir également hors de la chambre à coucher, car le temps qui leur était imparti arrivait bientôt à échéance.

Ainsi, il l'avait invitée à un dîner croisière au cours duquel des paysages tous plus fantastiques les uns que les autres avaient défilé derrière la vitre. Un autre soir, ils étaient allés au théâtre et le son mélodieux de son rire avait ensuite résonné longtemps en lui, éveillant également les souvenirs de sa peau douce, de ses lèvres souples…

Il lui lança un regard en biais. D'une main, elle corrigeait le plan de table, de l'autre, elle portait régulièrement à la bouche de petits bretzels saupoudrés de chocolat qu'il lui avait offerts. Il sourit en constatant qu'il avait fait le bon choix.

— Je suis heureux de voir que tu ne donnes plus mes cadeaux aux infirmières, plaisanta-t-il en lui volant un bretzel.

Elle fit la grimace et des mèches de cheveux retombèrent sur son front.

— J'aurais préféré que cela ne te revienne pas aux oreilles, répliqua-t-elle.

— Je n'ai jamais été repoussé de façon aussi adorable, renchérit-il avec la même grimace. Je suis heureux que nous ayons franchi ce cap.

Mais pour combien de temps ? Telle était la question qui lui brûlait les lèvres.

— Tu me gâtes tant ! Il va falloir que je passe deux fois plus de temps sur le tapis de jogging, constata-t-elle en riant, avant de rapprocher l'assiette de friandises. Mais je ne vais pas renoncer à ces délicieux bretzels pour autant.

Son humour ralluma son désir toujours sous-jacent.

— Et les caramels, tu aimes ?

— Tu veux vraiment me faire fondre.

Et sous la table, à l'abri de tout regard, elle caressa du pied sa cheville. Il posa la main sur son genou.

— Telle est effectivement mon intention.

Des bruits de pas et de voix dans le couloir mirent fin à leur petite conversation. La règle numéro un entre eux étant de n'afficher aucun signe de tendresse en public. Felicity y tenait dur comme fer.

Reposant sa main sur la table de conférence, il ressentit aussitôt un manque et, de son côté, elle se redressa, comme si de rien n'était, mais la lueur qui brillait dans ses prunelles démentait clairement cette pose.

Il sentit le feu bouillir en lui. Assez ! Il devait se concentrer sur leur travail.

Il considéra alors le plan de table : entre le conseil d'administration de l'hôpital et celui de l'Alaska Oil Barons Inc., ainsi que les conjoints et les invités spéciaux, le dîner comprendrait une centaine de personnes. Ce serait aussi la première fois que Ward Benally apparaîtrait en public dans ses nouvelles fonctions, en tant que nouveau directeur général de la société.

— Que penses-tu de Ward Benally ? lui demanda-t-il tout à trac.

— Mon opinion n'a guère d'importance, répondit-elle en déplaçant ses doigts sur la tablette. La décision est déjà prise, le concernant.

— Mais tu ne l'aimes pas ? insista-t-il.

— Écoute, je l'ai à peine rencontré.

Était-ce par diplomatie qu'elle demeurait évasive ?

Il était parfois difficile de savoir ce qu'elle pensait : cette façon de botter en touche étant due à sa profession, elle savait mettre ses émotions et ses sentiments au second plan, afin de rester neutre. Il avait appris à savourer comme un trésor les moments où elle n'était pas sur ses gardes.

— Je suis juste curieux de connaître ton avis. Tu as de bons instincts.

Il était des plus sincères : plus il passait de temps en sa compagnie, plus il l'appréciait et ce, en dehors de l'attirance physique.

— Cela vient sans doute de ton expérience professionnelle, poursuivit-il. À moins que ce ne soit inné chez toi et que ce soit précisément la raison pour laquelle cette profession t'a attirée. Quoi qu'il en soit, j'aimerais vraiment que tu me dises ce que tu penses de Ward Benally.

Repoussant sa tablette, elle s'adossa à sa chaise et se tourna vers lui.

— Tu me demandes des conseils sur la façon de gérer le directeur de ta société ?

— En partie, admit-il, avant d'ajouter, incapable de lui cacher qu'un autre enjeu le tracassait : Je veux aussi protéger mon frère. Je ne suis pas certain qu'il soit au meilleur de sa forme, en ce moment.

Il croisa alors son regard brillant, où pétillait une intelligence tangible. Elle hocha la tête.

— Ce qui est tout à fait compréhensible, renchérit-elle. Découvrir que sa fille était en vie a dû être un choc en soi, sans compter cette lettre où elle avoue avoir choisi de ne pas reprendre contact avec lui.

Conrad avait lui-même des difficultés à saisir comment Brea avait pu vivre avec une famille de marginaux qui prétendaient l'avoir adoptée. Cela dépassait l'entendement. Or, il avait besoin de se concentrer sur ce qu'il pouvait gérer, contrôler et moduler.

En l'occurrence le présent.

— Je dois être certain que Benally est la bonne personne pour reprendre la société que ma famille a mis tout son cœur et toute son énergie à faire prospérer.

Felicity posa les mains sur la table et déclara d'une voix emplie d'empathie :

— Ainsi que tu me l'as dit, c'est certes ton frère qui l'a choisi, mais le conseil a également voté. Or, s'il y a vote, c'est justement pour que le potentiel du candidat soit évalué par tous les membres du conseil, non ?

Elle avait raison bien sûr, mais il ne parvenait pas à accepter l'idée que son frère passe les commandes de la société à une personne qui n'était pas de la famille. Encore qu'il était hypocrite de sa part de se plaindre, dans la mesure où il n'avait lui-même aucune envie de reprendre les rênes.

— Si, répondit-il, mais toi, que penses-tu de Benally ?

— C'est un homme d'affaires implacable. Il saura gérer votre société d'une main de fer, répondit-elle sans hésitation.

— Ah bon, c'est aussi simple que ça ?

— Il se dédiera corps et âme à son poste, telle est du moins mon impression.

Un sentiment de soulagement le submergea.

— Parfait, dans ce cas, j'aurai la conscience bien plus tranquille puisque, avec lui, on est assurés que les affaires seront florissantes.

— Tu as une telle confiance en mon opinion ? s'étonna-t-elle alors.

Et un sourire de surprise barra son visage.

Force était d'avouer que oui : son cerveau était aussi sexy que tout le reste de sa personne.

— C'est bien pour cette raison que je voulais la connaître.

Lui prenant la main, il la porta à sa bouche et déposa un baiser à l'intérieur de son poignet, puis la relâcha. Il vit alors ses pupilles se dilater et un regain de désir jaillit en lui ainsi que l'espoir d'embrasser chaque parcelle de son corps plus tard, quand ils seraient seuls.

Elle s'éclaircit la voix et rapprocha son fauteuil à roulettes de la table.

— Qu'allons-nous faire pour l'orchestre, étant donné que le quartet à cordes que nous avions réservé s'est finalement décommandé ?

Le violoniste avait en effet attrapé la grippe qui avait dégénéré en pneumonie et les autres musiciens du groupe présentaient à leur tour des symptômes du virus. Ils ne pouvaient assurément pas jouer dans un hôpital rempli de personnes vulnérables.

Conrad fit tournoyer son smartphone sur la table de conférence.

— J'ai appelé Ada Joy Powers, qui accepte de nous honorer de sa présence et attend juste le feu vert de son agent. Ada Joy a fait un tabac au gala steampunk, en novembre dernier.

— Tu es certain qu'on peut se permettre de louer ses services sans dépasser notre budget ? C'est vraiment une artiste très réputée et le gala auquel tu fais référence disposait de gros moyens.

De nouveau, elle regarda l'écran avant de tourner les yeux vers lui.

Il hésita. Allons, puisqu'elle finirait par le découvrir, autant tout lui avouer !

— C'est moi qui vais couvrir les frais. Ainsi, nous aurons un poste plus important pour le menu.

— C'est très généreux de ta part.

— Il fallait faire vite pour remplacer le premier orchestre et puis son cachet n'est pas aussi élevé que ça.

— Pour toi, peut-être, s'esclaffa-t-elle, avant d'incliner soudain la tête sur le côté. Donc, tu as le numéro privé d'Ada Joy Powers ?

En concevait-elle de la jalousie ?

— Est-ce un reproche ? s'enquit-il.

— Je sais que j'ai dit que je n'étais pas intéressée par une relation à long terme, mais je ne prends pas à la légère le fait de coucher avec toi.

Sur ces mots, elle serra si fortement les mains que ses doigts en devinrent blancs.

— Et j'exige l'exclusivité pendant que nous sommes ensemble, ajouta-t-elle.

De toutes les réponses qu'il attendait, celle-ci ne figurait pas sur sa liste, mais il était ravi de l'entendre.

— Parfait. Parce que moi aussi, répliqua-t-il.

Felicity plongea alors son regard dans le sien : il l'avait assez côtoyée pour déchiffrer clairement l'expression qui chatoyait dans ses yeux.

Elle le désirait. Sur-le-champ. Et c'était réciproque.

Au diable le travail !

Il recula de son siège, au moment exact où elle faisait la même chose. Il savait précisément où il allait l'emmener.

Felicity ignorait que le siège de l'Alaska Oil Barons Inc. abritait un appartement privé. Conrad lui apprit alors qu'il était destiné aux membres de la famille qui travaillaient tard le soir.

Il lui précisa aussi que c'était l'endroit le plus proche et le plus confortable qu'il puisse lui proposer et, de fait, l'appartement était fort luxueux, avec ses plafonds hauts et sa vue incroyable sur la baie glacée. Même dans ce pied-à-terre pour les familles Steele et Mikkelson, son propre appartement aurait pu tenir trois fois. Le sol était recouvert d'un parquet lustré qui reliait le salon à l'espace salle à manger avec cuisine encastrée. L'encadrement des fenêtres était savamment façonné et celles-ci donnaient directement sur la baie. Voilà pour l'appartement !

Mais la véritable attraction, c'était l'homme qui se tenait devant elle.

Elle glissa la main dans son cou, alors qu'il tapait un code secret sur une télécommande. L'âtre revint soudain à la vie. Tout était en place pour une soirée idyllique. Les flammes craquèrent, faisant écho au pétillement dans les yeux bleus de Conrad. Elle devinait la belle musculature sous sa chemise : depuis deux semaines, son corps était gravé dans sa mémoire, et elle le désirait à chaque instant.

Nouant les mains autour de son cou, elle captura sa bouche et il lui donna un baiser enivrant. Son attaché-case tomba alors à terre dans un bruit sourd, ainsi que son sac à main. Enchevêtrés l'un à l'autre, ils s'avancèrent jusqu'au canapé tout en se déshabillant fébrilement.

La bouche collée contre son oreille, il lui murmura :

— J'espère que l'endroit te plaît.

Sans répondre, elle défit sa cravate, la lui retira avec langueur.

— As-tu amené une autre femme ici, avant moi ? demanda-t-elle.

Elle regretta aussitôt ses paroles tout comme elle s'était mordu la langue après l'avoir interrogé à demi-mot sur sa relation avec Ada Joy. Une spirale de doutes et de douleur s'était ouverte dans son cœur, menaçant le présent, et les années de souffrance liées à son mariage raté s'apprêtaient à hurler en elle... Elle contint bien vite ces pensées, avant qu'elles ne détruisent la soirée : peu importait sa réponse, leur relation n'était pas sérieuse, de toute façon, il s'agissait juste d'une aventure.

Aussi posa-t-elle vivement le doigt sur la bouche de Conrad.

— Non, ne réponds pas, contente-toi de m'embrasser.

Elle était tout de même plus forte que cela, elle n'avait pas besoin qu'il lui confirme quoi que ce soit.

Mais il retira la main de sa bouche.

— Non, je n'ai jamais amené une femme ici. Chaque fois que j'y ai dormi, c'était seul.

Contrairement à ce qu'elle voulait croire, sa réponse comptait et lui mit du baume au cœur. Elle reprit sa respiration.

— Eh bien, je suis heureuse que tu y aies pensé ce soir.

— Tu es une véritable inspiration.

— J'attends de voir la manière dont je t'inspire, alors.

Et son esprit se remplit instantanément de toute une liste de possibilités qu'elle espérait bien explorer. Elle se noya dans la force de son baiser, l'intensité de ses caresses, interrompues uniquement par la nécessité de prendre un préservatif dans son portefeuille. Le désir fou qui battait dans ses veines la surprenait elle-même, étant donné qu'ils s'étaient vus de nombreuses fois au cours des semaines passées. Mais au lieu de se tarir, le besoin qu'elle éprouvait de le voir, de le toucher, de le sentir en elle allait croissant et, dans son actuelle fébrilité, elle n'arrivait pas à déboutonner sa chemise. Il s'en chargea et leurs vêtements formèrent bientôt une pile sur le tapis persan, tandis qu'ils s'enlaçaient de plus belle, peau contre peau.

Cet homme la désarmait à bien des égards et elle devait livrer une bataille constante pour ériger des frontières entre eux. D'ailleurs, elle se demandait parfois pourquoi elle persévérait, vu qu'il était si doué pour les outrepasser. Et là où elle l'attendait le moins : ainsi sa question au sujet de ce qu'elle pensait du nouveau directeur. Comme si son opinion revêtait un caractère de grande importance pour lui.

Assez ! Profite du moment sans plus réfléchir !

Lui donnant par jeu une tape sur le torse, elle le fit tomber dans un grand fauteuil à rayures dont il agrippa les accoudoirs, en levant vers elle un regard en feu. Elle se glissa alors entre ses genoux et prit tout son temps pour lui enfiler le préservatif.

Après quoi, les mains plaquées sur ses pectoraux et les yeux rivés aux siens, elle se plaça au-dessus de lui et le prit en elle. Il se mit à respirer de façon saccadée sous ses doigts avant de la saisir par les hanches et de la faire aller et venir au rythme de ses coups de reins, de plus en plus profonds, de plus en plus rapides. Ils haletaient au même rythme à présent, leur peau luisant de sueur et de désir. Elle sentit le désir monter en elle comme des flammes. Ses seins frottaient le torse de Conrad et le duvet qui le recouvrait en excitait les pointes si sensibles.

Conrad avait une façon d'onduler des hanches qui la rendait folle. Rien à voir avec son ex-mari. Pitié ! Pourquoi fallait-il que le passé s'invite en ces moments si précieux ? Rejetant ces pensées, elle se focalisa sur l'instant présent, sur les sensations fabuleuses que Conrad lui procurait. Elle affronterait l'avenir plus tard.

Elle méritait ces étreintes-là, avec cet homme-là et rien d'autre ne comptait.

De fait, il lui donnait exactement ce qu'elle attendait, se retirant, recommençant, mettant son désir au supplice... Tout à coup, n'y tenant plus, elle inclina la tête en arrière et se mit à hurler de plaisir alors qu'elle poursuivait sa folle chevauchée. Peu après, le grognement qu'émit Conrad lui indiqua qu'il venait de la rejoindre dans l'orgasme, tout comme le tremblement qui le traversa ensuite.

Saturée de plaisir, elle s'écroula contre lui et, de façon toute naturelle, il lui caressa les reins. Cet instant paisible, qui aurait dû la ravir, la mit curieusement mal à l'aise, alors que l'odeur si familière de Conrad l'envahissait de nouveau. Ils se dirigeaient en effet tout droit vers une relation en bonne et due forme, en dépit de tous ses efforts pour déjouer cette trajectoire. Et même si elle souhaitait de tout cœur lui faire confiance et se faire confiance, il y avait un gouffre, du vœu à la réalité, car son cœur avait été tant piétiné qu'elle l'estimait incapable de fonctionner à nouveau.

Elle s'efforça de se concentrer sur le torse de Conrad qui

s'élevait puis s'affaissait, de laisser la joie du moment la happer. Il resserra son étreinte, tout en continuant à lui caresser le dos.

Mais en dépit de tout, elle ne parvint pas à se défaire de la peur du lendemain, de son besoin vital de rétablir les frontières avant que des dégâts irréparables n'atteignent à nouveau son âme.

Non, elle ne pouvait prendre le risque de se perdre, pas après le combat qu'elle avait mené pour retrouver une paix intérieure et une vie équilibrée, remplie de sens.

Elle devait lui faire comprendre – et l'intégrer elle aussi : leur relation ne pouvait pas durer.

Une heure plus tard, Conrad attira Felicity contre lui, leurs jambes enchevêtrées entre les draps. Il n'avait pas menti en affirmant que, jamais avant elle, il n'avait amené une femme dans cet appartement. Il avait en effet pour principe de ne jamais mélanger plaisir et affaires.

Mais quelque chose chez Felicity le conduisait à outrepasser ses propres règles et ce, depuis le jour où ses yeux s'étaient posés sur elle.

Leurs étreintes avaient été grandioses, comme toujours, et pourtant, il sentait bien qu'elle était soucieuse. Comme leur temps ensemble allait bientôt prendre fin, il voulait en connaître la raison sans attendre.

Elle frissonna. Aussi ramena-t-il la couette sur eux.

— C'est mieux ? questionna-t-il.

Les flammes qui brûlaient dans la cheminée de la chambre les baignaient d'une douce lumière orangée tandis que les étoiles scintillaient dans le ciel de la nuit qui portait encore des traces d'aurore boréale. On ne pouvait rêver de décor plus romantique.

— Parfait, répondit-elle en lui souriant. Je suis heureuse que tu m'aies invitée ici.

Ces paroles le rassurèrent. Au fond, c'était peut-être son imagination qui lui jouait des tours.

— C'était le moment ou jamais, dit-il alors. Cet appartement sera celui de Ward Benally, une fois qu'il aura pris son poste. C'était l'une des conditions pour qu'il l'accepte d'ailleurs. Apparemment, c'est un bourreau de travail.

Elle émit un petit rire.

— Et pas toi, peut-être ?

Il glissa la main sur son postérieur aux courbes si attirantes.

— Je peux t'assurer que c'est ce à quoi je pense le moins, en ce moment.

— Nous sommes sur la même longueur d'onde, alors, constata-t-elle, en faisant courir les doigts sur son torse.

— À propos..., commença-t-il.

Et il sortit de dessous la couette pour aller chercher son attaché-case dans le salon, avant de revenir bien vite, ravi de la façon dont elle suivait ses moindres mouvements.

— Cela a quelque chose à voir avec le travail ? questionna-t-elle en s'asseyant, le drap coincé sous les aisselles.

Sa chevelure éparse formait une auréole sous la lumière des flammes et elle lui fit penser à une statue de la déesse de la chasse. Mais son Artémis à lui était toute de chair et de feu.

Il secoua la tête, déposant son attaché-case au pied du lit. Il tapa alors son code pour l'ouvrir et une bouffée d'impatience le submergea quand il lui tendit un long écrin entouré d'un ruban.

— Encore un cadeau ? s'étonna-t-elle, visiblement curieuse. Mais tu m'as déjà offert des bretzels au chocolat, aujourd'hui.

— Que je t'ai largement aidée à manger, nuança-t-il en riant.

Elle lui lança un regard en biais et le drap tomba sur ses épaules. Des ombres dansèrent alors sur sa poitrine nue et il laissa remonter le regard, de ses seins à son sourire... qui était ensorceleur, même si cela ne suffisait pas à expliquer l'effet que Felicity produisait sur ses sens.

— Parce que je t'en ai proposé, dit-elle en tendant les mains vers le nouveau paquet. Merci. Tu me gâtes.

— C'est un plaisir dont je ne compte pas me priver, répliqua-t-il.

Felicity était si merveilleuse : elle aidait tant de personnes qu'il était normal qu'elle soit récompensée à son tour, non ?

Il la regarda ouvrir son cadeau, un grand sourire aux lèvres, excitée comme une enfant...

Elle souleva enfin le couvercle : il avait choisi un fin cordon en perles, pour son badge de l'hôpital.

De la surprise brilla d'abord dans ses yeux, puis de la reconnaissance.

— Oh ! c'est magnifique ! Et si attentionné !

Elle sortit alors le bijou de la boîte et le passa autour de son cou : il vint se loger entre ses seins, les perles luminescentes se fondant merveilleusement avec sa peau couleur crème.

À cet instant, Conrad la rejoignit dans le lit, sachant qu'il reverrait cette sublime image chaque fois qu'elle porterait le bijou.

— Je suis content qu'il te plaise. Je l'ai repéré en allant acheter un cadeau pour Everett.

Et il sourit en pensant au dernier membre de sa famille qui ne cessait jamais de s'élargir.

— Et qu'as-tu pris, pour lui ? demanda-t-elle en enchevêtrant ses doigts aux siens.

— Une tirelire en argent, en forme d'ourson, répondit-il.

Le bébé se portait à merveille et avait grossi bien plus vite que ne l'avaient pronostiqué les médecins, de sorte qu'il quitterait l'hôpital à la fin de la semaine.

— Quel beau cadeau ! s'exclama-t-elle en enroulant sa jambe autour de la sienne.

Tous deux étaient assis sur le matelas, laissant leur crâne reposer contre la tête de lit.

— Je sais que tu es très impliqué dans la vie de tes neveux et nièces, poursuivit-elle, mais n'as-tu jamais eu envie d'avoir toi-même des enfants ? Et je sais, je te l'ai déjà demandé, seulement, tu ne m'as pas répondu.

En le replongeant dans le passé, cette question assombrit sur-le-champ son humeur : il se revit au lit avec son ex-fiancée, l'embrassant pendant qu'ils parlaient de la maison pleine d'enfants qu'ils auraient un jour – quatre au moins, avait-elle insisté en riant. Comme il s'était alors senti comblé !

En dépit de sa douleur, il réfléchit à la meilleure réponse qu'il pouvait donner à Felicity, puis finit par déclarer, d'une voix impassible :

— Mon ex-fiancée et moi prévoyions d'avoir une grande famille, mais quand elle m'a quitté...

Il haussa les épaules : en fait, il n'avait pas envie de repenser au désastre émotionnel qui s'était ensuivi.

— Ce n'est pas trop tard pour toi, tu sais, objecta-t-elle. Les hommes ont moins la pression, côté horloge biologique.

Sa remarque ne manqua pas de l'étonner.

— Es-tu en train de me demander de te faire un enfant ?

— Non, s'empressa-t-elle de dire, comme s'il l'avait insultée. Absolument pas ! Je fais juste la conversation.

Le rouge lui monta alors aux joues et elle se leva précipitamment.

— Je vais chercher un verre d'eau, ajouta-t-elle, tu veux boire quelque chose ?

Quelle dérobade ! pensa-t-il. Et il lui saisit le bras pour l'empêcher de fuir la discussion.

— Une seconde. Finissons-en avec ce sujet. Tu m'as dit que tu voulais adopter un enfant, et non un bébé. Ton ex-mari s'y est-il opposé ?

Elle hésita, si longtemps qu'il pensa qu'elle ne répondrait pas, mais elle se rassit finalement sur le lit, puis, prenant un oreiller, elle le pressa contre son ventre.

— Oh ! il était partant pour autant d'enfants que je voulais.

— Mais ?

Il vit un éclair de douleur traverser son regard, une douleur si tangible que l'air s'en trouva alourdi. Il voulut la prendre dans ses bras, pourtant elle secoua la tête, resserrant l'oreiller.

— Il était toxicomane, déclara-t-elle.

Il en resta sans voix. Il savait que leur mariage avait été difficile, mais il n'en aurait jamais deviné la raison. Il demeura silencieux, la sentant à cran et redoutant de commettre un impair en prononçant le moindre mot.

Elle se mordit la lèvre, puis enchaîna :

— Pendant très longtemps, je ne l'ai pas su, car il était aussi un menteur hors pair. Nous avons consulté une conseillère conjugale pendant des années, il est même parvenu à tromper son entourage professionnel, du moins pendant un certain temps. Je sais comment fonctionne la manipulation : le mensonge est insidieux et les menteurs affinent toujours leurs talents, au point qu'on finit par douter de ses intuitions et de sa perception de la réalité. C'est effrayant et pourtant réel.

À la force de conviction qu'il entendait dans sa voix se mêlait aussi une ancienne colère, nul doute qu'elle avait connu le pire avec son ex. Il lui toucha le bras, se sentant soudain impuissant face à l'étendue de sa peine, regrettant de ne pouvoir lui offrir plus. Pour un peu, il se serait juré de retrouver ce salaud et de lui faire la peau.

— Je suis désolé, Felicity.

— Ce n'est pas ta compassion que je recherchais, renchérit-elle. Si je te raconte cela, c'est pour que tu nous comprennes mieux, Brea et...

— Il ne s'agit pas de Brea, mais de toi !

— De mon passé, précisa-t-elle alors.

Et elle cligna les yeux, son visage reprenant une expression des plus neutres, qu'il lui avait déjà vue au travail.

Son passé, donc ? Vu comme elle cherchait à le tenir à distance, celui-ci hantait encore son présent !

— Tu es sûre que tout cela appartient au passé ?

Elle haussa un sourcil.

— Tu n'es pas vraiment en position de me faire la leçon, à ce sujet, répliqua-t-elle en levant la main pour l'empêcher de protester. Peu importe, oublie ce que je t'ai dit, il faut que je rentre, à présent.

Là-dessus, elle s'écarta de lui.

Un froid polaire sembla envahir la pièce, un souffle glacial rivalisant avec l'air alaskien, à l'extérieur. Elle revint dans le salon, où se trouvaient leurs vêtements, et il lui emboîta le pas.

Il eut envie de lui reprocher son attitude fuyante, mais la confrontation directe n'aurait pas servi ses propres intérêts, à en juger par la crispation de Felicity, que reflétaient ses épaules tendues.

— Il est tard pour prendre la route, plaida-t-il à la place.

— Je suis une adulte, répliqua-t-elle en enfilant ses sous-vêtements. Je sais conduire dans la neige.

Elle avait beau être résolue, il l'était tout autant : pas question qu'elle reprenne le volant dans l'état de bouleversement qui était le sien.

— Et moi, je suis un gentleman. Alors je vais te raccompagner chez toi.

Elle poussa un long soupir et hocha brièvement la tête.

Même si elle ne s'opposa pas à sa proposition, il comprit aussi qu'elle ne l'inviterait pas à entrer : il reconnaissait la lueur distante, dans ses yeux, pour l'avoir déjà affrontée.

C'était celle qu'il avait vue dans ceux de son ex, juste avant que celle-ci ne sorte de sa vie.

10

Au moment où Felicity allait prendre l'ascenseur pour gagner le service maternité, elle remarqua Jeannie qui, de la cafétéria, la hélait.

Elle s'avança vers cette dernière et son mari, levant, une fois à leur hauteur, le paquet bleu qu'elle tenait à la main et destinait à Everett.

— Je m'apprêtais justement à rendre visite à votre petit-fils pour remettre ce modeste présent à Trystan et Isabeau, déclara-t-elle en guise de bonjour.

— Comme c'est attentionné de ta part ! s'exclama Jeannie. Nous comptons justement organiser une petite fête en son honneur, quand il rentrera à la maison, et nous espérons que tu seras des nôtres.

— Avec plaisir, répondit-elle, un sourire chaleureux aux lèvres.

Cependant, elle nota que son époux était ailleurs. Cela avait-il quelque chose à voir avec Conrad ? se demanda-t-elle.

À cet instant, le portable de Jack vibra : à la lecture de son message, une expression de surprise se substitua à sa mine soucieuse. Encore qu'il paraissait partagé entre diverses émotions, à en juger par ses mâchoires serrées.

Jeannie lui toucha le poignet.

— Tout va bien ? demanda-t-elle.

Il remit son téléphone dans sa poche de manière presque automatique.

— C'est l'avocat de Brea, répondit-il. Celle-ci veut assister au dîner de la fondation pour l'hôpital.

— Ah bon ? s'exclama sa femme, en plaquant la main sur sa poitrine. Je ne sais plus que dire, ni que penser. Elle n'a pas donné de ses nouvelles depuis la fameuse réunion, et voilà qu'elle veut à présent se trouver parmi nous ce jour-là.

Jeannie la regarda.

— Quelle est ton opinion, Felicity ?

— Vous me posez la question en tant qu'amie ?

Jack exhala un soupir : nul doute qu'il aurait aimé voir un signe positif dans cette requête, mais il devait, tout comme elle, se rappeler les yeux de Brea et l'implacable colère qui s'y reflétait.

— J'aimerais ton avis de professionnelle, car tu as beaucoup d'expérience en la matière, répondit Jeannie.

Felicity attendit, par discrétion, qu'un couple passe et s'éloigne.

— Écoutez, je veux bien vous donner mon opinion à ce titre, mais, ainsi que je vous l'ai dit, je ne souhaite plus faire office de médiatrice entre Brea et vous.

— Comment cela ? s'écria Jeannie en repoussant sa salade.

— Je suis trop proche de vous pour endosser ce rôle, expliqua-t-elle d'un ton contrit. Je pensais que les choses étaient claires entre nous, je suis sincèrement navrée. J'avais accepté d'être présente à la première réunion en ayant l'assurance que vous chercheriez ensuite une autre personne.

— Et c'est ce que nous allons faire, la rassura Jack. Quand notre famille sera réconciliée, nous nous apercevrons que nous avons beaucoup de questions à éclaircir.

— Et le plus tôt serait le mieux pour chacun, insista Felicity. Sinon, chaque fois que vous allez la croiser, vous serez angoissés et vous aurez de plus des regrets si vous avez l'impression de ne pas avoir tout mis en œuvre pour que la situation s'améliore.

Jack la regarda, visiblement peu convaincu de la nécessité d'agir vite.

— Nous comprenons qu'elle soit confuse aujourd'hui, mais avec le temps, étant donné qu'elle connaît maintenant la vérité…

— Jack, reprit Felicity d'une voix empreinte d'un calme professionnel, elle a vécu plus longtemps loin de vous qu'avec vous. Elle était très jeune quand elle vous a perdus. N'oubliez pas qu'il est fort peu probable que sa famille adoptive n'ait pas entendu parler de votre tragédie. Je crois que le crash a fait la une des journées à l'époque, dans la région, et pendant un certain temps.

— C'est vrai, concéda-t-il d'un air attristé.

Et elle imagina les images atroces qui avaient dû alors envahir les écrans, sans parler des commentaires détaillés. Elle avait bien conscience que ce qu'elle allait dire serait difficile à accepter pour Jack, mais il devait regarder la vérité en face.

— Vous comprenez, n'est-ce pas, qu'elle a été avant tout victime d'un enlèvement ? Certes, nous n'avons aucune raison de croire qu'elle ait été maltraitée physiquement par ces marginaux, poursuivit-elle, néanmoins, elle a subi un traumatisme psychologique. Avez-vous déjà entendu parlé du syndrome de Stockholm ?

Jeannie poussa une petite exclamation.

— Quand une personne subit un lavage de cerveau par son kidnappeur ?

— En gros, oui, dit Felicity en se rapprochant d'eux pour poursuivre d'un ton plus bas, afin que sa voix ne résonne pas dans la cafétéria. La façon dont vous allez vous comporter aujourd'hui est plus importante que vous ne semblez le croire. Il ne s'agit pas juste de l'avoir ramenée parmi vous, il faut à présent l'accompagner dans sa guérison.

Une lueur d'espoir parut s'allumer dans les yeux de Jack, comme s'il se rendait compte qu'une médiation pouvait représenter une solution à ses retrouvailles avec sa fille.

— Vous avez une famille incroyable, ajouta Felicity. Je sais que vous vous trouvez face à des défis compliqués, mais je suis certaine que vous les surmonterez ensemble.

— Vous avez raison, décréta-t-il alors d'un ton déterminé, nous allons discuter avec une psychologue qui nous guidera dans notre approche. J'ai le cœur brisé à l'idée de penser que ma petite fille a connu les pires frayeurs, a été abusée par des gens qui se présentaient comme ses sauveurs...

Il ne put poursuivre.

— Jack, je suis avec toi, je te soutiendrai, quoi que tu décides, déclara Jeannie en lui serrant le bras.

Cette solidarité au sein du couple mit du baume au cœur de Felicity : n'était-ce pas désormais sa vocation, de se réjouir de la joie des autres, puisqu'elle n'avait elle-même aucun talent pour le bonheur personnel ?

Elle leur adressa un sourire, puis prit congé de Jack et Jeannie, sans oublier de récupérer le cadeau du petit Everett qu'elle avait posé sur la table durant la discussion.

Felicity s'écroula dans son siège de bureau, les émotions à vif après sa visite à la maternité. La joie palpable de Trystan et Isabeau l'avait retournée bien plus vivement qu'elle ne l'aurait imaginé : non qu'elle les envie, mais ce couple comblé avait ravivé les rêves qu'elle avait entretenus durant son mariage, ses illusions perdues et lui avait aussi rappelé à quel point son mari l'avait trahie.

Mais tout cela n'aurait sans doute pas eu un tel impact sur elle si elle n'avait pas dû ajouter dans l'équation un élément encore plus pesant, à savoir sa conversation avec Conrad sur le fait d'avoir des enfants. Elle commençait vraiment à s'attacher à lui, il s'immisçait peu à peu dans son cœur, suscitant en elle des sentiments qu'elle ne pouvait se permettre.

Elle agrippa le rebord de son bureau et s'efforça de se calmer : depuis deux jours, elle avait évité Conrad dans l'espoir de remettre de la distance entre eux, une certaine objectivité, car il prenait bien trop d'importance dans sa vie, et à une vitesse qui lui déplaisait.

On toqua soudain à la porte et elle sursauta en voyant Conrad dans l'encadrement, comme s'il s'était matérialisé sur son seuil par la seule force de ses pensées. Et pourtant, ce n'était pas le fruit de son imagination qui lui faisait face, mais un homme à la présence intense, qui allumait mille étincelles dans son âme.

Et quand elle sentit des flammes y crépiter, elle comprit que le temps de leur liaison avait expiré. Vers quoi se dirigeaient-ils, à présent ?

Elle se sentait si vulnérable, bien consciente qu'en acceptant de le voir si souvent, elle s'était préparée à souffrir.

Il s'appuya contre le chambranle. Il avait les mains étonnamment vides, au moment où elle aurait eu le plus besoin d'un cadeau pour être rassurée. Cette absence ne signait-elle pas en effet la fin de leur idylle ?

— Bonjour, lança-t-elle, sans se lever.

Et elle prit deux dossiers pour paraître occupée.

— Tu as évité mes appels, déclara-t-il sans la saluer.

Son expression était indéchiffrable, mais ses paroles étaient en revanche claires comme du cristal.

— Tu peux fermer la porte, s'il te plaît ? demanda-t-elle. Je n'ai pas envie d'étaler ma vie privée au travail.

Elle attendit qu'il obtempère et qu'ils soient en tête à tête, pour reprendre, en brandissant ses deux dossiers :

— J'ai été submergée. Mais tout est finalisé pour le dîner.

— Ce n'est pas ce qui me tracasse et tu le sais parfaitement.

Contournant le bureau, il vint s'appuyer contre la fenêtre. Elle avait cru qu'il venait vers elle.

Un sentiment de culpabilité l'envahit alors : elle avait été injuste envers lui. Alors, se levant, elle noua les mains autour de son cou et lui donna un baiser de bienvenue. Baiser qui l'emporta bien plus loin qu'elle ne l'entendait et elle sentit faiblir sa résolution de prendre le temps d'analyser ses sentiments. Détachant sa bouche de la sienne, elle lissa les revers de sa veste et finit par lâcher :

— Les choses sont intenses entre nous.

Un faible sourire éclaira le visage de Conrad sans atteindre ses yeux.

— Je suis heureux que tu l'admettes.

Retenant un soupir tremblant, elle chercha les mots pour lui faire comprendre à quel point elle en était bouleversée.

— J'avais juste besoin d'un peu de temps pour rassembler mes pensées.

— Et avais-tu l'intention de me le dire un jour ou allais-tu continuer à refuser mes appels ?

À cet instant, elle aperçut des premiers signes de colère sur le visage de Conrad.

Elle redressa les épaules, même si l'anxiété la rongeait.

— Je ne t'ai jamais menti quant à ma position. Tu savais dès le début que je n'étais pas prête pour une relation sur le long terme.

— Parce que tu es bien trop occupée à te mentir à toi-même, répliqua-t-il vivement.

À ces mots, la fureur se substitua à l'angoisse. Comment osait-il la traiter avec une telle condescendance ?

Elle s'écarta de lui.

— C'est injuste !

Il haussa un sourcil.

— Mais vrai.

— Non, non, tu n'as pas à me parler ainsi !

Et elle recula encore d'un pas pour mettre une distance suffisante entre elle et lui, et la tentation qu'il représentait.

— Puisque tu veux t'aventurer sur ce terrain-là, qu'en est-il de toi ? Tu joues au père avec tes nièces et neveux parce que de la sorte, tu n'as pas à t'engager dans autre chose qui serait bien trop risqué pour ton cœur.

Il croisa les bras et la toisa de ses yeux si bleus.

— On dirait que tu m'as bien analysé. Dans ce cas, pourquoi redoutes-tu tant de sortir avec moi si tu estimes que jamais je ne m'engagerai sérieusement dans une relation ? Car c'est bien ce que tu cherches, non, juste des aventures pour ne pas souffrir ? Et en plus, avec moi, tu as décroché la timbale, puisque j'ai la grande famille dont tu as toujours rêvé.

Elle en poussa un cri de douleur.

— Comment oses-tu utiliser contre moi les confidences que je t'ai faites au sujet de mon ex et de mon enfance ?

Et soudain, son passé remonta comme un monstre surgi de sa boîte, un cauchemar hanté par les fantômes. Elle sentit le goût des années de solitude l'envahir, ainsi qu'un grand sentiment de découragement.

Elle se rappela le moment de sa vie où tout ce qu'elle possédait avait été anéanti pour se résumer à un petit sac à dos rose. Le temps où, au lycée, le garçon le plus populaire avait ri d'elle, parce qu'elle n'avait pas de parents pour la conseiller sur un choix de carrière. Et de fait, la façon dont elle avait grandi ne lui avait pas donné les moyens de voir clair dans le jeu de son ex-mari au charme fallacieux et dans ses promesses vides, concernant le foyer qu'ils fonderaient un jour.

Son déchirement était si grand qu'il menaçait de l'ébranler, alors qu'elle avait passé sa vie d'adulte à résister aux images du passé, notamment celles liées au changement constant de familles d'accueil.

— Je dis juste les choses telles que je les vois, reprit-il d'un ton adouci, avant de pousser un soupir de frustration. Tu refuses que l'on t'aide à tourner la page et, pourtant, c'est toujours le conseil que tu donnes aux autres : aller de l'avant.

Des larmes lui brûlèrent les yeux, mais il n'était pas question qu'elle s'effondre devant lui.

— Si je suis si détraquée, il est sans doute préférable que tu ne me côtoies pas, dit-elle en se levant tel un automate, pour aller ouvrir la porte. Va-t'en. Sors de mon bureau, ordonna-t-elle d'un ton inflexible, affichant une détermination qu'elle était loin de ressentir.

Il chercha son regard pendant de longues minutes, au point qu'elle crut qu'il ne s'en irait jamais et, au moment où elle allait fléchir, il hocha la tête et sortit d'un pas raide, en prenant bien soin de ne pas l'effleurer.

Le silence qu'il laissa dans son sillage fut assourdissant,

elle était juste abasourdie par le poids de ce qui venait de se passer entre eux. Comme tétanisée, elle referma la porte et s'écroula dans son siège, submergée par la colère et la peine d'avoir poussé Conrad hors de sa vie.

Elle avait voulu croire à leur relation, mais son passé avait fini par la rattraper, elle n'avait pas su le surmonter. Conrad avait curieusement vu clair dans son jeu : elle se sentait en effet fort hypocrite de vanter les bénéfices de la parole et la psychothérapie, alors qu'elle-même se débattait toujours avec ses propres fantômes.

Incapable de retenir ses larmes, elle les laissa couler librement. Comment la situation avait-elle pu lui échapper aussi vite ? Elle s'était juste donné deux jours pour prendre du recul et elle pensait avoir réussi jusqu'à aujourd'hui, où elle n'avait cessé de croiser des Steele et des Mikkelson à chaque tournant.

Et en raison de leur engagement actif au sein de l'hôpital, elle allait continuer de les voir. Si elle ne venait pas juste de changer de travail, elle aurait sérieusement envisagé d'en trouver un autre ailleurs, encore que la possibilité ne soit pas exclue. Il y avait peu, elle misait tout sur sa vie professionnelle, et son métier. Or, à présent, celui-ci semblait ne plus lui suffire.

Et pourtant, il ne lui restait rien d'autre.

Conrad n'arrivait pas à croire que sa discussion avec Felicity ait si mal tourné. Comment s'y était-il donc pris pour la braquer à ce point ? Tout ce qu'il projetait de lui dire s'était comme dissous et, à la place, des paroles d'une incroyable dureté étaient sorties de sa bouche. Et lui qui se targuait d'être un homme d'affaires rationnel. Mais il devenait insensé quand il s'agissait de Felicity.

Leur dispute l'avait ébranlé. Comment pourrait-il arranger les choses entre eux ? Il n'en avait aucune idée. Pourvu seulement que cette rupture ne soit pas définitive, mais il savait aussi que Felicity était méfiante depuis le début. En outre, cela faisait plusieurs jours qu'elle l'évitait.

Poussé par la nécessité de se calmer, il se retrouva sur la route qui menait chez son frère. Preuve que Felicity avait raison quand elle lui avait reproché d'utiliser la famille de Jack comme un substitut pour celle qu'il aurait pu avoir ? Elle n'avait sans doute pas tout à fait tort.

Quand il obliqua pour prendre l'allée qui menait à la maison de Jack, il baissa la radio et, aux accords de guitare rock, se substitua le crissement de ses pneus sur la neige et les graviers.

Il devait bien reconnaître qu'il était à cran depuis qu'il avait remis le présent d'Everett à ses heureux parents, d'autant que sa discussion avec Felicity sur le fait d'avoir des enfants revenait constamment dans ses pensées. Jusqu'ici, en toute honnêteté, il avait cru que sa décision de renoncer à la paternité était la meilleure pour lui, mais à présent, qu'en était-il ? S'il ne pouvait fonder un foyer avec Felicity, alors...

Non, il préférait ne pas l'envisager ! Et il fit son possible pour sortir de ses pensées la femme qui comptait le plus pour lui, espérant que son frère et ses chevaux parviendraient à lui procurer la distraction dont il avait désespérément besoin.

Franchissant la grille de sécurité, il aperçut Jack près de l'écurie, un bâtiment rustique dont la façade était constituée de panneaux en bois qui semblaient refléter les nuances rouges du coucher de soleil alaskien.

Conrad saisit ses gants posés sur le siège passager : le soleil s'appesantissait à l'horizon, entamant sa descente derrière les arbres et la ligne montagneuse, au-delà du lac. Enfilant son manteau, il posa les pieds dans la neige et avança vers son frère qui, vêtu d'un épais anorak, était concentré sur ses chevaux en train de gambader dans le pré.

Alors qu'il se trouvait à quelques mètres de lui, Jack se retourna et un vague air de surprise dansa dans son demi-sourire.

— Qu'est-ce qui t'amène ? demanda-t-il.

Une bourrasque balaya la baie et Conrad fourra ses mains gantées dans ses poches.

— Comme j'ai fini mon travail, je me suis dit que j'allais passer te voir, répondit-il.

Jack hocha la tête, même si, visiblement, il ne croyait pas ce qu'il lui disait. Il n'en demeura pas moins silencieux, attendant qu'il développe.

Comme il était en train de nourrir les chevaux, il lui tendit l'un des deux seaux remplis de foin et Conrad lui emboîta le pas. Ils avançaient péniblement dans la neige, seuls les sabots d'Abacus et Willow rompaient le silence : les animaux venaient en effet de comprendre ce qui les attendait. Leurs beaux muscles roulaient sous leur robe lustrée, cependant qu'ils galopaient vers eux. On aurait dit deux frères luttant à la course.

Conrad repensa alors à son enfance, quand Jack lui avait appris à chevaucher, leurs parents étant trop occupés par ailleurs. Il était heureux de pouvoir chérir de tels souvenirs, et tant d'autres encore. Et dire qu'il avait délibérément blessé Felicity en sous-entendant que de son côté, elle n'en avait pas !

Il n'était décidément qu'un sale égoïste et, qui plus était, il venait à présent déranger son frère qui avait déjà tant de soucis à porter.

— Comment t'en sors-tu, avec toute cette confusion autour de Brea ? lui demanda-t-il.

En prononçant ces mots, il inspecta le contenu de son seau, conscient que Jack savait qu'il n'était pas venu le voir pour parler de Breanna.

Son frère lui jeta un coup d'œil en biais.

— Je vais bien, Jeannie et moi avons pris contact avec une médiatrice pour qu'elle nous aide à y voir plus clair et nous donne des conseils. Mais je ne peux pas t'importuner à chaque instant avec ces histoires, ce n'est pas très fair-play envers toi.

Conrad continua à verser machinalement le contenu de son seau dans la mangeoire de Willow, saisi par l'impression vertigineuse que sa vie était vide.

— Je veux être là pour toi, je suis ton frère, répliqua-t-il sur un ton presque automatique.

Les deux chevaux passèrent du galop au trot, oreilles dressées, excités par le repas qui les attendait.

— Cela vaut aussi pour moi, reprit Jack en flattant l'encolure de sa jument.

Celle-ci plongea le museau dans son auge et se mit à mâcher bruyamment.

— Dis-moi quelle est la véritable raison de ta visite, poursuivit-il.

Conrad n'avait pas l'intention de le déranger avec ses soucis, mais au visage de Jack, il comprit que ce dernier n'en démordrait pas. En outre, il avait l'esprit si confus que l'analyse de son frère ne serait pas du luxe : ce dernier comptait à son actif deux mariages réussis, alors que lui-même n'avait pas été capable de passer le cap de l'autel.

— J'ai tout gâché.

— Que s'est-il passé ?

— Felicity m'a congédié.

D'instinct, il tendit la main vers Abacus pour le caresser. L'animal cessa alors de mastiquer et tendit le cou pour se faire gratter. Hélas, le poil soyeux ne lui procura pas le même réconfort que d'ordinaire. Il souffrait affreusement d'avoir perdu Felicity.

— Je suis désolé pour toi, vous formiez un très beau couple. Et tu crois que c'est définitif ?

Abacus se déroba pour se remettre à manger.

— Elle ne pouvait être plus claire, répondit-il en se rappelant, à sa grande honte, les horreurs qu'il avait proférées contre Felicity. Son ex-mari a réellement été atroce avec elle.

— Comme ton ex avec toi, répliqua Jack.

— Pire.

Et à ces mots, il se sentit terriblement coupable d'avoir utilisé son passé contre elle. En toute honnêteté, il pensait être un homme bien meilleur. Comme il regrettait ce dérapage et ses reproches tout à fait improductifs !

Jack rassembla les seaux et répondit :

— À cause d'elle, tu as quand même renoncé jusque-là à t'engager sérieusement avec une femme.

Pour dures qu'elles soient, les paroles de Jack frappèrent juste. De fait, il avait laissé cette rupture porter une ombre sur toutes ses relations suivantes. Alors que, comparé à ce que Felicity avait enduré, ce n'était pas non plus la fin du monde.

— J'ai juste évité les coups, marmonna-t-il.

Et à cet instant, il prit conscience qu'à trop se ménager, il n'avait en revanche pas épargné Felicity.

— Conrad, il est temps pour toi, je crois, de construire ta propre vie. Cesse de te préoccuper de nous. Comme je te l'ai dit, Jeannie et moi avons suivi les conseils de Felicity et nous avons désormais une personne à qui nous adresser.

Felicity avait discuté avec Jack et Jeannie ? Elle en faisait plus pour sa famille que lui-même, et sans même lui en parler. Le sentiment de culpabilité redoubla en lui.

Maintenant qu'ils avaient dévoré leur repas, les chevaux attendaient près de la grille. Abacus piaffait d'impatience et donnait des coups de sabot dans le sol enneigé. Jack lui lança un licou et des rênes qu'il rattrapa tout naturellement : combien de fois n'avaient-ils pas effectué ces gestes, autrefois ?

Conrad repensa aux paroles de Felicity, quand elle lui avait reproché de se servir de sa famille comme d'un substitut à celle qu'il aurait pu fonder. Comme bouclier pour parer toute peine de cœur.

Il y avait du vrai, là-dedans, il était temps qu'il le reconnaisse.

Et pour la première fois depuis deux décennies, il s'autorisa à envisager l'avenir, en l'occurrence en compagnie de Felicity.

— Et si je n'arrive pas à regagner les faveurs de Felicity ?

— Qui ne tente rien n'a rien.

Quoi de plus juste ? Mais cela ne lui disait pas comment s'y prendre.

— Qu'est-ce que tu me suggères ? Je l'ai déjà courtisée à mort.

— Ça, je n'en doute pas.

Emboîtant le pas à Jack, il passa le licou à Abacus et, quelques instants après, ils revinrent avec les bêtes jusqu'à l'écurie, dont celles-ci avaient hâte de retrouver la chaleur.

Son frère reprit :

— Fais comme avec les autres femmes avec qui tu es sorti depuis toutes ces années.

— Mais elle est différente, elle, répondit-il sans la moindre hésitation.

Et la vérité de ces propos résonna profondément en lui. Il conduisit Abacus à son box, lui retira le licou et le gratta derrière les oreilles.

Jack, qui en avait terminé avec Willow, se tourna alors vers lui.

— Dans ce cas, traite-la différemment et dis-lui que tu l'aimes.

Ce simple conseil le prit de court, tant il résonnait de justesse. Entre Felicity et lui, il y avait eu bien autre chose que la séduction et le sexe, durant les semaines qu'ils avaient passées ensemble. Son intelligence et sa compassion le fascinaient, tout comme l'assurance avec laquelle elle affrontait la vie, qu'il s'agisse du travail ou de son aisance à cheval. Elle y mettait toujours tout son cœur et, sans qu'il y prenne garde, elle avait échappé à sa vigilance et fini par gagner le sien.

Il était complètement amoureux d'elle !

Et maintenant, il ne lui restait plus qu'à la convaincre qu'il était digne de sa confiance.

11

Felicity aurait aimé que sa fatigue soit due à l'énergie qu'elle avait dépensée pour organiser la réception, mais bien qu'elle ait travaillé d'arrache-pied pour que tout soit parfait, force était de se rendre à l'évidence : son épuisement n'était pas à imputer au dîner de la fondation, mais à son cœur en miettes.

D'autant que la vue éthérée et romantique du jardin d'hiver regorgeant de fleurs, où les lumières clignotaient dans les arbres, le brisait encore un peu plus.

Elle s'était noyée dans le travail, faisant de son mieux pour oublier et, de fait, le résultat était sous ses yeux : des branches de cerisiers en fleurs et de délicates roses pâles occupaient le milieu de la table devant laquelle elle était assise, prêtant à l'espace entouré de parois de verre l'aspect d'un jardin féerique, rempli de toutes les possibilités.

Sauf que tout était vain désormais pour elle, songea-t-elle, le cœur serré, en lissant la nappe d'un blanc chatoyant. Deux jours avaient passé depuis sa dispute avec Conrad et sa tristesse était allée en s'intensifiant, surtout lorsqu'elle l'avait aperçu dans l'après-midi, alors qu'elle mettait la touche finale à la décoration. Heureusement, le flot de traiteurs et de fleuristes lui avait permis de garder ses distances.

La réception se déroulait à merveille, nul doute qu'on la complimenterait pour son organisation. Elle fit tournoyer le vin pétillant dans son verre. La lumière qui se déversait du plafond vint en iriser les bulles, qui lui parurent semblables à une constellation.

Des notes de piano, lentes et sensuelles, se mêlaient en arrière-fond aux conversations des convives.

Alors qu'elle s'adossait à sa chaise, ses yeux tombèrent sur les rameaux de fleurs roses et blanches qui tapissaient le devant de la scène où Ada Joy Powers interpréterait bientôt ses chansons sentimentales, après le discours de rigueur qui n'allait d'ailleurs plus tarder à commencer.

Le dîner était passé sans qu'elle soit en mesure de l'apprécier, le saumon visiblement si bien cuit, la purée de pommes de terre d'aspect onctueux et les salades de toutes les couleurs s'avérant pour elle aussi fades que de l'eau, ce soir. Pourtant, les meilleurs traiteurs avaient été engagés et les convives n'avaient pas tari de louanges. Mais comment aurait-elle pu apprécier la meilleure des cuisines quand son cœur ne cessait d'être attiré par des abîmes de douleur et que ces émotions négatives prenaient tout l'espace en elle ? Son appétit avait été supplanté par la nausée et des vertiges.

Elle fournissait d'énormes efforts pour sourire aux autres convives et converser poliment avec eux, mais les mots avaient un goût de cendres et, plus la soirée avançait, plus le nœud dans sa gorge grossissait, plus sa poitrine se serrait. Il lui fallait se concentrer terriblement pour afficher un sourire de circonstance.

Elle était si occupée à se retenir de pleurer, à contrôler ses émotions qu'elle remarqua à peine qu'un des serveurs en uniforme blanc venait de placer son dessert devant elle.

La réception se poursuivait, alors qu'elle restait figée dans le moment de sa dispute avec Conrad, ne cessant de se repasser la scène encore et encore.

Maintenant, la soirée battait son plein, l'orateur se tenait derrière le micro, prêt pour son discours, et chacun entama son dessert. Heureuse de ne plus avoir à faire la conversation avec les inconnus qui l'entouraient, elle se sentit pour la première fois capable de respirer à nouveau correctement, ce qui ne lui était pas arrivé depuis que Conrad avait quitté son bureau.

Elle considéra le sorbet qu'elle n'avait pas touché : les baies rouges commençaient à flotter sur la glace en train de fondre. Elle avait effectué un changement de dernière minute, pour ne pas se retrouver à la même table que les Steele ou les Mikkelson, car elle aurait été bien incapable d'échanger avec eux, même avec Tally. Or, étant donné l'angoisse que chacun éprouvait déjà à cause de la requête surprise que leur avait adressée Brea, à savoir être présente ce soir au dîner, ils avaient déjà leur lot de soucis, sans que sa réserve ne vienne s'y greffer.

Son regard se porta alors sur la table où était assise Brea, entre Conrad et son avocat, le reste des places étant occupé par des enfants Steele ou Mikkelson. Jack et Jeannie présidaient la table d'honneur, en compagnie du nouveau directeur général, Ward Benally.

Toutes les têtes étaient maintenant tournées vers le podium, où s'avançait Thomas Branch, l'acteur principal d'une série ayant l'Alaska pour cadre. Sa voix de baryton, profonde et rocailleuse, était à l'image des paysages dans lesquels il évoluait au sein de la fiction. C'était Conrad qui l'avait engagé.

Incapable de résister à la tentation, elle jeta un coup d'œil dans la direction de ce dernier, certaine que personne n'y prêterait attention. Sa vue lui coupa le souffle : il était aussi à l'aise en smoking qu'en jean et stetson. C'était un homme brillant, magnétique et plein de compassion.

Quand elle avait accepté son nouveau poste, elle pensait que sa vie était désormais sur de bons rails. Comment avait-il fait pour s'y introduire et l'occuper aussi complètement en un temps record, au point que son existence lui semblait désormais vide sans lui ?

Elle repensa à ce qu'il lui avait reproché, à savoir être plus intéressée par sa grande famille que par sa personne. Naturellement, elle ne pouvait nier qu'elle avait adoré découvrir sa tribu, mais elle savait aussi, tout au fond d'elle-même, que ce n'était pas la seule chose qui l'avait attirée chez lui. L'attrait qu'il exerçait sur elle était bien plus puissant et réel, en dépit des efforts qu'elle avait fournis pour maîtriser ses émotions.

Clignant les paupières pour refouler les larmes qui lui piquaient les yeux, elle tenta de se concentrer sur l'orateur, au lieu de se donner en public en se mettant à pleurer.

— Je suis très honoré d'être présent ce soir pour renommer le service d'oncologie pédiatrique de l'hôpital, un message d'espoir pour l'avenir. Ce projet a vu le jour grâce à la famille Steele et à la force qui l'anime. Comme Jack et Jeannie, j'ai perdu ma conjointe, à un âge où l'on est bien trop jeune pour mourir. Je sais combien il est difficile de se remettre d'une telle épreuve, et pourtant, Jack et Jeannie ont trouvé une façon de rendre hommage à l'amour en embrassant l'avenir, forts d'un nouveau bonheur...

Felicity porta une main tremblante à sa bouche : elle n'avait pas choisi le bon moment pour écouter l'orateur, car à ces mots, son cœur se serra affreusement. Elle ne parvenait pas à détacher son regard de Conrad, tout comme elle ne pouvait plus se cacher la vérité sur la raison qui l'avait conduite à le repousser : *c'était la peur qui l'avait tétanisée.*

Oh ! pas celle de l'aimer, parce qu'elle était déjà amoureuse de lui, profondément et irrévocablement !

Non, ce qui l'avait effrayée, c'était ce qui arriverait s'il lui rendait cet amour, car alors, elle n'aurait plus eu la moindre raison de se dérober et de ne pas donner une chance à leur couple.

Les paroles de l'orateur roulaient encore dans son cerveau : comme elle s'en voulait de ne pas avoir eu le courage d'engager son cœur une deuxième fois.

Subrepticement, elle lança un coup d'œil à Jack et Jeannie, qui lui permit de percevoir l'amour entre eux, une passion défiant le destin. Elle aurait tant aimé leur ressembler, être le genre de personne qui continuait à mûrir et à aimer, au lieu d'être une femme qu'une mauvaise expérience avait pour toujours enfermée dans la coquille du doute.

Assise dans un angle sombre du jardin d'hiver, Brea observait la réception. Jusque-là, son identité avait été gardée secrète, la famille l'ayant uniquement révélée à Ward Benally, dans la mesure où ce dernier allait reprendre la société et que tous avaient cru qu'elle s'était livrée, sous sa fausse identité, à de l'espionnage industriel.

Trois notes de piano énergiques résonnèrent dans le jardin et un concert d'applaudissements enthousiastes s'ensuivit : Ada Joy Powers venait d'apparaître sur scène dans une robe haute couture violette, dont l'ourlet frôlait le parquet. Ses cheveux retombaient en cascade sur ses épaules et son rouge à lèvres soulignait la sensualité de son arc de Cupidon. Elle ressemblait à une princesse sortie tout droit d'un conte de fées, tandis que les lumières tamisées accentuaient ses courbes.

Elle adressa un sourire radieux au public, puis se tourna vers son pianiste.

— Je peux me joindre à toi ? demanda-t-elle.

En guise de réponse, il lui sourit et compta jusqu'à trois, avant de laisser ses doigts courir sur le clavier, une mélodie pleine de vie s'en échappant alors. Puis un violon vint se mêler aux harmonies avant que ne s'élève à son tour la voix langoureuse d'Ada Joy Powers...

Brea serra sa serviette dans son giron pour résister à l'envie de fuir : l'heure n'était-elle pas venue pour elle de cesser de toujours s'esquiver ?

Elle resterait, elle devait apprendre à rester, quel que soit le prix à payer !

Sa vie n'avait été que va-et-vient et changement, elle voulait savoir à quoi celle-ci ressemblerait, si elle demeurait pour quelque temps au même endroit, près de ces gens qui, autrefois, avaient été sa famille. Oui, elle avait envie de les redécouvrir.

Elle s'était rendue à la soirée contre l'avis de son avocat et, d'ailleurs, elle n'était toujours pas certaine de ce qui avait motivé ce choix. Sans doute parce qu'elle avait cru qu'on s'opposerait à sa présence à un dîner où l'on ne serait pas en mesure de la contrôler – il était vrai qu'elle aurait pu faire une scène et gâcher l'événement, si elle l'avait voulu. Mais tel n'était pas son but.

En revenant en Alaska l'année dernière, puis à présent sous sa véritable identité, elle nourrissait d'autres objectifs : en l'occurrence, elle était en quête de paix.

Soudain, elle sursauta : il lui semblait qu'on l'observait. Elle se retourna vivement et découvrit Ward Benally, tout près d'elle.

Des yeux, elle chercha son avocat, mais il n'était nulle part, le reste de la tablée étant en train de danser sur la piste. Comment avait-elle pu baisser la garde à ce point ? À ce propos, sa famille ne s'était pas précipitée vers elle, preuve sans doute qu'on entendait lui laisser le temps nécessaire, sans la harceler, comme après leur première rencontre. Qu'est-ce qui pouvait bien expliquer ce changement de comportement, chez eux ?

Ward se laissa tomber sur une chaise, à côté d'elle.

— Heureusement que votre avocat a eu besoin de se rendre aux toilettes. Je commençais à perdre tout espoir de me retrouver seul avec vous.

Au moins, elle savait où était passé ce dernier !

— À moins qu'il n'y ait la queue aux toilettes, ce qui m'étonnerait, je vous conseille de partir, car il ne va pas tarder à revenir.

Et elle reporta les yeux sur Ada Joy qui tendait les bras en tenant une note particulièrement aiguë.

Mais Ward ne bougea pas d'un pouce.

— Je serais curieux de savoir pourquoi vous êtes toujours dans le coin. Je pensais que vous disparaîtriez à l'étranger, dans un pays d'où, cette fois, on ne pourrait pas vous extrader.

— Vous êtes grossier, rétorqua-t-elle vivement.

Et elle tourna la tête vers lui.

Il semblait parfaitement détendu dans son smoking taillé sur mesure. Un air arrogant se peignit sur ses traits quand il reprit :

— Je me demande juste pourquoi vous restez par ici, alors que vous tenez tout le monde à distance.

C'était une bonne question, elle en convenait, mais elle n'allait certainement pas le reconnaître à voix haute.

— Nous sommes tous animés par le besoin d'obtenir des réponses, et c'est ici que j'ai le plus de chances de parvenir à recevoir celles qui m'intéressent.

Sur cette déclaration, elle laissa son regard courir vers la table où se trouvait Naomi, sa jumelle, qui avait les yeux braqués sur la scène. Elle la vit poser la main sur celle de Royce, un geste d'amour que Brea était tout à fait capable de repérer, même à distance.

Malgré les nombreuses années durant lesquelles elle avait été séparée de sa jumelle, elle sentait aujourd'hui encore le lien qui l'unissait à elle, au-delà des attaches familiales habituelles. Une affinité profonde, due à un amour qui l'était tout autant.

Oui, c'était bien de l'amour qu'elle éprouvait pour Naomi, celui qui existait entre deux sœurs, renforcé dans leur cas par la gémellité.

Et cela suffisait à justifier sa présence ici, ce soir.

— Pourquoi avoir attendu tout ce temps ? demanda Ward, sa voix s'apparentant à un murmure, comparée aux puissantes vocalises d'Ada Joy.

En quoi cela le concernait-il ? Elle n'allait tout de même pas lui confier des secrets que sa propre famille ignorait.

— Je sais que vous allez reprendre la société, mais en l'occurrence, mes motivations ne regardent que mon père et moi, vous ne croyez pas ?

Il croisa les bras et s'adossa à sa chaise, les yeux rivés sur elle.

— C'est la première fois que je vous entends l'appeler « mon père ».

Le souffle lui manqua face à la vérité qu'il venait de proférer. Désireuse de masquer sa gêne, elle avala une gorgée de champagne, et une deuxième pour reprendre contenance.

— C'est mon père, c'est indéniable, et les faits prouveront d'ailleurs que je n'ai rien entrepris contre la société.

— Ah bon ? Vous n'en avez pas livré les secrets afin de créer le chaos durant les négociations entre les Mikkelson et les Steele ?

— J'aurais pu, mais il se trouve que toutes les accusations portées contre moi sont fausses.

— Très bien...

— Vous me croyez, j'espère ?

Et la douceur qu'elle entendit dans sa propre voix la surprit, d'autant que son interlocuteur n'y fut absolument pas sensible, comme le prouva le rire sarcastique qui s'ensuivit. Elle sentit la colère lui nouer la gorge.

— Ce que je crois, c'est que vous n'allez rien me dire de plus. Votre chien de garde revient, ajouta-t-il en se levant. Je vous laisse.

Et il s'éclipsa, laissant dans son sillage une fragrance boisée et épicée, qui l'intrigua et l'agaça à la fois. Quel était le but de cette petite causerie ? Si c'était de la troubler, le pari était gagné. En outre, il avait efficacement mené son interrogatoire, elle comprenait pourquoi la société l'avait choisi.

Mais elle ne commettrait pas l'erreur de baisser la garde, le concernant, d'autant plus que sa décision était prise : elle ne s'enfuirait pas avant longtemps.

Conrad se demandait combien de temps encore allait durer le dîner. Il attendait en effet le moment opportun pour s'approcher de Felicity. Il voulait mettre toutes les chances de son côté et, même si son projet de la reconquérir était une gageure, il ne renoncerait pas. Il devait absolument lui prouver qu'elle pouvait lui confier son cœur.

Comme attirés par un aimant, ses yeux tombèrent sur Felicity, au milieu de la foule aussi bourdonnante qu'une ruche tout autour. Sa longue robe noire lui coupa le souffle : nouée de manière suggestive sur l'épaule gauche, elle affichait un décolleté plongeant qui soulignait sa belle poitrine. Son autre épaule était dénudée, la coupe asymétrique se retrouvant dans une fente sur le côté droit qui dévoilait ses jambes bronzées.

Incapable de s'arracher à la contemplation de sa silhouette, il sentit sa bouche s'assécher, son cœur battre à toute allure... Cette femme était incroyable !

Soudain, elle croisa son regard, le soutint, et il eut l'impression que l'air crépitait entre eux, en dépit de la distance qui les séparait. Or, au lieu de détourner la tête, elle s'avança vers lui. Il ne lui en fallut pas plus pour l'imiter, se frayer un chemin à travers la foule jusqu'à elle : ils se retrouvèrent au milieu de la piste de danse.

Il n'avait pas prévu qu'elle viendrait vers lui, tout comme il ne s'attendait pas non plus à voir du soulagement et une joie prudente briller dans ses prunelles. Il lui tendit les bras pour l'inviter à danser.

Encore une fois, elle le surprit en acceptant sans hésitation et, une seconde plus tard, il la serrait contre lui : retrouver cette intimité qu'il croyait à jamais perdue lui procura un bonheur indicible. Il posa le menton sur le dessus de son crâne pour inhaler à pleins poumons l'odeur de son shampoing, et il se laissa happer par le slow et ses sensations.

Faisant courir la main dans son dos au rythme de la mélodie jazzy, il déclara :

— La soirée est presque terminée, mais je ne veux pas que ce que nous avons partagé se finisse aussi.

Voilà, c'était dit.

Il convenait d'être direct avec cette femme intelligente et sexy s'il voulait la reconquérir. Il était tout à fait conscient de la rude bataille qui l'attendait pour parvenir à ses fins.

— Je ne veux pas d'une liaison entre nous, répliqua-t-elle, son souffle chaud lui caressant le torse.

La teneur de ces mots, en revanche, le glaça.

— Tu comptes donc vraiment me chasser de ta vie ?

Et à cette question, il sentit son cœur flancher. Était-ce trop tard ? Il savait que sa tirade de la dernière fois l'avait profondément atteinte, réveillant ses souffrances. Comme il aurait aimé n'avoir jamais prononcé ces mots, passer le reste de sa vie à lui démontrer qu'il avait eu tort.

— Non, pas du tout, renchérit-elle alors contre toute attente, dardant sur lui des yeux où brillait son cœur. Je te dis que je veux plus qu'une liaison. Je veux que nous envisagions l'avenir ensemble, toi et moi.

Un immense soulagement l'envahit alors. Pas question de laisser passer l'opportunité, il devait impérativement la rassurer.

— Comme je suis heureux d'entendre de telles paroles, commença-t-il avant de reprendre sa respiration pour formuler l'aveu le plus important de sa vie. Je suis amoureux de toi, Felicity. Et tu peux me faire confiance, cet amour durera aussi longtemps que nous.

À ces mots, elle noua les bras autour de son cou et se blottit plus étroitement contre lui, dans un petit déhanchement.

— C'est si merveilleux à entendre, car moi aussi je suis amoureuse de toi.

Rêvait-il ? Cette réplique ne figurait pas du tout sur la liste de celles qu'il avait imaginées, mais il n'allait naturellement pas s'en plaindre.

— Tu me rends les choses trop faciles, reprit-il. Je te dois des excuses pour la façon dont je t'ai parlé. J'étais mû par mes propres peurs et c'était tout à fait injuste envers toi.

— Moi aussi, je t'ai blessé par mes propos.

— Et pourtant, tes reproches étaient à bien des égards justifiés, protesta-t-il en déglutissant avec difficulté, résolu à la plus grande sincérité. J'ai été bouleversé de voir Trystan et Isabeau si heureux, avec leur bébé et je me suis alors rendu compte que j'étouffais mon envie d'avoir des enfants en consacrant beaucoup de temps à mes neveux et nièces. Mais désormais, je ne veux plus pratiquer la politique de l'autruche concernant mon avenir.

Dans ses yeux, il ne vit pas briller l'ombre d'une condamnation, ni de triomphe, sur le mode : « Je te l'avais bien dit. » Non, juste de l'approbation et de l'amour. Surtout de l'amour.

Il l'étreignit un peu plus fort, son corps épousant parfaitement le sien.

— Toi et moi, nous méritons d'être heureux, reprit-il. Et nous n'allons pas attendre plus longtemps !

— C'est-à-dire ? demanda-t-elle en lui souriant.

Et dans ses yeux couleur noisette se leva un été texan, tandis que le souffle de ses paroles déclenchait des frissons le long de son dos.

— Tu peux encore continuer ta cour, tu sais, je ne m'en plaindrai pas.

Il avait toujours su qu'elle appréciait ses présents, mais maintenant, il comprenait mieux pourquoi : elle avait reçu si peu d'attentions de la part d'autrui, au cours de sa vie, alors qu'elle-même passait son temps à se dévouer aux autres.

Il avait bien l'intention de rétablir la balance, de la gâter de toutes les façons imaginables.

— C'est justement ce que j'avais envie d'entendre, avoua-t-il.

Et le cœur plein d'un espoir qu'il n'aurait jamais cru possible, il l'entraîna hors de la piste de danse, échangeant au passage un coup d'œil avec son frère. Ce dernier avait accepté de rester jusqu'à la fin de la réception si Conrad arrivait à convaincre Felicity de partir plus tôt. Ce qu'il venait de faire.

— Viens par ici, mon amour, ajouta-t-il.

Décrochant leurs manteaux de la patère, il longea avec elle le couloir bordé d'arbres en pot et de petites lumières blanches. Il n'avait qu'une hâte : se retrouver en tête à tête avec elle. Ils regagnèrent bien vite la porte d'entrée du vestibule et se retrouvèrent à l'extérieur…

… Où Jackson, son cheval, les attendait sur le parking.

Felicity poussa un cri de surprise et de joie. Comme il était heureux de lui prouver qu'il avait bel et bien l'intention de poursuivre son numéro de séduction avec elle ! Prenant les rênes des mains du palefrenier, il monta en selle. Le sourire qui brilla en cet instant dans les yeux d'Emily rivalisait avec les étoiles scintillantes du dôme de la nuit.

Il lui tendit une main qu'elle prit sans la moindre hésitation pour se hisser devant lui, puis il glissa sur ses genoux la couverture que son employé venait de lui remettre. Pressant les flancs de l'animal, il l'incita à avancer, et ses sabots retentirent alors au même rythme que les battements de son cœur dans sa cage thoracique. Il n'en revenait toujours pas de la tenir dans ses bras.

Se lovant contre lui, elle remonta la couverture.

— Tu ne plaisantais pas quand tu affirmais avoir l'intention de continuer à me faire la cour.

— Je me suis dit que nous pourrions choisir ensemble ton prochain présent, comme une bague avec un diamant si gros qu'il rivaliserait avec les aurores boréales.

Elle se figea, puis tourna la tête vers lui.

— Es-tu en train...

— De te demander en mariage ?

Cela, il ne l'avait pas prévu, mais passer à l'étape supérieure allait de soi.

— Oui, reprit-il, c'est bien ce que je suis en train de faire. Je veux t'épouser et que tu sois la mère de ces incroyables enfants que nous adopterons. Je veux que tu sois ma femme, et ma partenaire pour la vie.

— Tu peux compter sur moi ! s'exclama-t-elle, avant de déposer un baiser sur ses lèvres. Tu es l'amour de ma vie, tu es mon avenir et je ferai tout ce qui est en mon pouvoir pour que nos rêves deviennent réalité.

Le soulagement et le bonheur l'inondèrent alors, le touchant jusqu'au fond de l'âme. Il avait espéré que telle serait sa réponse, mais il s'était promis de demeurer patient si elle refusait. Or, voici que ses rêves les plus fous se concrétisaient.

Elle s'appuya contre lui.

— Tu sais, je me suis dit que...

— Que quoi ?

À cette question, il pressa légèrement les flancs de Jackson qui dressa l'oreille, tandis qu'ils avançaient sur la route déserte et que les pas de l'animal étaient amortis par la couche de neige.

Les arbres qui la bordaient en étaient également recouverts.

Soudain, un élan passa dans l'ombre des arbres, illuminé par la lumière argentée de la lune.

— Que nous pourrions nous enfuir ensemble, répondit-elle, blottie tout contre lui.

Avait-il bien compris ?

— Nous enfuir... pour nous marier, c'est ça ?

Elle eut un petit rire suave.

— En général, c'est ce que cet euphémisme veut dire.

Que la proposition était tentante !

— Tu es sûre ?

— Je suis sûre et certaine que je t'aime, répondit-elle en tournant vers lui des yeux illuminés d'amour. Et que je ne veux pas attendre plus longtemps pour passer le reste de ma vie avec toi.

Et tout à coup, ce fut comme une illumination : par cette proposition, elle voulait le délester de toutes les peurs liées à l'éventualité d'une deuxième rupture juste avant l'autel. Mais il devait s'assurer que cela lui convenait à elle aussi.

— Et tu me fais confiance ?

— Je nous fais confiance, rectifia-t-elle.

Un sourire aux lèvres, il se pencha pour capturer les siennes, pour embrasser cette femme qui serait bientôt sienne et qui occuperait à jamais son cœur.